Mosaik bei
GOLDMANN

Buch

Immer mehr Frauen erobern hohe Positionen und Ämter, aber privat haben sich trotz der gesellschaftlichen Veränderungen althergebrachte Kriterien der Partnerwahl erstaunlich wenig gewandelt. Frauen suchen nach wie vor nach einem starken Beschützer mit höherem sozialen Status. Männer hingegen wünschen sich eine attraktive, fruchtbare – also junge – Partnerin. Müssen sich erfolgreiche Frauen im besten Alter also vom Glück zu zweit verabschieden? Keineswegs!

Wenn Frauen sich dieses Beuteschemas bewusst werden, können sie auch leichter darüber nachdenken, welche Bedürfnisse sie tatsächlich haben, und sich darauf besinnen, was sie im Gegenzug alles dafür zu bieten haben. Sie können sich darüber klar werden, was sie wirklich von einem Partner und einer Partnerschaft erwarten, und dies dann erfolgreich umsetzen. Denn der karrierebewusste, aber überarbeitete Chefarzt garantiert noch kein glückliches Leben, das mit dem gut gelaunten Krankenpfleger oder dem interessanten Künstler vielleicht möglich wäre …

Autor

Dr. Stefan Woinoff, geboren 1958, ist Facharzt für Psychosomatische Medizin und Psychotherapie und seit 1993 in eigener Praxis niedergelassen. Darüber hinaus ist er als Psychodramatherapeut und Ausbildungsleiter in verschiedenen Institutionen tätig. Ein Schwerpunkt seiner Arbeit sind Einzel-, Paar- und Gruppentherapien zum Thema Beziehungsprobleme. Sein Buch basiert auf seinen täglichen Erfahrungen mit Patientinnen und Patienten. Dr. Stefan Woinoff ist verheiratet, Vater von zwei Kindern und lebt mit seiner Familie in München.

Dr. Stefan Woinoff

Überlisten Sie Ihr Beuteschema

Warum immer mehr Frauen
keinen Partner finden
und was sie dagegen tun können

Mosaik bei
GOLDMANN

Alle Ratschläge in diesem Buch wurden vom Autor und vom Verlag sorgfältig erwogen und geprüft. Eine Garantie kann dennoch nicht übernommen werden. Eine Haftung des Autor beziehungsweise des Verlags und seiner Beauftragten für Personen-, Sach- und Vermögensschäden ist daher ausgeschlossen.

FSC
Mix
Produktgruppe aus vorbildlich bewirtschafteten Wäldern und anderen kontrollierten Herkünften

Zert.-Nr. SGS-COC-001940
www.fsc.org
© 1996 Forest Stewardship Council

Verlagsgruppe Random House FSC-DEU-0100
Das für dieses Buch verwendete FSC-zertifizierte Papier *Classic 95* liefert Stora Enso, Finnland.

1. Auflage
Vollständige Taschenbuchausgabe September 2010
Wilhelm Goldmann Verlag, München,
in der Verlagsgruppe Random House GmbH

Umschlaggestaltung: Uno Werbeagentur, München
Umschlagillustration: Fine Pic, München
Redaktion: Angela Troni
Satz: Buch-Werkstatt GmbH, Bad Aibling
Druck und Bindung: GGP Media GmbH, Pößneck
CB · Herstellung: IH
Printed in Germany
ISBN 978-3-442-17174-3

www.mosaik-goldmann.de

Inhalt

Vorwort

Täglich begegne ich in meiner psychotherapeutischen Praxis den unterschiedlichsten Menschen und erfahre ihre einzigartigen Lebens- und Leidensgeschichten. Um meine PatientInnen besser verstehen zu können, überlege ich mir auch, welchen Einfluss unsere heutige Gesellschaft auf ihre Probleme hat. Dabei ist mir aufgefallen, dass in den letzten Jahren immer mehr erfolgreiche und gut verdienende Frauen in meine Praxis kommen, die alle mit dem gleichen Phänomen kämpfen: Sie finden nicht den passenden Partner. Natürlich kann das an sehr persönlichen Gründen liegen, doch schließlich ist mir klargeworden, dass es auch eine andere, eine gesellschaftliche Erklärung dafür gibt. Darüber habe ich dieses Buch geschrieben. Ich möchte Ihnen die Ursachen dieses Phänomens erklären, aber auch Wege aufzeigen, wie man es überwinden kann.

Über die Atmosphäre zwischen den Geschlechtern in unserer westlichen Industrie- und Leistungsgesellschaft wird viel und öffentlich diskutiert. Postfeminismus heißt das Schlagwort, auf das sich die meisten AutorInnen und RedakteurInnen der gängigen Zeitungen und einschlägigen Bücher geeinigt haben. Was das genau bedeutet und wie man sich im Postfeminismus fühlt und verhält, das versuchen gerade alle miteinander herauszufinden. Inzwischen dürfte bekannt sein, dass es zwischen Mann und Frau keineswegs nur einen kleinen, sondern eher einen ziemlich großen Unterschied gibt, sei er nun biologisch oder soziologisch bedingt. Auch wird in Talkshows und Zeitungsartikeln die Mann-Frau-Thematik wieder neu beleuchtet, vor allem mit der Frage, warum in Deutschland immer weniger Kinder gezeugt werden.

Aus Bestsellern ist zu erfahren, dass Männer vom Mars und Frauen von der Venus kommen und dass es hauptsächlich darum geht, für den Bewohner eines anderen Planeten Verständnis zu haben, insbesondere wenn es der eigene Partner oder die eigene Partnerin ist. Ebenso liest man, dass die Männer immer noch Jäger und die Frauen Sammlerinnen sind, was wiederum sehr viel Einfühlungsvermögen in die jeweils andere Spezies erfordert. Denn unsere heutige Gesellschaft bietet weder den Sammlerinnen und schon gar nicht den Jägern eine passende Umgebung, um ihre archaischen Bedürfnisse auszuleben. Da diese Urtriebe jedoch immer wieder durchbrechen und sich manchmal in eigenartigen und erstaunlichen Verhaltensauffälligkeiten manifestieren, bedarf es zum einen der Erkenntnis um die Andersartigkeit des Partners, zum anderen der richtigen Reaktion darauf. Nur so scheint überhaupt die Chance zu bestehen, eine glückliche Partnerschaft zu führen, die auch über das verflixte siebte Jahr hinweg Bestand hat.

Unterschwellig rumort dabei immer mehr die Frage, warum all die Mars- und VenusbewohnerInnen, all die Jäger und Sammlerinnen, die offensichtlich so wenig zueinanderpassen, dennoch immer wieder zueinanderwollen. Der Gedanke drängt sich auf, dass da etwas zusammenkommt, was eigentlich gar nicht zusammengehört. Die heutige Realität gibt diesem Gedanken leider recht: Immer weniger Ehen werden geschlossen, immer mehr Ehen werden geschieden, und immer mehr Singles bevölkern die deutschen Groß- und Kleinstädte.

Auf der anderen Seite ist der Wunsch, in einer glücklichen Beziehung zu leben, nach wie vor ungebrochen. Die Suche nach dem besten Partner und der besten Partnerin unterhält inzwischen ganze Industriezweige. Immer neue Möglichkeiten werden angeboten, Mr. oder Mrs. Right zu begegnen: Internet-Partnerbörsen boomen, auf After-Work- und Ü30-Partys schafft man es wegen Überfüllung kaum bis zur Theke, beim Fast Dating muss man schon ausgeschlafen sein, um den Parcours mit den vielen potenziellen PartnerInnen überhaupt zu überstehen, und im Urlaub wartet der Single-Club mit einem All-inclusive-Paket. Jede Menge heiße Tipps und gute Ratschläge in Zeitungen, Illustrierten und unzähligen Büchern runden das Angebot ab.

Allerdings kann man den Eindruck gewinnen, dass zahlreiche Singles bei so vielen Möglichkeiten eher am Glück vorbeilaufen, als es zu finden.

Zum Beispiel kann man in einer seriösen Internet-Partnerbörse als Suchender sein eigenes Profil, also seine Hobbys, Eigenschaften, Vorlieben und Interessen, eingeben und bekommt dann per Punktesystem einen geeigneten Partner präsentiert. Hundert Punkte bedeuten, dass der ausgewählte Partner optimal zu einem passt. Wenn man sein eigenes Profil dann noch einmal zum Spaß mit genau dem anderen Geschlecht eingibt, wählt der Computer diese beiden identischen, aber gegengeschlechtlichen Menschen als Idealpartner aus. Je ähnlicher sich Mann und Frau sind, desto besser passen sie zusammen, das ist der Grundgedanke dabei. In vielen Bereichen mag das auch zutreffen, doch in ganz entscheidenden Kriterien bei der Partnerwahl ist das komplett falsch. Da ziehen sich Gegensätze an, da ergänzen sich komplementäre Beuteschemata. Daher rate ich meinen PatientInnen immer zu einem schnellen persönlichen Treffen, falls sie einen Partner oder eine Partnerin im Internet gefunden haben. Denn wir wissen und fühlen selbst immer noch am besten, wer zu uns passt und wer nicht.

Auch unterliegt das, was wir an einem Partner gut oder schlecht finden, erheblichen Schwankungen, je nachdem, ob wir ihn gerade als Partner auswählen oder ob wir mit ihm schon lange zusammen sind. In dem Buch *Warum Männer lügen und Frauen immer Schuhe kaufen* von Allan und Barbara

Pease wird zum Beispiel ein Punktesystem eingeführt für das, was Frauen an Männern und Männer an Frauen schätzen. Ein Mann bekommt von seiner Frau für eine ganze Woche Erwerbsarbeit genauso viele Punkte, wie wenn er einmal mit ihr einkaufen geht. Organisiert er dann noch für sich und seine Frau ein Wochenende zu zweit und redet mit ihr einmal nach dem Nachhausekommen, statt fernzusehen, kann er drei Wochen seine Arbeit schwänzen und unbezahlten Urlaub nehmen, ohne bei ihr ins Punktedefizit zu rutschen. Denn das eine bringt ihm 15 Punkte, das andere kostet ihn genauso viele. Das wirkt irgendwie realitätsfern.

Der Grund ist denkbar einfach: Diese Bewertungen sind nicht bei deutschen Singles erfragt worden, sondern bei amerikanischen Ehepaaren. Es geht hier nicht darum, wie man den richtigen Partner mit den entsprechenden Lockrufen einfängt, sondern wie man eine bereits bestehende Ehe mit klassischer Rollenverteilung möglichst lange erhält. Die Kriterien, nach denen man den Partner oder die Partnerin überhaupt ausgesucht hat, und damit die eigentlichen Beuteschemata, spielen hier kaum mehr eine Rolle. Sie werden vielmehr als selbstverständlich vorausgesetzt – und bringen nur noch wenige Anerkennungspunkte ein.

Für ein älteres Paar mit Beziehungsproblemen mögen diese Bewertungslisten hilfreich sein, für suchende Singles erscheinen sie eher hinderlich. Denn sie spiegeln in keiner Weise das wider, was Frauen und Männern bei der Partnersuche wirklich wichtig ist.

Die entscheidende Frage in unserer postfeministischen Gesellschaft ist also nicht, wie Frauen oder Männer sind, und schon gar nicht, wie unterschiedlich oder ähnlich sie sich sind, sondern wie sie *wählen,* nach welchen Kriterien sie ihre Partner oder ihre Partnerinnen *aussuchen*. Die entscheidende Frage ist nicht die nach der Unterschiedlichkeit von Mann und Frau, sondern die nach dem *Beuteschema* von Mann und Frau. Hier liegt der Schlüssel zu einer gelungenen Partnerschaft, aber noch viel mehr zu einem Ausweg aus einem nicht enden wollenden Single-Leben.

Nebenbei erklären sich aus den nach wie vor unterschiedlichen Beuteschemata von Mann und Frau auch viele häufig gestellte Fragen: Warum sind Mädchen zwar besser in der Schule, aber in den Studienfächern, die zu lukrativen Berufen führen, bereits unterrepräsentiert? Warum dringen Karrierefrauen letztlich doch nur vereinzelt in hohe Führungspositionen vor? Warum ist die Emanzipation der Frau nach Ansicht vieler AutorInnen auf halber Strecke steckengeblieben?

Viel wichtiger jedoch als die Beantwortung dieser Fragen ist für Frauen und Männer, einen wirklich passenden Partner zu finden. Dabei steht in diesem Buch besonders eine gesellschaftliche Gruppe im Blickpunkt: die der beruflich erfolgreichen Frauen. Denn gerade sie tun sich immer schwerer bei der Partnersuche. Grund dafür ist ihr archaisches Beuteschema. Es schlummert seit längst vergangenen Zeiten in ihren Genen und passt so gar nicht zu der modernen und emanzipierten Frau, als die sie sich fühlen. Es wirkt aber – bewusst oder unbewusst – weiter und verstellt ihnen nicht selten den Weg zu einer glücklichen Partnerschaft.

»Warum finde ich keinen passenden Partner?«

Aus dem Leben dreier Single-Frauen

Romantik, Schicksal, Glück – und letztlich Liebe, all diese Dinge verbinden wir mit der Wahl eines Partners oder einer Partnerin. Gerade beim letzten Punkt, der Liebe, glauben wir, dass unsere Gefühle uns spontan und ohne vorhersagbare Regeln agieren lassen. Wir haben nicht den Eindruck, den Menschen, in den wir uns verlieben, vorher nach festen Kriterien ausgewählt zu haben. Wissenschaftliche Studien, Statistiken und der unverstellte Blick auf die Wirklichkeit belehren uns jedoch eines Besseren. Die Partnerwahl gehorcht relativ festen Regeln, und die Liste, nach der wir potenzielle KandidatInnen auswählen und aussortieren, ist bekannt und uralt. Sie ist unser archaisches Beuteschema.

Diese Kriterien sind bei Männern und Frauen aber sehr unterschiedlich, das archaische Beuteschema der Frau ist ein ganz anderes als das des Mannes. Das war jahrtausendelang auch kein Problem, ganz im Gegenteil. Mann und Frau passten allein deshalb überhaupt zusammen, weil sich ihre unterschiedlichen Beuteschemata ideal ergänzten. Nur ist das heute nicht mehr so. Die Partnerwahl wird immer mehr zu einem Problem. So auch für Christina, Renate und Caroline, drei sympathische, gut aussehende Patientinnen meiner psychotherapeutischen Praxis, die mir von ihren Schwierigkeiten erzählen, einen passenden Partner zu finden. Ich möchte Ihnen die drei nun kurz vorstellen, weil ihre Geschichten besonders typisch und zudem sehr interessant sind. Natürlich habe ich bei meiner Schilderung alle Namen, Orte und Ereignisse so anonymisiert, dass etwaige Übereinstimmungen mit lebenden Personen rein zufällig wären. Das gilt selbstredend auch für alle weiteren Personen, die ich in diesem Buch vorstelle.

Christina, 37, Verkaufsleiterin

Christina, eine große, schlanke, attraktive Frau, sieht wie eine Spanierin aus. Sie hat in Hamburg und Oxford Betriebswirtschaft studiert und beruflich schon viel erreicht. In einem großen Konzern ist sie inzwischen Verkaufsleiterin und damit so hoch aufgestiegen, dass sie auf ihrer Hierarchieebene fast nur noch mit Männern zu tun hat. Sie hat zurzeit keinen Partner, ist aber kein überzeugter Single. Ihre Träume gehen immer in die gleiche Richtung: Sie hofft, einen Mann zu finden, mit dem sie glücklich ist und mit dem sie Kinder haben kann. Sie will eine Familie, so wie die meisten Frauen in ihrem Alter. Sie sehnt sich nach einem Zuhause, nach Geborgenheit und Liebe – und nach einem ruhigen Blick aufs Alter. Ein Blick, der ihr vieles verspricht, nur keine Einsamkeit.

Inzwischen bereiten diese Träume der Verkaufsleiterin Probleme, denn sie kann sie nicht einmal annähernd verwirklichen. Manchmal denkt Christina an Dominik zurück, mit dem sie vor über acht Jahren ihre letzte längere Beziehung hatte. Wie fasziniert sie war von seiner Ausstrahlung und seinem Humor, wie verliebt sie in ihn war! Dominik hätte mit ihr das Abenteuer Familie gewagt, denn auch er wünschte sich Kinder. Aber als er ihr einen Heiratsantrag machte, lehnte Christina ab. Sie spürte, dass er nicht der Mann war, den sie sich an ihrer Seite wünschte. Sie konnte ihn als Partner einfach nicht mehr akzeptieren, denn sie hatte ihn im Laufe der Jahre überholt, zumindest was die berufliche Karriere angeht. Als Ehemann wünschte sie sich aber einen Partner, zu dem sie aufschauen konnte. Und das gelang ihr bei Dominik nicht mehr. Deshalb trennte sie sich von ihm. Christina will Dominik nicht zurück, aber was danach kam, war nicht vergleichbar.

Die Männer nach Dominik waren alle erfolgreich, die meisten sogar sehr viel erfolgreicher als ihre erste Liebe. Aber alle diese Männer blieben nicht bei ihr. Es scheint, als wäre ihnen Christina mit ihrem Spitzeneinkommen, ihrer 50-Stunden-Woche und ihren Geschäftsreisen rund um den Globus nicht ganz geheuer. Denn einer nach dem anderen suchte sie sich eine Frau, die beruflich weniger ehrgeizig ist als die zielstrebige Verkaufsleiterin und die weniger erreicht hat als sie. Die Frauen dieser Männer machen in aller Regel den Haushalt, und wenn sie arbeiten, dann Teilzeit. Dementsprechend verdienen sie alle weit weniger als ihre Männer und natürlich auch als die erfolgreiche Karrierefrau. Sie sind jung und meist auch hübsch, aber beruflich hat es keine wirklich weit gebracht. Christina sieht ebenfalls gut aus, das weiß sie, und das sagen ihr auch die Männer – sofern sie sich trauen, es ihr zu sagen.

Dann kam Sven, ihr Tennislehrer: Ein warmer Wind verliebter Gefühle umwehte sie, dazu das große sexuelle Prickeln. Aber Liebe? Nein! Irgendwann hat es dann nicht mehr gepasst. Sein Leben war Tennis, das hatte sie durchaus verstanden. Nur leider hat er sie nicht verstanden, schon gar nicht, wenn sie über ihren Job reden wollte. Daran, dass er nicht studiert hatte, lag es nicht. Sie hatten auch viel Spaß miteinander, doch nach einer Weile fühlte sie sich allein, fast einsam, obwohl er sich sehr um sie bemühte. Ihre Gefühle für ihn waren einfach zu lau, zu wenig sinnstiftend, zu perspektivlos. Ihr tat es selbst leid, ändern konnte sie daran dennoch nichts.

Unmittelbar nach Sven hat sie es mit einem Schönling versucht, einem Kollegen aus ihrer Firma. Er stand in der Hierarchie weit unter ihr, arbeitete allerdings in einer ganz anderen Abteilung. Sie war nicht seine Vorgesetzte – das wäre nicht gegangen. Trotzdem verkraftete er es wohl nicht, dass Christina einen deutlich größeren Firmenwagen fuhr als er, obwohl er kaum älter war als sie. Sobald er merkte, dass sie es ernst meinte, wurde er unverschämt. Er demütigte, betrog und hinterging sie – trotzdem zog sie mit ihm zusammen. Sie hielt noch lange zu ihm, viel zu lange. Dann, eines Nachts, packte sie ihre Koffer und ging. Eigentlich nur zu einer Freundin, aber in Wirklichkeit weg von allen Männern, die es nicht verkraften können, eine überlegene Frau an ihrer Seite zu haben.

Ihr netter, gutmütiger Chef, Familienvater und bereits Großvater, bot ihr nur wenige Zeit später, fast väterlich besorgt um ihr Wohl, eine Affäre an. Sie lehnte ab, das wollte sie auch nicht. Obwohl ein Mann wie er, wenn er ein paar Jahrzehnte jünger wäre, eigentlich ihr Idealpartner sein könnte – in ihren Träumen.

Aber die Wirklichkeit sah anders aus, das hatte Christina inzwischen gelernt, auch ihre emotionale Wirklichkeit. Egal, wo sie hinsah, sie entdeckte keinen Mann mehr, der für sie in Frage kam, der sie auch nur annähernd interessierte. Und einer, mit dem sie ihre Träume von Familie und Kindern verwirklichen könnte, war schon gar nicht darunter.

Christina begann, an sich zu zweifeln, und suchte schließlich psychotherapeutische Hilfe. Ihre Eltern konnte sie für vieles anschuldigen, nur nicht für die Tatsache, dass sie, eine junge, attraktive und beruflich überaus erfolgreiche Frau, keinen geeigneten Partner fand, mit dem der Traum vom Familienglück zu verwirklichen war. Warum war es früher, in der Generation ihrer Eltern, viel weniger ein Problem, einen passenden Partner zu finden, und warum ist es heute so schwer, ja fast unmöglich – zumindest für sie?

Renate, 41, Biologin

Renate gehörte nie zu den Frauen, die sich die Emanzipation auf ihre Fahne geschrieben haben. Sie freut sich, wenn ihr ein Mann die Tür aufhält oder ungefragt zahlt – für beide. Sie denkt und handelt konservativ, aber nicht wie ihre Mutter, sondern wie ihr Vater. Sie ist eine typische Vatertochter und orientierte sich schon früh an seinem beruflichen Erfolg. Ihr Vater war Biologieprofessor an einer renommierten Universität, und auch Renate entschied sich für die Biologie. Beruflich gab es keine Probleme, viele Türen gingen wie von selbst auf. Nach dem Studium machte sie ihren Doktor in Molekularbiologie und bekam anschließend eine Post-Doc-Stelle an einer Universität. Inzwischen ist sie habilitiert und arbeitet als Privatdozentin in Forschung und Lehre.

Neben dem Vater spielten bislang zwei Männer eine besondere Rolle in ihrem Leben: Erst Max, ein Kollege, den sie wirklich liebte, damals, als sie eine junge Doktorandin war, und später Uwe, der charmante Steuerberater ihrer Eltern. Beide sind inzwischen verheiratet und haben Kinder – nur nicht mit ihr. Renate ist seit drei Jahren Single. Entschieden zu lang, findet sie.

Sie ist sportlich, schlank, fast zierlich, was ihr nach wie vor eine mädchenhafte Erscheinung beschert. Nur mit ihrem Gesicht ist sie unzufrieden. Sie erkennt darin manchmal die verhärteten Züge ihres Vaters, jetzt schon, viel zu früh, wie sie meint, und das erschreckt sie. Besonders dann, wenn sie unzufrieden mit sich und ihrem Leben ist, kommen die immer gleichen Gedanken: Warum nur ist es für mich so schwer, einen Partner zu finden, der mich liebt und akzeptiert, so wie ich bin? Der mit mir Zukunftspläne schmiedet und das Leben zu zweit genießen möchte?

In Schönheitsfarmen und Wellness-Hotels ist sie inzwischen Stammgast, längere Urlaube verbringt sie meist mit ihrer Freundin Katharina, der es genauso geht wie ihr. Auch

Katharina ist beruflich erfolgreich, auch sie findet keinen passenden Partner. Immer wieder reisen die beiden Frauen an paradiesische Orte in der Südsee und leisten sich die schönsten und exklusivsten Hotels. Beim Sonnenuntergang am Strand mit einem Drink in der Hand versuchen sie, den Gedanken an das zu verdrängen, was sie sich ersehnen: eine liebevolle, männliche Begleitung, einen Partner fürs Leben.

Natürlich lernte Renate während dieser Urlaube Männer kennen, auch gut aussehende, sportliche und humorvolle. Verliebt hat sie sich aber nur einmal – in einen Tauchlehrer auf den Malediven. Er war im Grunde das genaue Gegenteil von ihr: Er lebte ein einfaches, aber glückliches Leben – als Ehemann und Vater von vier Kindern. Wenn er nicht verheiratet gewesen wäre, hätte sie alles dafür getan, ihn zu sich nach Deutschland zu holen. Doch ob das gut gegangen wäre, im Alltag, in Deutschland, weit weg von dem entspannten Urlaubsambiente?

Eine weitere Enttäuschung erlebte sie mit Kai, einem sehr sympathischen Typen, der als Rettungssanitäter arbeitete. Er war zwar knapp älter als sie, beruflich war er ihr allerdings unterlegen. Renate beschloss, solche Kriterien diesmal zu ignorieren. Sie nahm sich vor, ihre Ansprüche an ihren Partner, was den beruflichen Status betrifft, ein für alle Mal zurückzuschrauben. Doch dann geschah, was sie vermeiden wollte: Es gelang ihr nicht, Kai zu akzeptieren. Sie fühlte sich ihm überlegen und ließ es ihn unbewusst spüren.

Auf der Weihnachtsfeier ihrer Fakultät war es ihr unangenehm, sich mit ihm zu präsentieren. Am liebsten hätte sie ihn ihrem Chef, einem Universitätsprofessor und Ordinarius, gar nicht erst vorgestellt. Kai reagierte verletzt. Er bewunderte Renate, merkte aber deutlich, dass er ihren Ansprüchen nicht genügte. Mehr und mehr zog er sich von ihr zurück, verbrachte kaum noch Zeit mit ihr. Nun fühlte Renate sich vernachlässigt und ebenfalls gedemütigt. Kurz darauf trennte sie sich von ihm.

Schon seit Längerem bewirbt sie sich in ganz Deutschland auf eine Stelle als Professorin. Gerade hat sie wieder gute Chancen, einen Ruf an eine Universität in den neuen Bundesländern zu erhalten. Sie weiß, wenn sie dorthin geht, darf sie erst einmal kein Kind bekommen. Eine neue Professorin, die gleich schwanger wird, das geht nur sehr schlecht. Das ist allerdings gar nicht Renates vordringliches Problem. Einen wirklich starken Kinderwunsch hat sie noch nie verspürt. Sie kann sich auch sehr gut ein interessantes und erfülltes Leben ohne Kinder vorstellen – jedoch niemals ohne Partner.

Alle Männer, die sie kennt und die ihr einigermaßen attraktiv erscheinen, sind verheiratet – oder geschieden und mit einer weit jüngeren Frau als sie zusammen. Oder sie suchen nach so einer Frau und nicht nach ihr. Natürlich weiß Renate, dass viele Männer Angst vor starken Frauen haben. Aber sie fühlt sich gar nicht so stark, schon gar nicht Männern gegenüber. Was das angeht, durchschreitet ihr Selbstbewusstsein inzwischen einen Tiefpunkt nach dem anderen, aber das darf sie sich in der Arbeit nicht anmerken lassen. Das kostet Kraft, jeden Tag etwas mehr. Wenn ihre Mutter sie fragt, warum sie denn keinen Ehemann habe, noch nicht einmal einen festen Freund, dann schüttelt sie nur den Kopf. Sie weiß es selbst nicht.

Caroline, 38, Werbekauffrau

Caroline arbeitet sehr erfolgreich in der Werbebranche. Sie ist universell einsetzbar, als Kontakterin, als Texterin und ganz besonders als kreative und witzige Ideengeberin. Inzwischen bindet ihr Chef sie in alle wichtigen Entscheidungen ein. Auf Außenstehende wirkt sie sehr selbstbewusst, ihre gewinnende Art garniert sie mit Witz und Selbstironie. Hinter der Fassade einer erfolgreichen und toughen Geschäftsfrau kommt jedoch manchmal das kleine, hilflose Mädchen zutage, als das sich Caroline auch fühlt.

Caroline wuchs ohne ihren Vater auf. Ihre Eltern trennten sich, als sie drei Jahre alt war. Jetzt ist sie 38 Jahre, und immer noch ist ihre Mutter die wichtigste Person in ihrem Leben, obwohl sie inzwischen weit weg in Südfrankreich wohnt.

Erst im Erwachsenenalter entwickelte sich zwischen ihr und ihrem Vater ein guter Kontakt. Jetzt trifft sie ihn regelmäßig und freut sich, »mein Vater« genauso selbstverständlich aussprechen zu können wie »meine Mutter«. In ihrer Pubertät hatte Caroline stark zugenommen und war bis vor wenigen Jahren übergewichtig. Erst während einer Psychotherapie, in der ihre Vater- und Mutterbeziehung bearbeitet wurde, begann sie auch, regelmäßig Sport zu treiben. Es gelang ihr, über 15 Kilo abzunehmen und ihre Essgewohnheiten so zu ändern, dass sie ihr erreichtes Idealgewicht bis heute halten kann. Caroline verwandelte sich in dieser Zeit in eine sportliche, schlanke und selbstbewusste Person.

Plötzlich hatten die Männer Interesse an ihr! Caroline genoss es sehr und nützte es auch aus. Ihre bisher dürftigen Erfahrungen in Liebe und Sexualität erweiterte sie in kurzer Zeit deutlich. Von One-Night-Stands bis zu längeren Beziehungen holte sie im Zeitraffer alles nach, was sie glaubte, bisher versäumt zu haben. Unbeschwert genoss sie ihr verändertes Leben. Meistens war sie diejenige, die eine Partnerschaft wieder beendete, weil sie noch möglichst viel erleben wollte, jetzt, da sie sich endlich selbst gefiel und ihr das Leben leichter erschien als lange zuvor.

Doch eines Tages war es gut. Sie spürte, dass sie inzwischen genug Erfahrungen gesammelt und ihr weibliches Selbstbewusstsein genügend gestärkt hatte. Sie hatte das Gefühl, ihre bisher größten Probleme gelöst zu haben: Sie gefiel sich selbst, fühlte sich als attraktive, erwachsene – und erfahrene Frau. Es war ihr gelungen, zu ihrem Vater in einer guten und zur ihrer Mutter in einer nicht zu engen Beziehung zu stehen. Das war für sie die Befreiung aus einer Kindheit und Jugend, die viel zu lange gedauert hatte und ihr viel zu viel Last und Verantwortung aufgebürdet hatte.

Jetzt wollte sie eine eigene Familie haben, eine richtige, mit Vater, Mutter und Kindern, die unter einem Dach miteinander leben. Plötzlich betrachtete sie die Männer ganz anders. Sie überlegte sich, in wem sie ihren zukünftigen Ehemann und Vater ihrer Kinder erblickte. In Gedanken ging sie die Männer der letzten zwei Jahre durch – und fand keinen, der für diese Rolle in Frage käme. Nicolas schloss sie aus, weil er erst Mitte 20 war, Phillip strich sie aus ihren Überlegungen, weil er noch studierte, und Erik, mit dem sie eine Affäre hatte, hatte leider schon seine eigene Familie – als Vater von zwei Kindern.

Wenn Caroline einem Mann signalisiert, dass sie sich ernsthaft eine feste Beziehung und eine Familie wünscht, erlebt sie, wie ihr Wunsch ins Leere läuft, wie sich die Männer von ihr zurückziehen, noch bevor etwas begonnen hat. Sie ist jetzt nicht mehr schnell zu haben und schwer zu halten, ganz im Gegenteil: Sie will halten und gehalten werden, und sie signalisiert, dass es ihr ernst ist mit ihren Wünschen nach einer belastungsfähigen Beziehung und einer ebensolchen Familie. Aber sie findet nicht den Mann, den sie dafür sucht. Caroline weiß, dass ihr nicht mehr viel Zeit bleibt, um ein Kind zu bekommen. Sie versucht, nicht panisch zu reagieren, doch in ihrem Kopf kreisen die immer gleichen Fragen: Warum habe ich erst so spät nachholen können, was andere schon viel früher erlebt haben? Warum habe ich mich erst so spät von meiner dominanten Mutter gelöst? Warum habe ich nicht schon früher eine Diät gemacht, um mich als Frau attraktiver zu fühlen?

Dann wäre sie wohl früher bereit gewesen für eine Familie – und nicht erst jetzt, mit 38 Jahren, da ihr die Zeit wegläuft. Caroline kennt viele Frauen in ihrem Alter, die ähnliche Probleme haben wie sie. Doch diese Frauen haben ganz andere Lebensgeschichten hinter sich. Manche sind schon geschieden und suchen einen neuen Mann, manche haben sich zu sehr auf ihren Beruf und ihre Karriere konzentriert, und manche werden von ihrem langjährigen Freund genau dann verlassen, wenn es bei ihnen mit dem Kinderwunsch ernst wird. Dass Caroline sich so schwer tut, den passenden Partner für ihre Zukunftsträume zu finden, kann also nicht nur an ihr und ihrem persönlichen Schicksal liegen. Aber woran liegt es dann?

Das archaische Beuteschema

Es fehlt der passende Partner

Die Probleme, die Christina, Renate und Caroline bei der Suche nach dem richtigen Mann haben, verdeutlichen ein Phänomen, das in unserer Gesellschaft immer häufiger zu beobachten ist. Es ist das Phänomen, dass es für beruflich erfolgreiche Frauen zwischen Mitte dreißig und Anfang vierzig immer schwieriger wird, das zu erreichen, was sie neben der Karriere auch noch wollen: eine glückliche Beziehung mit einem Partner, den sie lieben und achten können. Ohne passenden Partner können diese Frauen auch keine Familie gründen, obwohl sich die meisten eigene Kinder wünschen. So bekommen sie immer weniger Nachwuchs und werden für den dramatischen Rückgang der Geburten in Deutschland mitverantwortlich gemacht. Den Grund dafür geben sie selbst an: Das Fehlen eines geeigneten Partners ist das wichtigste Motiv, warum immer mehr Frauen und Männer in Deutschland kinderlos bleiben. Umfragen belegen das.

Wie wir an den Beispielen von Christina, Renate und Caroline gesehen haben, folgt der Verlauf ihres Lebens – trotz aller Unterschiedlichkeit und Einzigartigkeit – häufig einer ganz ähnlichen Dramaturgie: Die Schule wird meist mit guten Noten abgeschlossen. Wenn es eine Jugendliebe gibt, dann überdauert sie nicht die Zeit der Berufsausbildung. Nicht selten liegt das auch daran, dass sich diese Frauen ihrem Freund irgendwann intellektuell überlegen fühlen. Im beginnenden Berufsleben konzentrierten sie sich dann eher auf ihre Karriere als auf eine stabile und zukunftsträchtige Partnerschaft.

Dennoch lassen sie sich auf Beziehungen ein, in denen sie sich nicht wirklich glücklich fühlen, bei denen ihnen klar ist, dass sie nicht »für ewig« sind. Diese Beziehungen zerbrechen in der Regel letztlich wieder. Inzwischen sind die Frauen im Beruf auf der Karriereleiter einige Sprossen nach oben gestiegen. Irgendwann, so ab Mitte dreißig, wenn die biologische Uhr zu ticken beginnt, fangen sie an, den Partner fürs Leben und für die Familiengründung zu suchen. Manche Frauen können sich – wie Renate, die Biologin – ebenso gut ein Leben ohne Kinder vorstellen. Aber auch sie merken instinktiv, dass es langsam Zeit wird, eine stabile Partnerschaft aufzubauen.

Ihr Blick ist nun ein sehr kritischer, ein prüfender. Sie stellen fest, dass es nur sehr wenige Männer gibt, die für sie als Lebenspartner und potenzieller Vater ihrer Kinder infrage kommen. Wenn sie glauben, ihn endlich entdeckt zu haben, ist er schon vergeben. Der passende Partner ist einfach nicht zu finden! Sie suchen dann Gründe dafür und versuchen, Ursachen aufzudecken, warum gerade ihnen, die bisher so ziemlich alles richtig gemacht haben im Leben, der letzte, aber wichtigste Schritt zum Lebensglück verweigert wird. Eine glückliche Beziehung zu führen erscheint ihnen unerreichbarer denn je – und wird immer mehr idealisiert. Das größte Verhängnis dieser Frauen ist ihr beruflicher Erfolg, auch wenn sie sich dessen nicht bewusst sind!

In jeder Frauenzeitschrift gäben sie ein gutes Beispiel für eine sympathische Karrierefrau ab. Sie sind selbstbewusst, sehen gut aus und sind fähig, jedem Mann in den oberen Etagen seinen Posten streitig zu machen. Der Mann zum Kinderkriegen dagegen erscheint ferner denn je. Sie beginnen, an sich zu zweifeln, setzen sich mit sich, ihrer Kindheit und ihren Eltern auseinander. Sie finden aber nichts, was ihnen erklären könnte, warum es gerade für sie so schwierig ist, den Richtigen zu finden.

Denn genau wie Christina, Renate und Caroline übersehen

sie eines, und zwar das Entscheidende: Obwohl sie im Vergleich zu ihrer Mutter ein ganz anderes Selbstbewusstsein haben, obwohl sie merken, wie sehr sie sich emotional und intellektuell weiterentwickelt haben, und obwohl sie sich als freie und unabhängige Frauen sehen, eines hat sich doch in keiner Weise geändert: ihr Beuteschema. Es geht hier nicht um die Zusatz-Features: Er kann kochen, ist kinderlieb und hilft im Haushalt. Es geht um die Basics: Er sollte in etwa gleich alt oder älter sein und in der beruflichen Stellung mindestens auf derselben Stufe oder höher stehen als sie.

Erfolg macht Frauen einsam

Das Problem von Christina, Renate und Caroline und all diesen Frauen lässt sich auf einen einfachen Nenner bringen: Je höher sie beruflich aufsteigen und je älter sie werden, umso kleiner wird der Kreis der potenziellen Partner. Denn die sollten beruflich zumindest gleichziehen können oder höher stehen als sie und auch nicht unbedingt jünger sein.

Nicht selten suchen diese Frauen, wenn sie bei der Partnersuche nicht weiterkommen, psychotherapeutische Hilfe auf und kommen auch in meine Praxis. Da jede Frau ihre eigene, sehr spezielle und einzigartige Biografie hat, können meist ein schwieriges Elternhaus, traumatisierende Kindheitserlebnisse, unglückliche Beziehungen oder andere Problemkreise gefunden und für die aktuelle Situation verantwortlich gemacht werden. Nur einen Grund für die Schwierigkeiten bei der Partnersuche sehen diese Frauen fast nie: ihr eigenes Beuteschema.

Es ist häufig schwer, ihnen diesen Sachverhalt deutlich zu machen. Denn den richtigen Partner zu finden wird meist mit »Zufall« und »Sich-verlieben« verbunden, und nicht mit statistischen Wahrscheinlichkeiten und wissenschaftlich erforschbaren Kriterien. Gerade bei Frauen herrscht der romantische Gedanke vor, dass der Mann, in den sie sich verlieben und mit dem sie eine Familie gründen wollen, ihnen vom Schicksal zugetragen wird. Einzig ihre spontanen Gefühle, die frei und ohne jede Regeln agieren, entscheiden darüber, ob er der Richtige ist oder nicht.

Ein kleines Gedankenexperiment

Nehmen wir mal eine meiner Patientinnen, die während einer Sitzung bei mir genau das thematisiert. Einleuchtend wird die Problematik für sie erst dann, wenn ich ein sehr einfaches Kriterium der Partnerwahl herausnehme, das noch dazu so selbstverständlich ist, dass es in keinem der einschlägigen Ratgeber für Singles überhaupt eine Erwähnung wert ist: die Körpergröße. Ein potenzieller Partner, der absolut alle Wunschkriterien einer Frau erfüllt, mit der einen Ausnahme, dass er einen Kopf kleiner ist als sie, wird bei ihr wahrscheinlich doch durchfallen. Sie wird sich einfach nicht in ihn verlieben. Das versteht jede Frau. Das hat zwar einiges mit Liebe, aber auch viel mit Zentimetern zu tun. Und es ist eine Folge ihres archaischen Beuteschemas.

Während unseres Gesprächs ermuntere ich meine Patientin dann zu einem kleinen Gedankenexperiment: Ich bitte sie, sich vorzustellen, dass die Unterschiede in der Körpergröße von Männern und Frauen als ungerecht empfunden würden, gerade von den im Durchschnitt kleineren Frauen. Nach einiger Zeit erreichen die Frauen, wie auch immer, ihr Ziel und sind schließlich in der Körpergröße den Männern ebenbürtig. Nur eines hat sich nicht geändert: wie Frauen und Männer jeweils ihren Partner in puncto Körpergröße wählen. Immer noch bevorzugen Frauen größere Männer und Männer kleinere Frauen.

Was wird passieren? Insbesondere die großen Frauen, die eigentlich der Beweis dafür sind, dass die Ungerechtigkeiten zwischen den Geschlechtern hinsichtlich der Körpergröße überwunden sind, werden es sehr schwer haben, einen Partner zu finden, weil sie in der Regel noch größere Männer suchen, die es jedoch kaum gibt. Diese wenigen größeren Männer nehmen vielleicht die große Frau, aber auch gerne und häufiger eine deutlich kleinere Frau, denn das passt immer noch gut zusammen.

Das Beuteschema hat sich schließlich nicht geändert, nicht bei den Männern und auch nicht bei den Frauen. Das macht letztendlich die großen Frauen einsam. Die kleinen Männer natürlich auch, allerdings hatten die es schon immer schwer, eine Partnerin zu finden. Zwar würden einige dieser Männer auch größere Frauen akzeptieren, aber sie wissen, dass sie bei denen kaum eine Chance haben. Für die kleinen Männer hat sich also kaum etwas geändert. Die großen Frauen dagegen stehen vor einem Problem, das sie nicht vorausgeahnt haben.

Jetzt braucht man nur noch die Körpergröße in gesellschaftlichen Status oder beruflichen Erfolg zu übersetzen, und schon sind wir in unserer heutigen Gesellschaft angelangt – zumindest fast. Die Gleichheit der Geschlechter im gesellschaftlichen Status und der beruflichen Stellung wird zwar angestrebt, ist allerdings noch lange nicht erreicht. Aber heute schon stehen die beruflich erfolgreichen Frauen genau vor den Problemen, die die großen Frauen in unserem Gedankenexperiment bei der Partnersuche haben.

Eine davon sitzt mir gerade in meiner Praxis gegenüber, hat die Ursachen erkannt und erwartet jetzt Lösungsansätze von mir. Natürlich will sie nicht unbedingt einen Mann, der ihr nur bis zur Schulter reicht, aber muss er unbedingt beruflich erfolgreich sein, sogar erfolgreicher als sie selbst? Das sei ihr gar nicht so bewusst! Und wenn es denn so sei, wie könne sie es ändern?

Leider, muss ich ihr entgegnen, ist das zwar möglich, aber nicht so leicht, denn die Natur hat sehr lange gebraucht, diese Wahlkriterien überhaupt zu entwickeln.

Wie ist das archaische Beuteschema entstanden?

Körpergröße und Rangordnung in der Sippe

Die Vorliebe von Frauen sowohl für größere als auch für erfolgreiche Männer erscheint heute zusammenhanglos, da größere Männer nicht automatisch erfolgreicher im Beruf sind. Früher hatten diese beiden Wahlkriterien der Frauen jedoch einmal einen ganz engen Zusammenhang:

Das hat, wie so oft, historische, ja archaische Gründe. Für unsere Beuteschemata sind natürlich unsere Vorfahren und Vor-Vorfahren verantwortlich, wobei für die Gewichtung in puncto Größe und Status unsere weiblichen Urahnen federführend waren. Denn über Jahrmillionen haben die Menschen und ihre evolutionären Vorfahren unter primitivsten Bedingungen gelebt. Da entschied die Größe und entsprechende Stärke eines Mannes über seinen Rangordnungsplatz in der Sippe. Ein großer Mann war erfolgreicher bei der Jagd und konnte Frau und Kinder besser versorgen und beschützen.

Damals fielen also bei den Männern körperliche Größe und gesellschaftlicher Status zusammen, und die Frauen, die sich einen Mann mit hohen Werten in diesen Kriterien ergatterten, hatten schlicht und ergreifend bessere Chancen, ihre Kinder durchzubringen.

Auch in jüngerer Vergangenheit waren sowohl die Angehörigen sozialer Oberschichten als auch die Stadtbevölkerung durchgehend hochwüchsiger als die sozialen Unterschichten oder die Landbevölkerung. Obwohl das heutzutage so nicht mehr zutrifft, hat sich diese Erfahrung emotional, ja offensichtlich sogar genetisch tief eingeprägt. Wir haben immer noch die Tendenz, größeren Menschen einen höheren gesellschaftlichen Status zuzuschreiben. Experimente belegen das. So hat sich die Körpergröße als sehr wichtiges Kriterium bei der Partnerwahl erhalten. Obwohl es in unserer heutigen Gesellschaft keinen Sinn mehr macht, bevorzugen Frauen immer noch größere Männer und Männer kleinere Frauen. Das passiert unbewusst und besagt nichts anderes, als dass Frauen eine Vorliebe für Männer mit hohem Status haben und Männer Frauen bevorzugen, die ihnen unterlegen sind. Allein die Wahl des Partners nach der Körpergröße verrät es.

Jugend und Fruchtbarkeit

Offenbar war es in unserer Evolution ursprünglich so, dass lediglich die materiellen Ressourcen des Vaters dafür ausschlaggebend waren, ob die Kinder überlebten. Die materiellen Ressourcen der Mutter waren in dieser Hinsicht eher unbedeutend. Umso mehr zählten bei ihr Jugend, Gesundheit und Fruchtbarkeit.

So entstanden die unterschiedlichen Beuteschemata: Frauen suchten sich Männer, die über möglichst viele materielle Ressourcen verfügten, also körperlich groß waren und einen hohen Status hatten, und Männer bevorzugten Frauen, die gesund und fruchtbar, also jung waren. Und das alles nur, damit ihre gemeinsamen Kinder die besten Chancen hatten, überhaupt geboren zu werden und dann auch zu überleben. Daher spielen im weiblichen Beuteschema Größe und Status eine so bedeutende Rolle, im männlichen Beuteschema dagegen kaum. Dort kommen körperliche Größe oder sozialer Status zwar auch vor, sie sind aber gegenüber den Kriterien, die etwas mit Fruchtbarkeit zu tun haben, eher unbedeutend.

Wie wirkt sich das archaische Beuteschema heute aus?

Geld und Status

Während die Körpergröße sehr einfach in Zentimetern gemessen werden kann, wird die gesellschaftliche »Größe« heute durch vielerlei Kriterien bestimmt: den Beruf, die Menge Geld, das man mit diesem Beruf verdient, und die Karrierestufe, auf der man gerade steht.

In diese gefühlte Rangordnung können auch andere Punkte einfließen, zum Beispiel aus welcher Familie man stammt, ob man sehr reich ist, einen Adelstitel hat oder auch irgendwelche besonderen Körpermerkmale, Eigenschaften oder Begabungen, selbst wenn daraus kein Beruf und kein Geld gemacht werden. Außerdem kann wichtig sein, wen man kennt und welche Freunde man hat. Wie gesagt, diese Rangordnung ist »gefühlt«. Das heißt, jeder einzelne Mensch empfindet sie etwas anders.

Der Psychologieprofessor und Evolutionsforscher David M. Buss untersuchte an 10 047 Versuchspersonen in 37 Kulturen die Kriterien der Partnerwahl. Das Ergebnis war eindeutig. In den unterschiedlichsten Kulturen und ethnischen Gruppen, egal, ob im Kapitalismus, Kommunismus oder Sozialismus, sowie bei Frauen aller Einkommensschichten, es galt immer die gleiche Regel: Alle wollten einen Mann mit hohem Status und gutem Einkommen.

Die Ergebnisse galten für sechs Kontinente, für verschiedenste Gesellschaftsarten, vom agrarischen Stammesverband bis hin zur Industrienation, für Vielweiberei und Einehe, über eine weite ökologische und geografische Spanne und in den unterschiedlichsten sozioökonomischen Bedingungen. Selbst Religion, Ausbildung, Alter, Familienstatus, Herkunft aus Land oder Stadt variierten nur das Ausmaß des immer wieder gleichen Resultats: Mit hohem Status und gutem Einkommen ist ein Mann bei den Frauen gefragt – weltweit.

Aber trifft das auch und immer noch bei uns, in unserer postfeministischen Gesellschaft zu? Die Frauenbewegung hat in den letzten Jahrzehnten für die Stellung der Frau in Partnerschaft und Gesellschaft schließlich einiges erreicht. Außerdem ist die Frau von heute meist finanziell unabhängig vom Mann. Demnach sollte der Status des Mannes bei der Partnerwahl der Frauen ebenfalls an Bedeutung verlieren und nicht mehr dieselbe große Rolle spielen wie früher oder wie in anderen Gesellschaften, in denen sich die Frauen nicht oder weniger emanzipiert haben.

»Unsere Ergebnisse belehren uns eines anderen«, schreibt der Verhaltensforscher und Evolutionsbiologe Karl Grammer in seinem Buch *Die Signale der Liebe.* »Wir finden den Status des Partners bei Frauen an dritter Stelle ihrer Wahlkriterien und beim Mann den Status der Frau erst an zehnter Stelle.«

Sonstige Merkmale und eigener Status

Es mag überraschen, aber es ist so: Trotz andauernder kultureller Veränderungen – auch im Verhältnis von Männern zu Frauen – haben sich die Hauptkriterien der Partnerwahl als erstaunlich widerstandsfähig erwiesen. Der Mensch als kulturelles Wesen hat also offensichtlich nur einen geringen Einfluss darauf: Frauen finden Männer sexy, wenn sie emotionale Wärme ausstrahlen, einen hohen Status haben und außerdem gesund und dominant sind. Männer stellen sich ihre Traumfrau etwas anders vor: Sie sollte zwar auch emotionale Wärme besitzen, dazu aber attraktiv und sexy und nicht zuletzt gesund und häuslich sein. Das haben Untersuchungen ergeben. Zwei gemeinsame Kriterien beider Geschlechter sind also Gesundheit und emotionale Wärme – aber sie sind nicht das Problem.

Interessant ist, dass die Höhe des eigenen Status das Beuteschema leicht variiert. Karl Grammer schreibt: »Für Männer mit hohem Einkommen spielen emotionale Wärme, Gesundheit, Häuslichkeit und Kinderwunsch (der Partnerin) eine eher geringe Rolle. Die Wunschpartnerin sollte attraktiv, sexy, submissiv, eine aufregende Persönlichkeit und, überraschenderweise, konservativ sein. Männer mit geringem Status favorisieren emotionale Wärme, Häuslichkeit, Kinderwunsch und Dominanz. Männer verrechnen also von ihrem Status ausgehend ihre Wünsche – die Männer mit hohem Status stellen die Obergrenze der Anforderungen dar –, für sie scheinen Frauen eher Spielzeug zu sein.«

Ganz anders die Frauen: Beruflich erfolgreiche Frauen mit hohem Nettoverdienst, also mit hohem gesellschaftlichem Status, favorisieren in erster Linie Männer mit noch höherem Status. Frauen verrechnen also ihren eigenen Status in der Partnerwahl: Das heißt, je höher sie beruflich aufsteigen, umso höher muss der Status ihres zukünftigen Partners sein. Der Wunschpartner sollte darüber hinaus auch künstlerisch intelligent sein und eine aufregende Persönlichkeit haben. Der eher konservative Typ ist ebenfalls sehr beliebt. Zudem ziehen Frauen den älteren Partner einem Jungspund vor, und zwar in allen Kulturen.

Alter

Häufig korreliert der gesellschaftliche Status, insbesondere, wenn er sich über die erklommene Stufe der Karriereleiter erklärt, mit dem Alter (in Jahren). Das heißt, je älter der Mann oder die Frau ist, desto mehr Zeit hatte er oder sie, im Beruf aufzusteigen. Damit konnten sich die etwas älteren Männer häufig einen höheren Rangordnungsplatz bei den Frauen ergattern. Daher ist der Mann meist nicht nur körperlich und gesellschaftlich »größer«, sondern häufig auch älter als seine Frau. So erklärt sich unter anderem, warum in allen 37 von David M. Buss untersuchten Kulturen Frauen einen älteren Partner einem jüngeren vorziehen. Das hat allerdings gewisse Grenzen nach oben, da Frauen natürlich auch wollen, dass ihr Partner noch jung genug ist, um Kinder zeugen und für den Unterhalt der Kinder sorgen zu können.

Die etwas älteren, beruflich bereits aufgestiegenen Frauen nehmen in der Rangordnung, die sich Männer von Frauen machen, dagegen keineswegs einen höheren Platz ein. Dieses Kriterium steht bei den Männern in der Beurteilung der Frauen auf einem unbedeutend niedrigen Platz. Im Grunde ist es für die Frauen noch viel schlimmer: Die beruflich erfolgreichen Frauen, die im Laufe ihres Aufstiegs ein gewisses Alter erreicht haben, verlieren sogar bei den Männern, weil ihre Zeit der höchsten Fruchtbarkeit und damit der höchsten Attraktivität bei den Männern schon um einige Jahre überschritten ist.

Noch dazu wollen diese Frauen einen Mann, der ihren eigenen hohen Status erreicht oder noch übertrifft. Doch gerade diese Männer wollen etwas ganz anderes: Je höher der Nettoverdienst des Mannes, umso jünger sollte seine Partnerin sein, so Karl Grammer. Auch David M. Buss fand in seiner groß angelegten Studie heraus, dass in allen untersuchten 37 Kulturen die Männer sich eine jüngere Partnerin wünschten.

Welche Probleme bereitet das archaische Beuteschema heutzutage?

Männer und Frauen pass(t)en zusammen

Männer bevorzugen normalerweise eine Partnerin, die sie im gesellschaftlichen Status nicht überragt. Insgesamt ist ihnen dieses Kriterium allerdings nicht so wichtig. Sehr viel mehr Wert legen sie auf die Attraktivität der Frau. Die meisten Frauen dagegen wünschen sich einen Partner, der sie im gesellschaftlichen Status überragt. Je höher sie selbst aufsteigen, umso höher muss auch der Status des Traummannes sein. Dieses Kriterium ist den Frauen sehr, sehr wichtig. Dafür muss der Mann nicht unbedingt ein Adonis sein.

Warum das so ist oder ob das nun »gut« oder »schlecht« ist, ist dabei gar nicht so wichtig. Tatsache ist, dass das Beuteschema bei Männern und Frauen in puncto Status, ebenso wie bei der Körpergröße, genau gegensätzlich ist. Darum passen Frauen und Männer auch so gut zusammen! Weil jeder genau das will, was der andere hat, und genau das hat, was der andere will. Zumindest im statistischen Querschnitt hinsichtlich Größe und Status.

Stellen Sie sich mal vor, Frauen wollten ausschließlich größere und erfolgreichere Männer, und Männer wollten ebenfalls ausschließlich größere und erfolgreichere Frauen. Nichts würde passen! Aber so ist es zum Glück nicht. Allerdings hat sich beim Status der Frauen in den letzten Jahrzehnten viel getan, sie haben im Vergleich zu den Männern deutlich aufgeholt. So sinnvoll und richtig diese Entwicklung auch ist, bei der Partnerwahl muss sie zwangsläufig Probleme bringen, sofern die Beuteschemata von Männern, aber insbesondere von Frauen unverändert bleiben.

Das Erbe unserer Vorfahren

Wie wir gesehen haben, sind die Unterschiede im Beuteschema von Mann und Frau evolutionstheoretisch sinnvoll. Heutzutage wirken sie eher anachronistisch. Dennoch haben sie überlebt, in uns, in unserer Gefühlswelt, wie nie ausgestorbene Dinosaurier. Wir tragen unsere Ur-Urahnen und deren Beuteschemata gerade bei der Partnersuche mit uns herum, ob wir wollen oder nicht. Sie bestimmen maßgeblich, in wen wir uns verlieben. Gerade deshalb prägen sie auch immer noch unsere Gesellschaft und die Rollenverteilung der Geschlechter.

Bitte sehen Sie sich um, wo immer sie wollen: bei Ihren Freunden und Bekannten, im Büro oder an ihrer sonstigen Arbeitsstätte, in der Nachbarschaft, in der Verwandtschaft, in der Boulevardpresse, in jeder Fernsehserie und in fast jedem Roman. Sie werden immer wieder zu demselben (statistischen) Ergebnis kommen: Bei den Paaren, auf die sie stoßen, ist überwiegend der Mann sowohl körperlich als auch gesellschaftlich »gleich groß« oder »größer« als seine Partnerin, die Frau dagegen entsprechend »gleich groß« oder »kleiner« als ihr Partner.

Auswirkungen auf unsere Gesellschaft

Wenn Sie sich nun eine Menschenpyramide vorstellen, in der diejenigen weiter oben stehen, die einen höheren Status haben. Ganz oben befinden sich demnach die ChefInnen, ganz unten die HilfsarbeiterInnen.

Jetzt betrachten sie mal einen Mann auf der zweithöchsten Ebene der Pyramide: Alle Frauen auf gleicher Höhe und *unter* ihm kommen potenziell als Partnerinnen für ihn in Frage, zumindest scheiden sie nicht von vornherein aus.

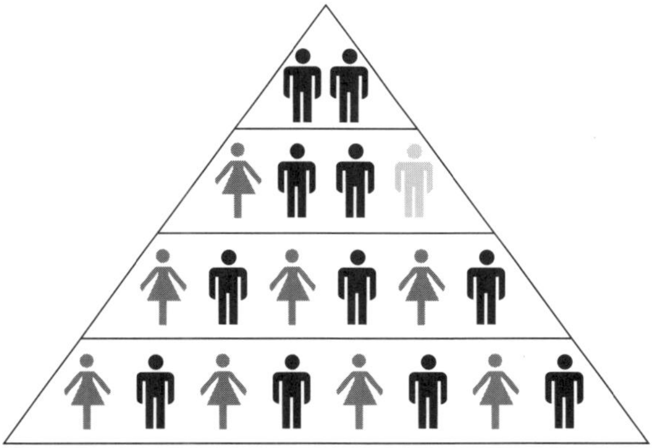

Nun stellen sie sich bitte eine Frau auf der gleichen Ebene wie der soeben ausgewählte Mann vor: Alle Männer auf gleicher Ebene und *über* ihr kommen als potenzielle Partner in Frage, alle Männer *unter* ihr scheiden dagegen aus.

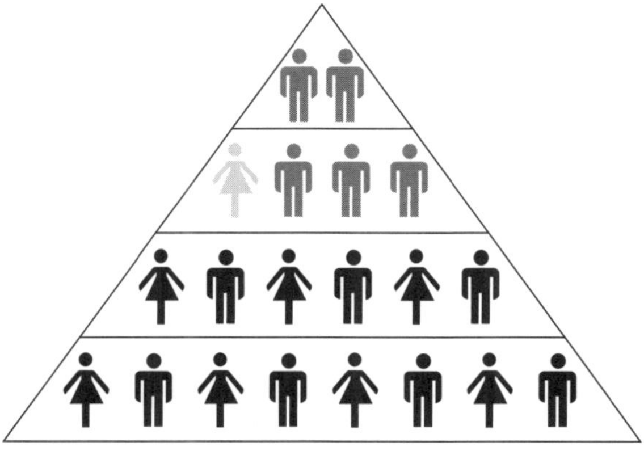

Sie sehen, ein Mann mit einer guten Stellung hat eine deutlich größere Auswahl an potenziellen Partnerinnen als eine Frau in der gleichen gehobenen Stellung.

Jetzt lassen wir noch das eintreten, was allerorts gefordert wird, dass nämlich in den oberen Führungsetagen genauso viele Frauen sitzen wie Männer:

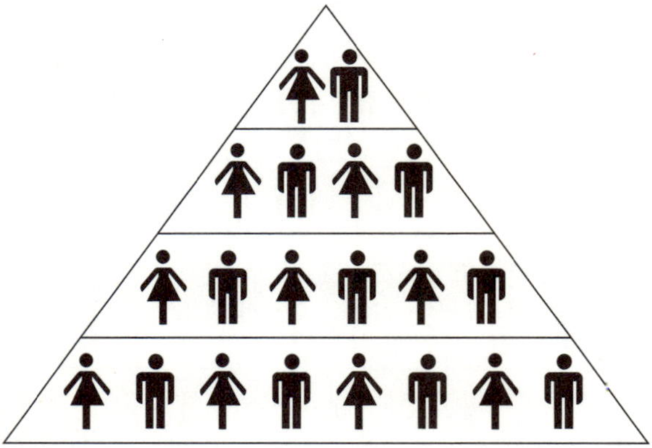

Jetzt steht es um unsere Frau in der oberen Hälfte der Pyramide in puncto Partnerauswahl noch schlechter. Die wenigen Männer neben und über ihr sind zur Hälfte durch Frauen ersetzt worden. Für unsere Kandidatin halbiert sich damit die Zahl der als Partner infrage kommenden Männer.

Lassen Sie mich noch einmal das Beispiel von Renate aufgreifen, der habilitierten Biologin aus dem ersten Kapitel. Für sie ist ein Tierpfleger genauso unattraktiv wie ein körperlich kleinerer Mann, sie interessiert sich eher für ihren ebenfalls habilitierten Kollegen oder einen Professor. Für diese beiden kommt Renate als erfolgreiche Wissenschaftlerin zwar in Betracht, genauso wie eine etwa gleich große Frau. Aber sie blicken bei ihrer Partnerwahl sehr wohl auch auf die Praktikantinnen und Laborantinnen. Genauso wie sie eine deutlich kleinere Frau bei ihrer Wahl keineswegs ausschließen.

Archaisches Beuteschema contra wahre Liebe

Wo bleibt denn da die Liebe? Die Liebe, die Grenzen sprengt und Barrieren überwindet, die Berge versetzt und gesellschaftliche Schranken einreißt? Wir suchen uns unsere Partner doch nicht aus wie ein gebrauchtes Auto! Die Liebe kommt unerwartet, überraschend und überwältigend! Das wissen wir, kennen wir und hören es überall. Dieses Gefühl, dem wir uns nicht widersetzen können, selbst wenn es unlogisch, unpassend und sogar sinnlos erscheint. Wo bleibt unsere wunderbare und romantische Liebe?

In Kuala Lumpur hat eine 104 Jahre alte Malaysierin einen 71 Jahre jüngeren Mann geheiratet. Die beiden seien zunächst Freunde gewesen und daraus habe sich dann Liebe entwickelt, wird der Bräutigam zitiert. »Es ist Allahs Wunsch. Sie hat kein Geld, ihr Vermögen ist ihr tiefes religiöses Wissen«, so der 33-Jährige über seine kinderlose Braut. Die Hochzeit fand im Februar 2006 statt und ist die erste des früheren Soldaten. Die alte Dame hat dagegen deutlich mehr Erfahrung im Heiraten: Für sie ist es bereits die 21. Ehe. In diesem Fall sprengt die Liebe tatsächlich alle gängigen Vorstellungen von Partnerwahl. Aber es ist die Ausnahme.

Heute sucht man sich zwar selbst den Partner aus, er ist aber überwiegend der, mit dem auch die Eltern einen verkuppeln würden. »Das eigentlich Neue an der modernen Liebe ist, dass die Menschen nun die ökonomische Vernunft, die früher von den Eltern vertreten wurde, verinnerlicht haben und sich aus ›freien Stücken‹ in einen Partner verlieben, mit dem sie – zufällig – auch einen guten Griff tun. Die sozialen Regeln der Partnerwahl werden heute noch genauso pedantisch befolgt wie zu Jane Austens Zeiten. Nur ist es jetzt tabu, darüber zu sprechen.« Das meint zumindest Laura Kipnis, Medienwissenschaftlerin an der Northwestern University in Illinois, USA.

Heute könnten es sich zwar viel mehr Frauen leisten, »Ja« zu sagen zu einem Arbeitslosen, zu einem Armen, zu einem Mann, der beruflich nur Pech gehabt hat oder dem keine ausreichende Durchsetzungskraft in der Arbeit beschieden ist. Mit anderen guten und nützlichen Eigenschaften könnte dieser Mann seine fehlenden finanziellen Ressourcen ausgleichen, denn immer mehr Frauen haben selbst eine gute Ausbildung und verdienen gut. Diese eigenen Fähigkeiten und Möglichkeiten scheinen die Frauen aber nicht bei der Partnerwahl zu berücksichtigen. »Frauen bevorzugen *nach wie vor* finanziell abgesicherte Männer mit hohem Status«, so der Sozialpsychologe Manfred Hassebrauck von der Uni Wuppertal. Insgesamt wählten Frauen ihren Partner mehr nach Kalkül, als es Männer tun, so Hassebrauck weiter. Der Grund: »Sie (...) gehen nach der Geburt eines Kindes oft lange aus dem Job und sind (dann) stärker von Männern abhängig.«

Französinnen haben es da besser. Weil sich in Frankreich Berufstätigkeit und Muttersein viel leichter vereinbaren lassen, achten sie bei der Partnersuche weniger auf Status und Einkommen als deutsche Frauen. Französinnen brauchen keinen Ernährer mehr – und können deshalb romantisch sein.

Ganz anders in Deutschland. Unqualifizierte, schlecht verdienende oder arbeitslose Männer und hoch qualifizierte Frauen bleiben immer häufiger allein. Erfolglosigkeit macht Männer einsam. Bei Frauen ist es genau umgekehrt: Je höher die Bildung, desto eher bleiben sie ledig. »Lieber leben die Frauen als Singles, als dass sie nach unten heiraten. Und wenn sie es tun, dann scheitern diese Ehen überdurchschnittlich häufig«, so der Soziologe Hans-Peter Blossfeld, Leiter des Staatsinstituts für Familienforschung an der Uni Bamberg. Die Ärztin verliebt sich nicht in den Pfleger, die Rechtsanwältin nicht in den Postboten. Nur sehr selten ist die Kraft der Liebe so groß, dass sie diese ungeschriebenen Gesetze der Partnerwahl überwindet. Wenn die Barrieren doch mal eingerissen werden, dann schaufeln nicht selten die Gesellschaft und die Zeit dieser Beziehung ein Grab.

Geld und Status des Mannes spielen nämlich nicht nur bei der Partnerwahl eine Rolle, sie beeinflussen auch, wie lange eine Beziehung hält. Andrew Oswald, Wirtschaftsprofessor an der britischen Universität Warwick, hat 10 000 Männer und Frauen über mehrere Jahre hinweg beobachtet: Die Beziehungen, bei denen der Mann ein besonders hohes Einkommen hatte, waren am stabilsten. Wenn der Mann aber seinen Job verlor, war er oft schnell wieder geschieden. Ob die Frau gut, schlecht oder gar nichts verdiente, spielte für die Dauer der Ehen dagegen keine große Rolle. So die Ergebnisse seiner Studie »Ökonomie der Liebe«.

Zu dem gleichen Ergebnis kam eine Studie der Universität München (LMU). Das Gehalt des Mannes wird in einer Beziehung von beiden als »wertvoller und wichtiger« definiert – sogar, wenn er nur gleich viel oder sogar weniger verdient als die Frau.

Archaisches Beuteschema contra Postfeminismus

Die Kraft der archaischen Beuteschemata scheint auch in unserer modernen, aufgeklärten Gesellschaft ungebrochen. Wir glauben, unser Leben lenken zu können, Wahlfreiheit zu haben und intellektuell abgewogene Entscheidungen zu treffen. Dabei wird der Grundton unserer Lebensmelodie immer noch von emotional tief verwurzeltem, unbewusstem Verhalten bestimmt, das sich nicht um die Probleme arbeitsloser und einsamer Männer und erfolgreicher, aber ebenso einsamer Frauen kümmert.

Das, was wir wirklich beeinflussen können, ist eher das Feintuning. Die Gruppe der in Frage kommenden Partner wird definiert durch unser archaisches Beuteschema. Innerhalb dieser Gruppe suchen wir uns jedoch den, der uns mitreißt, überrascht und dem wir die wunderbare Wirkung der Glückshormone verdanken. Wir suchen uns genau den einen Menschen mit dem atemberaubenden Lächeln, der wunderbaren Stimme, wir wählen genau denjenigen aus, der hinreißend und romantisch lacht oder Gitarre spielt, einfühlsam ist und einfach himmlisch narkotisierend riecht. Nur er allein führt uns in das Paradies unserer freien und romantischen Liebe. Ein Paradies auf Zeit allerdings – und mit Bedingungen. Die wichtigste: Dieser Partner entspricht auch in den Basics unserem Beuteschema.

Der Wunsch nach Gleichstellung von Frauen und Männern in gesellschaftlicher Hinsicht, also in Leitungs-, Führungs-, Macht- und Regierungspositionen, ist unüberhörbar und wird allerorten befürwortet. Dass eine Frau genauso wie ein Mann einen Beruf erlernen sollte, ist allgemein anerkannt. Nicht wenige Frauen erlernen inzwischen ehemalige Männerberufe, und auch immer mehr Frauen steigen beruflich auf und machen Karriere. Wir haben sogar eine Frau als Bundeskanzlerin. Es gibt Frauengleichstellungsbeauftragte, bei gleicher Eignung werden zum Teil Frauen den Männern vorgezogen, und überall wird darauf geachtet, in der Politik, aber auch in anderen Hierarchiesystemen wie Konzernen, Universitäten etc., dass in jeder höheren Führungsetage Frauen vertreten sind.

Das alles zeigt Erfolge: Nach Analysen des Instituts für Arbeitsmarkt- und Berufsforschung (IAB) waren unter den abhängig beschäftigten Führungskräften in der Privatwirtschaft im Jahr 2004 bereits 41 Prozent Frauen. Auch in der ersten Führungsebene holen die Frauen von Jahr zu Jahr auf. Im Jahr 2000 waren etwa 21 Prozent Frauen im Topmanagement tätig, 2004 waren es bereits 23 Prozent.

Trotzdem bleibt ein gewisses Unbehagen zurück. Das betrifft sowohl Frauen als auch Männer, denn sie alle erkennen oder erahnen die enorme Ungerechtigkeit, die aus dieser erstrebten Gerechtigkeit der Geschlechter erwächst. Wobei die meisten eingesehen haben, dass die Forderung nach einer gesellschaftlichen Gleichstellung der Frau ein sinnvoller und unumkehrbarer Weg ist. Das bewirkt ein Dilemma zwischen Kopf und Bauch. Der Kopf sagt: Das ist richtig, gerecht und gut so, der Bauch dagegen sagt: Irgendwie stimmt da was nicht. Und ich betone ausdrücklich, das sagen Kopf und Bauch nicht nur der Männer, sondern auch der Frauen.

So sitzen beide Geschlechter in einem Boot, allerdings in einem schwankenden. Bisher macht jeder den anderen für die Unfähigkeit verantwortlich, gut und gemeinsam einen sicheren Hafen zu erreichen. Der Seegang ist hoch, doch das Boot wird niemals kentern. Viel zu sehr brauchen und lieben sich Männer und Frauen. Nur kommen sie so kaum vorwärts, hin zu einem glücklichen Miteinander.

Die Situation der Frauen

Perfektion um jeden Preis

Frauen haben das Gefühl, perfekt sein zu müssen. Das höre ich täglich in meiner Praxis. Sie haben den Anspruch an sich, alle an sie gestellten Anforderungen zu erfüllen, obwohl diese sehr widersprüchlich sind. Die Gesellschaft fordere das nun mal von ihnen, und so fordern sie das Gleiche von sich.

Natürlich muss eine Frau beim abendlichen Date mit dem potenziellen Vater ihrer zukünftigen Kinder super aussehen und sich wohlfühlen in ihrem Körper. Sie sollte auch etwas zu sagen haben. Über die Witze ihres Gegenübers sollte sie möglichst lachen, am besten jedoch, sie ist selbst charmant und amüsant. Wenn Mr. Gegenüber sich im Laufe des Abends tatsächlich zu Mr. Right wandelt, sollte sie ihm hinterher im Bett klarmachen können, dass auch sie seine Mrs. Right ist.

Am nächsten Morgen muss sie selbstverständlich perfekt geschminkt und ohne Zucken im Augen- oder Mundwinkel ein berufliches Meeting überstehen – und im entscheidenden Moment eine gute Idee einbringen. Das alles erzählt sie dann am nächsten Abend ihrer Freundin beim Italiener um die Ecke und weiht sie in die intimen Ereignisse der letzten Nacht ein.

Kurz: Im Privatleben ein angenehm sicheres Gefühl – und im Beruf die Karriere. Nur wenn das auch alles so klappt, ist sie mit sich und der Welt zufrieden. Aber das passiert leider viel zu selten.

Die Berichte meiner Patientinnen über ihren Alltag lassen mich deutlich spüren, wie verzweifelt sie versuchen, in allen Bereichen ihr Bestes zu geben. Ständig flüstert ihnen ein Teufelchen einen unerfüllten Anspruch ins Ohr: Du wolltest doch noch joggen! Koch endlich mal wieder was richtig Gesundes! Du solltest endlich den Quartalsbericht lesen, damit du morgen beim Meeting informiert bist! Du brauchst unbedingt eine neue Bluse und einen Rock in den neuen Frühlingsfarben! Deine Freundin hat dir das letzte Mal erzählt, wie schlecht es ihr in ihrer Beziehung geht; du solltest sie dringend noch anrufen! Heute Abend hast du ein Date, also entspann dich und versuch, positiv und sinnlich zu wirken! Du musst auf jeden Fall vorher die Wohnung aufräumen, falls er anschließend noch mit zu dir kommt!

Die Mutter-Falle

Gerade Frauen, die einen passenden Partner suchen, glauben, diesen multiplen Perfektionsansprüche mit ihren ständig wechselnden Gesichtern zu entkommen, wenn sie endlich einen Partner gefunden und mit ihm ein Kind bekommen haben, wenn sie endlich ihre eigene Familie gegründet haben. Viele Single-Frauen denken, ihr anstrengender und auslaugender Balanceakt endet mit einer glücklichen Partnerschaft und der Geburt eines Kindes. Sie sehen eine Partnerschaft und ein eigenes Kind als Lebensaufgabe, mit der die verzweifelte Suche nach dem Sinn des Lebens endlich zu einem guten Ende kommt. Doch der Alltag der Frauen, die das alles bereits erreicht haben, entspricht häufig ganz und gar nicht dieser Wunschvorstellung. Die Realität dieser Frauen sieht meist ganz anders aus.

Auch wenn sich die ständig lauernden Perfektionsansprüche geändert haben, erkennt die Frau mit Familie sehr bald, dass sie ihnen nicht entkommen kann. Jeden Tag kann sie nun in den Medien lesen und hören, was ihr alles gelingen muss: Familie und Beruf miteinander zu vereinbaren. Die eher linken Parteien fordern, die Frau solle »Beruf und Familie« vereinbaren können, die rechteren Parteien sprechen von »Familie und Beruf«. Die jeweilige politische Richtung unterscheidet sich nur durch die Abfolge und somit durch die Gewichtung der Schlagwörter. Meist ist diese sogenannte Vereinbarkeit jedoch nur eine Addition zweier Ansprüche, wobei jeder dieser Ansprüche sich nochmals in eine Vielzahl kleiner Forderungen aufgliedert.

Emotional kommt bei den meisten (Ehe-)Frauen und Müttern an: Widmet euch voll und ganz euren Familien und Kindern und geht glücklich in der Mutterrolle auf, so wie eure Mütter und Großmütter es getan haben. Seid aber gleichzeitig emanzipiert im Beruf, so wie es euch von vielen beruflich erfolgreichen Frauen mit oder ohne Kinder bis hin zur Familienministerin Ursula von der Leyen vorgelebt wird.

Im ersten Jahr nach der Geburt gibt es noch eine Schonfrist, die sich die Mütter selbst geben. Sie dürfen stillen, wickeln und Babyschwimmkurse besuchen. Doch danach wird es härter: Mit den ersten Schritten des Kindes erwachen auch die unerfüllten Ansprüche und vernachlässigten Rollen. Wenn dann Tagesmütter und Kinderkrippen die Vollzeitmutter entlasten, erwachen nicht nur die Sehnsüchte, sich endlich wieder mal so richtig als Frau zu fühlen, sondern der Druck wächst, die brachliegenden beruflichen Möglichkeiten wieder aufzunehmen.

Den Müttern, die sich nach der Elternzeit entschlossen haben, in ihren Beruf zurückzukehren, flüstert aber ein Teufelchen ins Ohr, dass sie ihre Kinder vernachlässigen und womöglich sogar ihren Mann überfordern, der sich jetzt stärker bei der Kinderbetreuung engagieren muss. Und die begehrenswerte Liebhaberin wird eine Frau nicht dadurch, dass sie zwar zum Familieneinkommen beiträgt, abends jedoch erschöpft vor dem Fernseher einschläft, nachdem nicht sie, sondern er die Kinder ins Bett gebracht hat. Das Wort »Rabenmutter« gibt es in keiner anderen Sprache, nur in der deutschen. Immer noch müssen Frauen, die Kinder haben und ihrem Beruf nachgehen, und sei es nur halbtags, sich gegen dieses Schimpfwort wehren.

Karrierefrau contra Super-Mami

Das schlechte Gewissen macht allerdings auch nicht vor den Frauen Halt, die sich nach gelungener Partnersuche ausschließlich für die Hausfrauen- und Mutterrolle entschieden haben. Hier greift das Bild der modernen, emanzipierten Frau, die nur mit Erwerbsarbeit – möglichst noch erfolgreich – einen gesellschaftlichen Stellenwert hat. Auf jeder Party und bei jeder netten Runde unter Freunden geraten die Nur-Mütter unter Erklärungsdruck, gerade anderen Frauen gegenüber: Ihr latent schlechtes Gewissen bringt dann erstaunliche Erklärungsversuche hervor, warum sie (noch) nicht wieder arbeiten und sich in ihrer Rolle als Mutter wohlfühlen.

Da sie den Erwartungen, dass eine moderne Frau auch einem Beruf nachgehen sollte, nicht gerecht werden, entwickeln manche Mütter kompensatorisch eine aufzehrende Betriebsamkeit: Die Antwort »Ich bin Managerin einer Gesellschaft mit hohem Humankapital« mag da noch als positives Beispiel einer gelungenen Retourkutsche auf die Partyfrage »Und was machen sie so?« dienen. Häufig wird die Rolle einer sorgenden und organisierenden Hausfrau und Mutter nicht als positives Gegenmodell zu einer stressigen Arbeitswelt gesehen, sondern als ein zu rechtfertigendes Imageproblem.

Die Woche wird mit einem engmaschigen Terminplan überzogen, bei dem jeder sich dem Diktat der Pädagogik und der Zeit unterwerfen muss. Pekip-Gruppen, Babyschwimmen und Spielgruppen füllen die leeren Nachmittage, Motorik-, Turn- oder Ballettkurse ergänzen das Angebot für die etwas älteren Kinder. Damit auch die schulpflichtigen Kinder den Müttern keinen Erklärungsnotstand bereiten, gibt es ja noch

Nachhilfe-, Klavier- oder Reitunterricht sowie Tennis- oder Fußballtraining, für die jemand den Hol- und Bringdienst übernehmen muss. In puncto Stressfaktor sind derartige Tagesabläufe durchaus mit denen beruflich eingespannter Frauen vergleichbar und bekämpfen so das schlechte Gewissen, als Frau und Mutter zu Hause zu sein. Ein schlechtes Gewissen, das die Frauen auch ohne all diese Aktivitäten nicht haben müssten!

Archaisches Beuteschema contra Forderungen der Frauenbewegung

So manche Ehefrau und Mutter erinnert sich dann an ihr unbeschwertes Studentenleben und an die ersten Jahre im Beruf, in denen sie noch ohne zeitraubende familiäre Verpflichtungen genügend Zeit für sich und ihre Hobbys hatte. Wehmütig sieht sie dann hinüber zu den Single-Frauen, die so ein Leben noch führen können. Die wiederum blicken genauso wehmütig zurück, weil diese Frau genau das schon hat, was ihnen fast unerreichbar erscheint – eine eigene Familie. Vielleicht denken dann beide: Ließe es sich auf der anderen Seite besser leben? Wäre ich in dem Leben der anderen glücklicher?

Gerade für die Single-Frau, die sich eine Familie wünscht, ist es wichtig, sich zwar ein positives, aber auch realistisches Bild von dem zu malen, was sie anstrebt. Um ihr Ziel zu erreichen, ist es sehr hilfreich, sich gut in die Rollen hineindenken zu können, die sie in ihrer zukünftigen Familie spielen wird.

Wenn aber die Frau ohne Familie genau hinsieht, dann erkennt sie in dem Leben der Frau mit Familie die gleichen, ihr bestens bekannten Spannungen zwischen extrem unterschiedlichen Ansprüchen. Sie erkennt, dass sie auch mit Familie letztlich immer wieder auf die gleichen, schwer zu vereinbarenden Anforderungen treffen wird.

Warum ist das so? Warum können gerade Frauen den beiden Teufelchen, die ihnen ganz unterschiedliche Ansprüche und Forderungen ins Ohr flüstern, so schwer entkommen? Beantworten kann man diese Fragen nur, wenn man sich klarmacht, dass in unserer Gesellschaft zwei denkbar unterschiedliche Faktoren aufeinandertreffen und miteinander konkurrieren: das tief in der menschlichen Gefühlswelt verankerte und bei Mann und Frau sehr unterschiedliche Beuteschema einerseits und die ehemals ideologisch gefärbten Anforderungen der Frauenbewegung an Mann und Frau andererseits, die heute zum ganz normalen Selbstverständnis einer modernen Frau gehören.

Genauso, wie die Forderungen der Frauenbewegung von den jüngeren Generationen meist unreflektiert übernommen und akzeptiert, wie sie kaum relativiert und hinterfragt werden, genauso wenig sind wir uns über die Auswirkungen unserer archaischen Beuteschemata im Klaren. Beides zerrt gerade Frauen in entgegengesetzte Richtungen, häufig ohne dass sie sich dessen bewusst sind.

Anna – ein exemplarisches Frauenleben

Um diesen Zwiespalt zu verdeutlichen, verfolgen wir exemplarisch verschiedene Lebensabschnitte von Anna, die zu Beginn unserer Geschichte 18 Jahre alt ist.

Gerade hat Anna die Schule abgeschlossen. Für sie ist das Leben ihrer Mutter zwar ein schönes Beispiel für ein erfülltes Frauenleben, trotzdem will sie diesem Beispiel nicht folgen. Sie will einen Beruf haben und ihr eigenes Geld verdienen. Sie will finanziell unabhängig sein und nicht wegen jedem Euro ihren zukünftigen Mann fragen müssen.

Vielleicht ist das Leben ihrer Mutter aber auch ein abschreckendes Beispiel, das ihr nie widerfahren soll. Sie hat erlebt, wie abhängig ihre Mutter von ihrem Vater war und immer noch ist, nicht nur finanziell. Sie will sich das, was sich ihre Mutter von ihrem Vater hat gefallen lassen, niemals von dem Vater ihrer zukünftigen Kinder bieten lassen müssen.

Mutterbild, Karrierewunsch und unbewusste Rollenwahl

Um dem Schicksal ihrer Mutter zu entkommen, sollte sie vor allem ihre Schule gut abschließen und einen soliden Beruf erlernen, um einmal finanziell unabhängig zu sein.

Allerdings geht sie in ihrem Denken nicht so weit, das zu wollen, was schon ihr Vater als junger Mann dachte, aber auch die meisten ihrer gleichaltrigen männlichen Mitschüler heute noch denken, wenn es um Ausbildung und Beruf geht: Ich muss einmal so viel verdienen, dass es für mich, meine Frau und noch für ein, zwei oder mehr Kinder reicht. Bei der Auswahl ihres Berufes sieht sie sich nicht als zukünftige Alleinverdienerin und Ernährerin einer ganzen Familie. Da denkt sie völlig anders als die meisten Männer früherer Generationen, aber auch der heutigen Generation. Im Grunde denkt sie über diese Möglichkeit überhaupt nicht nach.

Das ist nicht verwunderlich, denn niemand hat ihr je diesen Gedanken nahegebracht. Ihre Mutter nicht, denn die will nur, dass ihre Tochter es mal besser hat als sie selbst. Von ihr hört Anna, dass es für eine Frau wichtig sei, ihr eigenes Geld zu verdienen. Von ihrem Vater hört sie dergleichen auch nicht. Er freut sich, dass seine Tochter so gut in der Schule ist und sogar studieren will. Welches Studienfach sie wählt, interessiert ihn weniger.

Anna fühlt sich emanzipiert und gleichberechtigt, ohne groß darüber nachzudenken. Sie hat sogar ein paar Artikel zur Emanzipation und Frauenbewegung gelesen. In allem, was sie dort erfährt, wird sie umso mehr bestärkt, einen Beruf zu erlernen und ihn auch möglichst lange auszuüben. Und sie ist entschieden dafür, nach einer eventuellen Babypause wieder ins Berufsleben einzusteigen. Für sie ist es selbstverständlich, dass die Frauen den Männern ebenbürtig, zum

Teil sogar überlegen sind und es keinen großen, sondern nur einen sehr kleinen Unterschied zwischen den Geschlechtern gibt.

Dennoch ist sie auch hier nicht auf den Gedanken gestoßen, dass die traditionelle Rolle der Männer als Ernährer einer Familie ebenso gut die Frauen übernehmen könnten.

Mit ihren Freundinnen hat Anna viel über Berufswünsche, Neigungen und mögliche spätere Szenarien einer Familiengründung geredet. Allen war klar, dass heute jede Frau einen Beruf haben sollte. Einige meinten sogar, ihr Geld müsste nicht nur für sie selbst reichen, sondern im Notfall auch noch für ein Kind. Denn wer weiß, ob es mit dem Vater des Kindes gut gehe. Die jungen Mädchen wollten ihren Kinderwunsch und dessen Erfüllung keinesfalls von dem bröckelnden Versorgungswillen der Männerwelt abhängig machen. Aber einmal eine ganze Familie inklusive Mann und Kindern ernähren zu wollen und es vor allem auch zu können, so weit hat keine der Freundinnen von Anna gedacht. Sie selbst auch nicht.

Warum nicht? Dieser Gedanke nimmt dem Berufsleben zwar etwas von dem Selbstverwirklichungs- und Lustaspekt, den aus Annas Sicht eine berufliche Karriere noch hat. Doch das ist nicht der Grund, warum sie den kompletten Rollenwechsel nicht als Möglichkeit mit einplant, ja nicht einmal daran denkt.

Sie weiß, dass Frauen zum Teil sehr gute Berufe ergreifen und entsprechend verdienen. Natürlich könnten sie mit ihrem Gehalt problemlos Mann und Kind(er) ernähren. Sie tun dies auch, meist jedoch eher notgedrungen, etwa wenn der Mann als Hauptverdiener ausgefallen ist. Weder Anna noch die Frauen allgemein sind fauler, geiziger oder egoistischer als Männer oder sonst wie andersartig, wenn es ums Geld geht, ganz im Gegenteil. Der Grund, warum Anna und ihre Freundinnen den kompletten Rollentausch nicht in Erwägung ziehen, ist ein anderer:

Sie stellen sich als zukünftigen Partner einen Mann vor, der entweder genauso gut verdient wie sie oder noch besser. Das Problem, ihn und eventuell auch Kinder finanzieren zu müssen, stellt sich in ihrer Vorstellungswelt entweder gar nicht oder nur als Notfallszenario. Dann wären sie allerdings jederzeit bereit, für eine Zeit lang die Ernährerin zu spielen, bis ihr Mann wieder seine angestammte Rolle als Hauptverdiener in der Familie übernehmen kann.

Das erklärt auch das Paradox, dass Mädchen in der Schule besser sind und hochwertigere Schulabschlüsse machen als Jungen, dass sie jedoch bei den Berufsausbildungen, die zu Macht und Geld führen, bereits unterrepräsentiert sind. Die jungen Frauen wählen ihr Studium und ihren zukünftigen Beruf ohne den Anspruch aus, damit einmal Mann und Familie zu ernähren. Vielmehr geben sie sich in erster Linie ihren Neigungen und ihren Interessen hin. Das zieht sie dann viel häufiger in eher brotlosere Studien und Berufe als ihre männlichen Kollegen. Junge Männer denken und fühlen da anders.

Ist das gerecht? Oder gleichberechtigt? Lassen wir die Frage mal unbeantwortet, und halten wir einfach nur fest, dass es da zwischen den Geschlechtern Unterschiede gibt.

Das Problem, das Anna in ihrer Vorstellung von einer Partnerschaft bewegt, ist also nicht, einmal eine Familie ernähren zu müssen. Sie schlägt sich vielmehr gedanklich damit herum, ob sie für den noch besser verdienenden Partner einmal den eigenen, womöglich sogar guten und Spaß machenden Job aufgeben will, oder ob sie ihn zumindest unterbrechen und damit einen Karriereknick hinnehmen soll. Sie denkt auch darüber nach, ob sie als Mutter dann nur noch halbtags arbeitet, und sie sucht sich ihren Beruf nicht zuletzt danach aus, ob sie ihn auch mit reduzierter Stundenzahl ausüben kann. Zumindest für eine begrenzte Zeit nach der Geburt der Kinder. Anna will schließlich mal Kinder, und nicht nur eins.

Sie sieht sich also, ohne wirklich darüber nachzudenken, als Partnerin eines finanziell gleichwertigen oder besser gestellten Partners. Nur woher will Anna wissen, dass es tatsächlich einmal so sein wird?

Weil sie spürt, dass für sie nur ein solcher Mann als Partner in Frage kommt! Weil sie instinktiv, unbewusst oder auch sehr bewusst fühlt, dass sie sich in einen Mann, der nicht sie und eventuell auch ihre Kinder versorgen könnte, gar nicht verlieben würde. Falls doch, so weiß sie zumindest, dass sie ihn trotz Verliebtheit nicht als langfristigen Partner und Ernährer ihrer Kinder akzeptieren könnte.

Ein in beruflicher Hinsicht unterlegener Mann käme nur im Ausnahmefall als langfristiger Partner für sie in Frage. Das weiß sie genau, weil sie es ja selbst bestimmt. Das ist der ganz normale Blick von Anna auf sich selbst, ja nicht einmal auf den Partner oder darauf, was er bringen muss. Das ist ihr archaisches Beuteschema!

Die Jungs, mit denen Anna bisher gegangen oder auch nur ins Bett gegangen ist, waren meist so alt wie sie oder etwas älter. Die in den Klassen unter ihr haben sie nie interessiert. Auch jetzt, mit 18, liebt sie einen Studenten, der natürlich größer ist als sie. Das ist für sie das Normalste der Welt. Bei fast allen ihren Freundinnen ist es genauso. Ebenso war es bereits in der Generation ihrer Mutter und Großmutter. Da hat sich nichts geändert. Ihr Beuteschema gehorcht noch denselben Regeln wie schon vor Tausenden von Jahren. Es gibt für Anna auch keinen Grund, daran etwas zu ändern. Sie ist jung und hübsch, und die Auswahl an Männern ist groß.

Anna ist überzeugt, dass die Frauen die gesellschaftliche Gleichstellung mit den Männern erreichen werden, und sie bringt die Kriterien, nach denen sie sich ihren Freund aussucht, damit überhaupt nicht in Zusammenhang. Das sind für sie zwei Dinge, die nichts miteinander zu tun haben. Im Übrigen empfindet sie sich sowieso gleichberechtigt, ohne viel darüber nachzudenken. Ihr Leben gibt ihr recht: Ihr

Freund hilft ihr in den ersten Semestern des Medizinstudiums und findet es toll, dass seine Freundin studiert. Sie studiert übrigens dasselbe wie er. Sein Vater war auch schon Arzt, und er hat es geschafft, über Wartesemester einen Studienplatz zu ergattern, Anna erhält den ihren ganz einfach über ihr sehr gutes Abitur.

Kinderwunsch, Beuteschema und Emanzipation

Ein paar Jahre später und einige Beziehungskrisen weiter sind die beiden immer noch zusammen. Er macht gerade sein letztes, sein Praktisches Jahr im Studium und schreibt schon an seiner Doktorarbeit, als sie mitten im Studium ungewollt schwanger wird.

Ihr Freund ist dafür, das Kind zu bekommen. Der hat leicht reden, denkt Anna. Er macht sein Studium in jedem Fall fertig, wird möglichst schnell eine Stelle als Assistenzarzt suchen und dann Karriere machen. Aber sie? Er wird sie kaum darin unterstützen können, mit dem Kind ihr Studium zu beenden, wenn er schon arbeitet. Wie viel und lange junge Ärzte arbeiten müssen, das weiß sie sehr genau von ihren Praktika im Krankenhaus.

Plötzlich tauchen bei Anna die alten, längst überwunden geglaubten Ängste wieder auf. Sie will nicht so enden wie ihre Mutter, finanziell abhängig in einer Ehe. Dafür studiert sie nicht Medizin! Sie will jetzt kein Kind, sie will ihr Studium fertig machen und erst einmal eine Zeit lang arbeiten, sosehr sie sich später Kinder wünscht.

Ohne dass es Anna merkt oder ihr bewusst ist, erlebt sie gerade die Auswirkungen der beiden äußerst unterschiedlichen Faktoren, die sie schon sehr lange beeinflusst haben: auf der einen Seite ihr archaisches Beuteschema, das bewirkt hat, dass sie einen Freund hat, der einen guten Beruf vor sich hat und der älter ist als sie. Im Zweifelsfall betrachtet sie ihn als den Haupternährer der Familie. Genau für diesen Zweck hat sie sich diesen Mann ausgesucht. Bewusst oder unbewusst.

Das treibt sie allerdings in die Rolle der Mutter, die zu Hause bleibt.

Auf der anderen Seite wirken die Forderungen der Emanzipationsbewegung: Sie hat den Anspruch an sich, durch eine gute Ausbildung finanzielle Unabhängigkeit und berufliche Selbstverwirklichung zu erlangen. Dabei kommt ihr gerade jetzt ein Kind in die Quere. Allerdings nur, weil sie kein Beuteschema hat wie ein Mann. Sonst hätte sie als Freund keinen älteren Medizinstudenten, sondern eventuell einen jüngeren, erstaunlich gut aussehenden Kunstgeschichtsstudenten ohne wirklich ambitionierte Berufsvorstellungen. Dann würde sich eher die Frage stellen, ob er bei dem Kind zu Hause bleibt und sie schnellstmöglich fertig studiert und anschließend das Geld für die Familie verdient. Nachdem sie das Kind zur Welt gebracht und noch ein paar Monate gestillt hätte, stünde ihrem Anspruch nach beruflicher Selbstverwirklichung nichts mehr im Wege.

Es gibt solche Beziehungen, aber sie sind die Ausnahme – und für Anna undenkbar. Ihren Wunsch, einen guten Beruf mit all seinen Vorteilen zu erlernen, hat sie nie mit dem Szenario verbunden, ein Kind zu haben mit einem Mann, der dieses Kind einmal zu Hause versorgt, während sie das Geld für alle drei verdient.

Nein! Anna will bei ihrem etwas älteren, einmal hoffentlich gut verdienenden Freund bleiben, ihren eigenen Beruf ergreifen und darin zumindest einige Jahre arbeiten. Ein Kind ist später dran. Deshalb treibt sie es ab. Ihr Freund ist einverstanden, weil er Anna versteht – und liebt. Er hätte das Kind aber gewollt.

Einige Jahre später sind die beiden getrennt. Ob es Annas latent schlechtes Gewissen oder sein unausgesprochener Vorwurf wegen der Abtreibung war, wissen wir nicht. Vielleicht waren es auch nur die schönen Augen eines verständnisvollen Mitstudenten, in die sich Anna verliebte, während ihrem Freund im Krankenhaus eine Nachtschicht nach der anderen den Schlaf raubte. Oder die hübsche Kollegin von der Nachbarstation im Krankenhaus hatte eine so gute Figur, dass sich ihr Freund in sie verguckte, während Anna entnervt fürs zweite Staatsexamen büffelte.

Jedenfalls ist sie jetzt Single. Sie beendet ihr Studium, begleitet von wechselnden Beziehungen, und beginnt, als Ärztin zu arbeiten.

Anfangs gefällt ihr das sehr gut. Sie ist jung, attraktiv und bringt das richtige Maß an Enthusiasmus mit. Erfahrene Kollegen und Oberärzte sind sehr bemüht, die junge, engagierte Kollegin in die hohen Weihen der Medizin und in die alltägliche Routine eines Krankenhausbetriebs einzuführen. Bald hat sie einen guten Ruf und einen guten Stand in ihrer Abteilung – und ein Verhältnis mit dem Oberarzt. Sie darf jetzt Untersuchungstechniken lernen, an die andere erst nach Jahren herankommen, und steigt in der Diensthierarchie auf. Männlichen Kollegen, die gleichzeitig mit ihr angefangen haben, ist der Berufseinstieg häufig schwerer gefallen, auch, weil ihnen ältere Kollegen weniger unter die Arme gegriffen haben. Sie bewundern und beneiden Anna. Doch sie macht ihre Sache gut, und auch die Neider sind bald überzeugt von ihren Fähigkeiten.

Als ihr Geliebter ihr anbietet, seine Frau und die beiden Kinder zu verlassen, um mit ihr zusammenzuleben, macht sie einen Rückzieher. Sie möchte keine Familie zerstören – lieber will sie eine eigene. Doch dazu ist ihr Geliebter nicht bereit. Er wolle keine Kinder mehr, ganz im Gegenteil, er sehne sich nach mehr Unabhängigkeit und Ruhe, hat er ihr gestanden. Doch das passt mit ihren Zukunftsplänen nicht zusammen.

Berufliche Karriere für einen hohen persönlichen Preis

Anna beendet das Verhältnis mit dem Oberarzt. Sie spürt, dass sie jetzt wieder bereit ist für eine feste Beziehung, für eine mit Familienperspektive – und schaut sich um. Erstmals fällt ihr auf, dass die Kollegen um sie herum, die gleich alt oder etwas älter sind, fast alle schon vergeben sind. Die wenigen, die noch frei sind, entsprechen leider so gar nicht ihrem Bild von ihrem Traummann. Die Mehrzahl ihrer Kolleginnen sind dagegen Single wie sie.

Alle männlichen Kollegen jedoch, egal ob gebunden oder ungebunden, interessieren sich vor allem für junge Ärztinnen, schauen sich aber auch unter den deutlich jüngeren Praktikantinnen, Krankengymnastinnen und Krankenschwestern um.

Erstmals sieht Anna das Leben einer sehr erfahrenen und guten Oberärztin als Schreckensvision vor sich, fast noch mehr als das ihrer Mutter. Die beruflich sehr erfolgreiche Frau ist Ende vierzig, lebt alleine, hat keine Kinder und keinen Mann. Sie ist in ihrem Job brillant, aber persönlich frustriert, mit einem schon verhärmten Unterton. Am meisten merkt man das montags, wenn sie aus dem Wochenende kommt. Freitagabends bleibt sie häufig noch lange im Krankenhaus, länger als eigentlich nötig. Die Frau hat keine Familie, von der sie kommt oder zu der es sie hinzieht, denkt Anna – und beschließt, dass sie selbst nie so enden will.

Die einzige Möglichkeit, diesem persönlichen Albtraum zu entkommen, besteht darin, nun alles daranzusetzen, einen Mann zu finden, den sie lieben kann und der mit ihr Kinder will. Das ist jetzt Annas neues Ziel. Der Weg dorthin, sozusagen das Erfolgsrezept, das zum Ziel führt, scheint das gleiche zu sein wie damals, als Anna sich als Teenager entschied, ein anderes Leben zu führen als ihre Mutter und einen guten Beruf zu erlernen: Zeige Energie, zeige Einsatz, erfülle einfach alle Anforderungen, und zwar perfekt!

Das führt sie mehr und mehr in den Wahn, all die nimmer enden wollenden Ansprüche von unterschiedlichster Seite erfüllen zu müssen.

Das Emanzipations-Teufelchen flüstert ihr ein, sie solle eine unabhängige, karriereorientierte und erfolgreiche Frau sein und bleiben. Das könne sie glücklich machen und werde ihr auch irgendwann den richtigen Mann bescheren, so wie es ihr immer wieder in den schön bebilderten Porträts ihrer Frauenzeitschrift präsentiert wird. Das Beuteschema-Teufelchen intoniert jedoch ganz andere Sätze: Die Männer, die du willst, wollen etwas ganz anderes. Also gib dich jugendlich und sexy, sei nicht so dominant und nicht zu überlegen.

Beiden Anforderungen zu genügen gelingt ihr jeden Tag etwas schlechter. Zu Beginn ihrer Karriere schien sich beides noch zu ergänzen. Die begehrte, junge Ärztin stieg auf den Wogen der Sympathie schnell auch in der Hierarchie auf. Anna beobachtet dieses Phänomen jetzt nicht mehr an sich, sondern an den nachkommenden Kolleginnen. Das macht sie neidisch. Bei ihr kam mit den Jahren auch der Umbruch. Sie hat den Eindruck, dass jeder Tag, der vergeht, *gegen* sie, aber *für* ihre männlichen Kollegen vergeht. Denn bei denen ist es genau umgekehrt. Sie machen ihre Karriere, bekommen einen Bauchansatz oder auch mehr, werden jedoch bis zu einem Alter von Anfang/Mitte vierzig eher noch attraktiver als Partner. Dabei trifft das Wort »Attraktivität« genau genommen und körperlich gesehen schon lange nicht mehr auf sie zu. Die Kollegen rechnen sich mit Anfang vierzig noch Chancen bei 25-jährigen Krankenschwestern aus – und übersehen Anna schlichtweg als mögliche Partnerin, obwohl sie ihren Rat als Kollegin sehr schätzen.

Anna wird ein paar Jahre älter und Oberärztin. Sie gehört jetzt zu den Erfahrenen. Sie erkennt, dass die Zahl der Männer, die überhaupt für sie in Frage kommen, immer kleiner wird. Denn ihr Beuteschema hat sich nach wie vor nicht geändert.

Sie ist jetzt 38 Jahre alt und hat eine zweijährige Beziehung zu einem gleichaltrigen Kollegen hinter sich, die auseinanderbrach, als der Kollege der Karriere wegen in die USA zog. Eine Affäre mit einem Piloten des Rettungshubschraubers, mit dem sie gelegentlich Notarzteinsätze flog, endete genauso frustrierend. Sie empfand ihn intellektuell nicht als gleichwertig. Sie hatte fast schon ein schlechtes Gewissen, dies ihren Freundinnen gegenüber auszusprechen, weil sie sich dabei arrogant vorkam.

Alle schätzen Anna jünger, sie hält sich fit und ihren Körper jung. Trotzdem spürt sie, dass die Zeit allmählich knapp wird für ihren Lebenstraum. Die meisten ihrer Kollegen haben entweder längst eine Frau und Kind(er) oder eine Freundin, zum Teil eine deutlich jüngere.

Aus den Blicken auf sie liest sie jetzt ganz andere Dinge heraus als damals, als sie noch die bewunderte Superfrau war, die toll aussah, tough und beruflich kompetent auftrat. All das sei sie immer noch, bestätigen ihre Freundinnen, aber die Blicke der Männer haben sich verändert. Freundlich sind sie sicherlich nach wie vor, aber auch nachdenklich und manchmal sogar abschätzig. Der berufliche Aufstieg hat ihr bei den Männern keinen Prestigegewinn als Frau eingebracht, ganz im Gegenteil. Ihre berufliche Stellung macht sie unnahbar, gar unsexy. Den Höhepunkt ihrer körperlichen Attraktivität hat sie außerdem bereits überschritten, auch wenn sie noch immer sehr gut aussieht.

Lebensglück durch ein modifiziertes Beuteschema

Zu ihrem 39. Geburtstag organisieren Annas Freundinnen – nicht ganz uneigennützig – ein großes Fest. Dazu laden alle ihren gesamten näheren und ferneren Bekanntenkreis ein, insbesondere natürlich Männer, die noch zu haben sind. Das erklärte Ziel ihrer Freundinnen ist, dass Anna ihren 40. Geburtstag mit Partner feiern kann. Tatsächlich lernt sie auf diesem rauschenden Fest einen Architekten kennen. Martin ist ein paar Jahre jünger als sie, seit zwei Jahren ohne Job und lebt von Arbeitslosengeld.

Dafür eröffnet er ihr ein ganz neues Universum, er zeigt ihr die Stadt, in der sie seit ihrer Kindheit lebt, vollkommen neu. Sie entdeckt durch ihn die Schönheit von Häusern und Plätzen und erkennt endlich, warum sie sich in manchen Straßen so unwohl fühlt, so verloren. Martin hat Zeit – und er zeigt ihr immer wieder von Neuem, wie schön sie selbst ist, wie bewundernswert und einzigartig. Er liebt sie schon lange, bevor sie sich in ihn verliebt – obwohl er gar nicht in ihr Beuteschema passt, was Anna selbst erstaunt.

Bald wird Anna schwanger und bringt ihr Baby zur Welt – ein Wunschkind. Acht Monate bleibt sie zu Hause, mit dem Elterngeld und mit ihrem Erspartem kommt das Paar finanziell gut über die Runden, dann arbeitet Anna wieder Vollzeit. Martin bleibt zu Hause bei dem Kind. Hin und wieder, aber immer mehr, bekommt er Aufträge als freier Architekt und verdient etwas dazu. Beide bestätigen sich gegenseitig, wie viel besser ihr Leben jetzt ist, wie glücklich sie sind. Wenn sie nicht gestorben sind, dann … sind sie inzwischen geschieden? Ich hoffe, nein!

Anna gelang es, ihr archaisches Beuteschema so weit zu modifizieren, dass es ihrem Lebens- und Liebesglück auch als erfolgreiche Karrierefrau nicht mehr im Wege steht. Sie verbannte das Auswahlkriterium »gesellschaftlicher Status«, das normalerweise ganz oben auf der weiblichen Beuteschema-Liste steht, einfach nach viel weiter unten, mehr nicht. Alles andere ist geblieben. Plötzlich hatte sie eine viel größere Auswahl an Männern und verliebte sich in einen Mann, der wunderbar zu ihr passt.

Sie kann zu ihm aufblicken, denn er ist ihr in vielen Bereichen überlegen, und intellektuell überrascht er sie immer wieder und fordert sie heraus. Er ist kinderlieb, einfühlsam und liebevoll, aber auch weltgewandt. Allein im gesellschaftlichen Status ist er ihr als Arbeitsloser unterlegen, obwohl er Architekt ist. Und als zuverlässiger Ernährer einer Familie ist er kaum geeignet. Das hat sie erkannt – und akzeptiert.

Anna begreift es als großes Glück, einen Mann gefunden zu haben, der ebenfalls sein Beuteschema geändert hat und sie als Partnerin akzeptiert, obwohl sie etwas älter ist und weit mehr verdient als er. Doch für ihn war es nicht ganz so schwer, denn er findet Anna überaus erotisch und anziehend. Sie wollte Kinder, so wie er auch, und sie kann auch noch Kinder bekommen. Beides rangiert in seinem Beuteschema sehr weit oben. Da musste er nicht mal Abstriche machen. Nur im gesellschaftlichen Status ist er ihr unterlegen. Sein Beuteschema fordert eigentlich das Gegenteil, allerdings ist dieses Kriterium für ihn lange nicht so wichtig wie für Anna. Es hat trotzdem große Folgen für Martin. Er wird dadurch in eine Rolle gedrängt, die in der Männerwelt, aber auch und besonders in der Frauenwelt, nicht gerade mit attraktiver Männlichkeit verbunden wird: die Rolle des dazuverdienenden Hausmannes. Diese Rolle anzunehmen war die größte Hürde für Martin. Auch für Anna war es nicht leicht, ihren geliebten Mann in dieser Rolle zu sehen und ihn dennoch zu schätzen.

Erstmals versteht Anna eine Stelle in *Salz auf unserer Haut,* dem Buch von Benoîte Groult, das sie mit Begeisterung gelesen hat und das ihr sexuellen Mut und dadurch sehr viel Lust bereitet hat, so wie vielen anderen Frauen auch. Es war die kurze Episode, in der sich die Heldin, inzwischen Literaturprofessorin, ernsthaft überlegte, ihren phantastischen Liebhaber, aber einfachen Seemann zu heiraten. Sie hatte einen Traum, wie diese Hochzeit verlaufen könnte: »Er trug einen Anzug, aber auf dem Kopf hatte er noch seine Seemannsmütze, und es gelang mir nicht, bis zu ihm vorzudringen, um ihm zu sagen, dass er sie abnehmen sollte. Die Gäste lachten heimlich über ihn. (…). Es geschahen noch eine ganze Menge andere Dinge im Verlauf dieser Hochzeit; ich traf Freunde, die alle sehr erstaunt waren über meinen ›Verrat‹.«

Anna erkennt sich in der Heldin wieder, denn inzwischen sind ihr diese Gefühle vertraut. Wenn man die gängigen Regeln der Partnerwahl verletzt, bekommt man Angst, sich der Lächerlichkeit preiszugeben, was für viele das Allerschlimmste ist. Man befürchtet, ausgestoßen zu werden aus der Gesellschaft, als Verräterin dazustehen, seinen Freundeskreis zu verlieren und von den Eltern verstoßen zu werden. Natürlich ist bei Anna nichts davon eingetreten, aber die Angst war da. Im Grunde haben alle Anna und Martin bewundert für den Mut, unkonventionell zu sein. Neben der Verliebtheit hat Anna viel Mut gebraucht, diesen Schritt zu wagen. Doch dieser Schritt hat sich für sie gelohnt, tausendmal.

Ganz unerwartet bekam sie auch Hilfe von ganz anderer Seite, und zwar von ihrem eigenen Vater.

Neue Sicht auf die Ehe der Eltern

Annas Vater hat inzwischen Prostatakrebs, was gut behandelbar ist, wie ihm seine Ärzte versichern – und er ist irgendwie weicher geworden. Seit Jahrzehnten, ja vielleicht zum ersten Mal in ihrem Leben, hat Anna ein gutes Gespräch mit ihm. Sie spricht ihm Mut zu und bestätigt die Einschätzung seiner Ärzte, dann erzählt sie beiläufig von Schwierigkeiten im Krankenhaus. Sie fühle sich gerade ausgebrannt und auch gemobbt. Es gehe einfach nicht mehr so dynamisch weiter, wie sie es von früher gewohnt sei, berichtet sie. Das öffnet plötzlich Schleusen bei ihrem Vater, einem pensionierten Facharbeiter. Er erzählt ihr, dass er sich über Jahre von seinem Chef gemobbt gefühlt habe, obwohl es damals dieses Wort noch gar nicht gab – und schon gar keine Gesetze dagegen. Er litt sehr unter ihm, versuchte, sich zwar sein Verhalten mit der langen Kriegsgefangenschaft des Mannes in Russland zu erklären, doch das half nur wenig.

Nur seiner Frau, Annas Mutter, habe er manchmal davon erzählt, und sie habe ihn stets verständnisvoll getröstet. Aber was hätte er schon machen sollen, er hatte schließlich Anna, ihren Bruder und seine Frau zu versorgen. Er danke es immer noch ihrer Mutter, dass sie all die Jahre zu ihm gehalten habe, obwohl sie es nicht immer leicht hatte mit ihm, das weiß er, und es tue ihm im Nachhinein auch leid.

Plötzlich spürt Anna ein Gefühl in sich aufkeimen, das sie bisher nur für ihre Mutter empfunden hatte, doch diesmal gilt es ihrem Vater: Mitleid. Sie hatte all die Jahre immer nur den Blick der Tochter auf die Ehe der Eltern und identifizierte sich mit ihrer Mutter. Sie erinnert sich noch genau an die prägenden Szenen abends zu Hause, dieses »Das-warme-Essen-muss-auf-dem-Tisch-und-das-Bier-aus-dem-Keller-geholt-sein«, wenn der Vater nach Hause kam. Und an sein »Zeitunglesen-und-Fernsehschauen-beim-zweiten-Bier«, während ihre Mutter die Küche in Ordnung brachte. Sie hatte sie gehasst, diese Szenen; ihren Vater, der sich so benahm, aber auch ihre Mutter, die sich das gefallen ließ.

Damals hatte sie sich geschworen, niemals diese unterwürfige und dienende Rolle einem Mann gegenüber einzunehmen. Aber dieses Bild schwankt plötzlich. Mit einem Mal sieht sie auch ihren Vater, wie er sich in der Arbeit demütigen lassen musste, wie er unter seinem Chef litt, aber dennoch die Zähne zusammenbiss. Außerdem sieht sie die Rolle ihrer Mutter in einem völlig anderen Licht. Sie war nicht nur die unterwürfige Haus- und Ehefrau, sondern sie unterstützte ihren Mann auch emotional. Anna spürt, dass ihre Mutter das alles für ihn tat, weil sie wusste, was er für sie und ihre gemeinsamen Kinder tat. Ihre Mutter gab Annas Vater das Gefühl, wenigstens zu Hause seine Würde als Mann bewahren zu können. Vielleicht auch deshalb, weil sie ihn nur so noch achten konnte. Dafür ließ sie sich einiges von ihm gefallen, sicherlich zu viel, wie Anna meint.

Ihre Sicht auf die Beziehung und Machtverhältnisse in der Ehe ihrer Eltern hat sich durch dieses Gespräch verändert. Anna sieht die Rolle ihrer Mutter jetzt sehr viel positiver und die Rolle ihres Vaters gar nicht mehr so erstrebenswert. Dabei ist genau das jetzt ihre Rolle in ihrer neuen Familie, die Rolle des Ernährers bzw. der Ernährerin. Eigenartigerweise erschrickt sie gar nicht vor dieser Erkenntnis, ganz im Gegenteil. Es macht sie irgendwie stolz; stolz, das zu leisten, was ihr Vater einmal geleistet hat, wahrscheinlich sogar unter schwereren Bedingungen. Ihre Mutter sieht sie nicht mehr als Opfer, sondern als sehr wichtigen Teil eines letztlich funktionierenden Systems, ihrer Herkunftsfamilie.

Der neue Weg

Anna sieht jetzt ihren Mann in seiner Rolle als Hausmann in ihrer selbst gegründeten Familie mit anderen Augen. Das Gespräch mit ihrem Vater hat ihr dabei geholfen. Nachdem sie die Denkschablone »unterwürfige Hausfrau« ablegen konnte, erkennt sie Martin ebenfalls als Teil eines funktionierenden Systems, so wie sich selbst auch. Er ist in ihren Augen nicht mehr der Hausmann in einer gedemütigten Rolle, der sie selbst durch ihre berufliche Karriere entronnen ist. Er ist einfach ein guter Vater, der auch noch größtenteils den Haushalt organisiert und der sich sehr bemüht, zusätzlich Geld für die Familie zu verdienen. Abgesehen davon ist er ein phantastischer Liebhaber und ihr geliebter Mann – das ist das Wichtigste.

Anna ist überglücklich, diesen immer noch so unüblichen Weg mit ihrer Partnerschaft beschreiten zu können. Fast mitleidig blickt sie jetzt auf gleichaltrige Single-Kolleginnen. Denn für sie wird der Kreis der als Partner in Frage kommenden Männer nicht größer, da sie weiterhin nur gleichgut oder besser verdienende Männer akzeptieren. Der Mann, der schon immer für die Frauenquote war und jetzt ein »Opfer« derselben ist, der Mann, den sie beruflich überholt haben, kommt für diese Frauen als Lebenspartner nicht mehr in Frage. Und die körperlich attraktiven, jüngeren, aber untergebenen Männer kommen allenfalls für eine Affäre in Betracht. Als wirklich vorzeigbaren Lebenspartner stellen sich ihre Kolleginnen dann doch eher einen Oberarzt oder Chef vor.

Die neuen Ungerechtigkeiten für Karrierefrauen

Anna ist durch die Modifikation ihres Beuteschemas gleich mehreren und unerwarteten Ungerechtigkeiten entronnen, die sich die Frauen gegenüber den Männern eingehandelt haben. Die unterschiedlichen Beuteschemata von Mann und Frau benachteiligen in frappierender Weise die Frauen auf ihrem Karriereweg gegenüber den Männern. Für die harte Arbeit des beruflichen Aufstiegs werden sie nämlich nicht wie die Männer durch erhöhte Attraktivität beim anderen Geschlecht belohnt. Auf diesen Motivationsschub für ihre Karriere müssen sie leider verzichten. Sie müssen die Kraft und Energie, die sie brauchen, um ihre beruflichen Ziele zu erreichen, allein aus sich heraus schöpfen, aus dem Spaß an der Arbeit und aus dem Geld, das sie dabei verdienen.

Das macht auf Dauer natürlich unzufrieden. Manchmal werden dann die Männer für diese Unzufriedenheit verantwortlich gemacht, weil sie den Frauen nicht geben, was sie glauben, verdient zu haben: die Zunahme der Attraktivität durch berufliche Karriere. Es kommt aber noch schlimmer: Neben der beruflichen Karriere erhalten diese Männer auch noch »Lebensglück«, nämlich eine Familie mit Partnerin und Kindern. Dorthin können sie sich im Urlaub oder an Weihnachten zurückziehen und Kraft tanken, während die erfolgreiche Frau froh ist, wenn noch Mutter und Vater leben, ein Lover da ist oder der Single-Treff mit Leidensgenossinnen sie wieder aufbaut.

Diese Frauen haben mit ihrer Emanzipation und Karriere durchaus einiges gewonnen, aber auch viel verloren. Sie sind zwar nicht so geworden wie ihre Mütter, allerdings auch nicht so wie ihre Väter, das heißt, sie würden nie wie ihre Väter zu Hause einen Partner haben wollen, der »nur« die Kinder großzieht. Dieses Szenario verbinden sie emotional viel zu sehr mit dem abgelehnten Ehemodell ihrer Eltern. Den Partner sehen sie dann in der Rolle ihrer Mütter: intellektuell unterlegen und sexuell zunehmend unattraktiver, kurz: Sie verstehen sich als »Macho-Frau« mit einem »Weichei«-Hausmann. Das ist für die meisten ein noch viel größeres Horrorszenario als das elterliche Beziehungsschema oder das manchmal sehr spannende, auf die Dauer jedoch eher frustrierende Single-Privatleben. Sie sind emotional bei weitem noch nicht da angekommen, wo sie intellektuell schon lange sind, bei der Gleichbehandlung der Geschlechter untereinander, sie nicht und viele Männer natürlich auch nicht.

Bei beruflich erfolgreichen Männern und Frauen gibt es noch eine weitere Ungerechtigkeit zu Ungunsten der Frauen: Erfolgreiche Männer erhalten nicht nur vermehrt Anerkennung der Frauenwelt, sondern auch der Männerwelt. Ein erfolgreicher Mann ist – außer bei direkter Konkurrenz, und auch dann nur, wenn er mit unlauteren Mitteln kämpft – bei Männern in der Regel hoch angesehen, beliebt, geschätzt, bewundert. Für manche Männer reicht das als Motivation aus, ihr Lebensglück aufs Spiel zu setzen und alle Energie zu vergeuden, um in irgendeinem Regime (Bundeswehr, Partei, Klinik, Universität) nach oben zu kommen. Die Anerkennung der anderen Männer ist ihnen gewiss und Grund genug, dort Karriere zu machen. Diese Anerkennung rührt auch daher, dass ein Mann diese erfolgreichen Männer automatisch beim anderen Geschlecht als erfolgreich wähnt und ihnen, unbewusst oder bewusst, auch deshalb Anerkennung (und auch Neid) zollt.

Frauen sind da anders. Sie leben, wenn es um ihre berufliche Karriere geht, weniger in Frauenbewertungswelten. Ihnen ist die Anerkennung anderer Frauen für ihren beruflichen Aufstieg weniger wichtig, und meist bekommen sie diese auch nicht. Falls Kinder da sind, schlägt es sogar häufig eher ins Gegenteil um. Die Karrierefrau wird als Rabenmutter gebrandmarkt, die auf Kosten des Kindes ihre Selbstverwirklichung lebt, gerade in den Augen beruflich wenig erfolgreicher, Kinder hütender Hausfrauen.

Kurzum: Die beruflich erfolgreiche Frau bekommt von anderen Frauen nicht die Anerkennung, die sie eigentlich verdient hat. Wenn sie zudem noch Mutter ist, muss sie sich auch noch mit Vorwürfen anderer Mütter, ihrer Schwiegermutter und den konservativen Teilen der Gesellschaft auseinandersetzen, die ihr egoistisches Verhalten vorwerfen.

Das alles fördert nicht gerade die Motivation von Frauen, beruflichen Erfolg anzustreben. Ganz anders bei den Männern: Ein Mann macht ja Karriere, um Geld für Frau und Kinder zu verdienen (was ja häufig zutrifft). Er bekommt dafür Anerkennung von allen Seiten.

Wie in aller Welt wollen es Frauen bei so unterschiedlichen Voraussetzungen schaffen, in der Besetzung von Führungspositionen gleichzuziehen, und – dies ist die interessantere Frage – warum wollen sie es überhaupt, wenn es doch so wenig zu gewinnen und so viel zu verlieren gibt?

Das Unbehagen der Frauen

Viele Frauen spüren angesichts dieses Dilemmas ein Unbehagen, erkennen aber womöglich nicht die Gründe dafür. Denn das Unbehagen rumort unterschwellig, wird kaum beachtet und erkannt, geschweige denn formuliert.

Nun könnte man meinen, den Frauen ging es früher, als sie noch nicht gleichberechtigt waren, nicht gerade gut, und heute, da sie um Gleichberechtigung kämpfen, geht es ihnen noch schlechter. Ich glaube aber, die tatsächlichen Ungerechtigkeiten zu erkennen und darum zu kämpfen, dass es besser und gerechter zugeht zwischen Mann und Frau, ist Grund genug, sich gut zu fühlen, auch wenn es auf dem Weg dorthin einiges zu erdulden gilt. Und einiges erdulden müssen nicht nur die Frauen, sondern auch die Männer.

Die Situation der Männer

Schuldig oder nicht schuldig – das ist hier die Frage

Was ist mit den Männern los?, fragt man sich heute quer durch die Republik. Da wird diskutiert, was eigentlich »männlich« ist, zugleich avancieren Beziehungsunlust und Zeugungsstreik der Männer zu beliebten Medienthemen. Was aber steckt hinter dem Unbehagen der Männer, warum zögern so viele, eine feste Partnerin zu wählen, und warum haben nicht wenige Angst davor, eine eigene Familie zu gründen?

Ein 37-jähriger Patient von mir, Single, erfolgreicher Unternehmensberater und gut aussehend, erklärte es mir so: Die eine Sorte Frauen sei Mitte bis Ende 20, studiere nicht und würde gerne geheiratet werden. Diese Frauen hätten meist einen nichtakademischen Beruf und verdienten weit weniger als er. Wenn er eine solche Frau heirate, ihr ein Kind mache und dann von ihr verlassen werde, dann habe sie erst einmal finanziell ausgesorgt. Er könne dann jahrelang zahlen. Für das Kind aufzukommen sei ja in Ordnung, aber auch jahrelang die Frau zu unterstützen, das sehe er nicht ein.

Die andere Sorte Frauen sei Mitte bis Ende dreißig, habe studiert und einen guten, akademischen Beruf. Wenn er mit einer von ihnen eine Familie gründen wolle, dann fordere sie sofort die Gleichstellung in allen Haushalts- und Kinderfragen. Dann sehe er sich jeden Abend mit einer schuldbewussten Miene nach Hause kommen, weil es wieder mal später geworden ist in der Arbeit, begrüßt von einer missgelaunten Ehefrau, die von dem Hausfrauen- und Mutterdasein allgemein überfordert, intellektuell jedoch unterfordert ist und dem Mann die Karriere nicht gönnt, die ihr mit Kind nicht mehr möglich erscheint.

Für beide Möglichkeiten habe er im Freundeskreis je ein Beispiel: Der eine Mann wurde verlassen und zahlt, der andere ist kaum mehr ansprechbar und unterwirft sich pflichtbewusst dem Neue-Väter-Image. Beides seien für ihn abschreckende Beispiele, obwohl er eigentlich sehr gerne eine Frau und auch Kinder hätte.

Ein anderer Patient, 42 Jahre alt, verheiratet und Vater eines Kindes, kam in meine Praxis wegen eines Burn-out-Syndroms. Er sagte gleich in der ersten Stunde, er habe pro Tag genau zweimal 20 Minuten so etwas Ähnliches wie Entspannung. Das seien die 20 Minuten, in denen er in die Arbeit fahre – und die 20 Minuten, in denen er wieder heimfahre. Im Büro gebe es nur Stress und Anspannung und zu Hause genauso. Da drücke ihm abends seine Frau schon an der Türe seinen kleinen Sohn in die Arme mit der Bemerkung, jetzt sei er dran, sie brauche endlich einmal Zeit für sich.

Sind also doch die Frauen schuld, dass die Männer immer beziehungs- und zeugungsunlustiger werden? Oder ist es die Emanzipationsbewegung? Oder gar die Scheidungsgesetzgebung?

Ich glaube, so einfach können es sich die Männer nicht machen, und gerade zu dem Statement des ersten Patienten fielen mir sofort einige Argumente und mehrere Frauen ein, die ihm eigentlich seine Angst nehmen müssten, sich zu binden und Kinder zu zeugen.

Die mangelnde Selbstwahrnehmung der Männer

Beide Patienten aus dem vorangehenden Abschnitt dienen als gute Beispiele für das Unvermögen der Männer von heute, für ihre eigenen Bedürfnisse Frauen gegenüber klar einzutreten. Bei dem zweiten Patienten hat es einige Therapiestunden gebraucht, bis er es fertigbrachte, seiner Frau gegenüber seine emotionale Lage klar und deutlich zu schildern. Sie hat ihm dann gerne seine dringend benötigten Erholungsstunden zu Hause gegönnt. Allerdings kostete es noch einige weitere Therapiestunden, bis er schließlich erkannte, dass er deswegen kein Schlappschwanz und schon gar nicht derselbe patriarchalische Macho ist wie sein abgelehnter Vater.

Den ersten Patienten habe ich ganz pragmatisch auf die Möglichkeiten eines Ehevertrages hingewiesen. Weiter versuchte ich, ihm zu erklären, dass er einer karriereorientierten Freundin rechtzeitig sagen könne, wie er sich ein Familienleben mit Kind(ern) einmal vorstelle und was seine absoluten Horrorvisionen davon seien. Ich versicherte ihm, dass er gerade bei beruflich erfolgreichen Frauen auf offene Ohren stoßen werde. Auch hier kostete es einige Mühe, ihm klarzumachen, dass alles, was er da fühle, wolle oder nicht wolle, prinzipiell in Ordnung ist, ganz egal, wie patriarchalisch und machohaft es in seinen Ohren klingen mag. Seine Freundin werde ihm schon sagen, was sie davon gut und was sie weniger gut finde – und was sie gar nicht akzeptieren könne.

Doch viele Männer erklären sich nicht, äußern sich nicht. Unter anderem liegt das daran, dass sie sich ihrer Bedürfnisse häufig gar nicht richtig bewusst sind. Das mag jetzt paradox klingen, denn bei den Wörtern »Männer« und »Bedürfnis« wird sofort Sexualität assoziiert, und dass Männer dieses Bedürfnis ständig zu haben scheinen, steht tagtäglich in jeder Boulevardzeitung. Da möchte ich auch gar nicht widersprechen. Aber die Wahrnehmung differenzierterer Bedürfnisse oder einfach nur ein Gespür dafür, was nötig ist, damit sie sich wohlfühlen und nicht ständig Gefahr laufen zu dekompensieren, fehlt vielen Männern. Das ist auch nicht verwunderlich, denn früher waren dafür die Frauen zuständig. Sie wussten um die Bedürfnisse der Männer und was für ihr

Wohlbefinden nötig war. Aber diesen Job übernehmen sie heute immer weniger. Die Frauen sind viel zu sehr damit beschäftigt herauszufinden, welche Bedürfnisse sie selbst haben und was sie brauchen, damit es ihnen gut geht. So lassen sie die Männer im Regen stehen oder vielmehr in der Wüste ihrer mangelnden Selbstwahrnehmung.

Häufig schneidet auch eine voreilige Schere im Gehirn vieler Männer diejenigen Gedanken, Gefühle und Bedürfnisse ab, die sie im Lichte der Emanzipation als altmodische Patriarchen erscheinen lassen. Wenn diese Emotionen jedoch bewusst gefühlt werden, verhindert diese Schere zumindest, dass sie verständlich artikuliert werden. Bevor sich Männer mit einem gesellschaftlich abgelehnten Image »outen«, verweigern sie sich lieber und gehen erst einmal in den Beziehungs-, den Heirats- und den Zeugungsstreik. Dabei würden sie bei nicht wenigen Frauen, sogar bei sehr erfolgreichen, offene Türen einrennen. Es gibt Frauen, die sich geradezu danach sehnen, endlich von einem Mann ein Angebot zu bekommen, das ihnen die klassische Hausfrauen- und Mutterrolle ermöglicht – jedenfalls für eine begrenzte Zeit. Das ist zumindest meine Erfahrung mit den Patientinnen aus meiner Praxis.

Ihre eigenen Bedürfnisse zu empfinden und sie den Frauen gegenüber klar und verständlich zu artikulieren, so weit sind die meisten Männer noch nicht. Frauen sind dagegen wahre Seismographen ihrer eigenen Befindlichkeit, wobei sich bereits geringe Ausschläge zu ausgewachsenen Forderungen den Männern gegenüber auswirken können. Viele Männer können dem nichts entgegensetzen. Die Folge: Nicht wenige ziehen sich zurück oder warten einfach ab.

Auch der propagierte Zeugungsstreik der Männer ist häufig nichts weiter als ein Abwarten. Sie übernehmen einfach die Einstellung der meisten Frauen: Erst die Karriere, dann die Familie. Sie verschieben das Thema »Familie gründen und Kinder bekommen« bis zum letztmöglichen Zeitpunkt, genau wie viele berufstätige Frauen. Nur empfinden sie diese Deadline etwa zehn Jahre später als die Frauen, also erst mit etwa 50 Jahren.

Manche Patienten sprechen mir gegenüber offen aus, worauf sie warten: auf eine neue Frauengeneration, die weniger fordert und mehr zu geben bereit ist – so zumindest ihre Hoffnung. Dem Anforderungskatalog der emanzipierten Frauen von heute können und wollen sie jedenfalls nicht entsprechen. Wieder andere wollen sich erst dann auf ein Familienexperiment einlassen, wenn sie glauben, den Ansprüchen der Frauen gerecht werden zu können: ein gutes Einkommen und trotzdem genügend Zeit für Frau und Kinder. Das kann allerdings dauern – oder wird nie erreicht.

Das mangelnde Selbstbewusstsein der Männer

Nach außen geben sich die meisten Männer nach wie vor souverän. Sie leisten gute Arbeit im Beruf, kommen mit ihren KollegInnen gut aus und funktionieren zu Hause. Wenn sie eine Familie haben, dann lieben sie ihre Frau und ihre Kinder, sie haben einen Freundeskreis und ein oder zwei Hobbys, die ihnen Spaß machen. Das ist das Selbstbild vieler Männer, so wie ich es auch in meiner Praxis höre. Solange ihre Rollen, Positionen und Funktionen klar definiert sind, solange keine Fragezeichen, Anzweiflungen und Beschuldigungen ihr Selbstbewusstsein aufs Glatteis führen, so lange stehen sie einigermaßen sicher mit beiden Beinen auf der Erde. Daher reden Männer viel lieber über diese konkreten Lebensfelder – über Fußball, ihren Beruf oder Unternehmungen mit der Familie – als über ihre Probleme oder gar über das »Mannsein« in der heutigen Zeit.

Ihre Selbstwahrnehmung und damit auch ihre tiefere Selbstsicherheit erlangen die Männer jedoch gerade durch den

Blick der Frauen auf sie. Je wohlwollender und bewundernder dieser Blick ist, desto selbstsicherer tritt ein Mann auf. Mit den kritischen bis abwertenden Blicken der Frauen schwindet aber auch seine Sicherheit. Diesem Blick standzuhalten wird immer schwieriger, immer unmöglicher. Denn die Männer sind, genau wie die Frauen, völlig unterschiedlichen Forderungen ausgesetzt: Auf der einen Seite sollen sie dem »neuen« Mann und dem »neuen« Vater mit all den gängigen Attributen entsprechen, auf der anderen Seite sollen sie die guten Eigenschaften des althergebrachten patriarchalischen Männerbildes nicht ablegen. Folglich können die Männer von heute ihr Selbstbewusstsein immer weniger über die Bestätigung durch die Frauen absichern, denn beiden Forderungen gleichzeitig zu entsprechen ist nur sehr schwer möglich.

Der Mann als Problemfall

So werden im Postfeminismus der Mann und die Männlichkeit zum Problemfall, über den öffentlich nachgedacht wird. Die *Zeit* fragte 2006 in einer ganzen Artikelserie »Was ist männlich?«, in Buchtiteln wie *Anleitung zum Männlichsein, Männer am Rande des Nervenzusammenbruchs* und *Die Krise der Männlichkeit* spiegelt sich die öffentliche Diskussion wider. Warum Männer verunsichert sind, dass sie es überhaupt sind und auch entsprechend wirken, ist ihnen häufig gar nicht bewusst. Das hat wiederum mit ihrer mangelnden Selbstwahrnehmung zu tun. Männer blicken lieber der Gefahr ins Auge als in den Spiegel. Denn eines erscheint ihnen als besonders unmännlich: sich zu reflektieren, zu hinterfragen oder gar in Frage zu stellen. Aber in Frage gestellt werden sie seit Jahrzehnten!

Erst setzte die 68er-Generation die Täter-Väter Hitlerdeutschlands auf die Anklagebank, dann, gleich im Anschluss, machte der Feminismus das gesamte männliche Geschlecht als Täter-

Geschlecht aus. Das hinterlässt Spuren – wenn auch keine wirklich schlimmen. Viel schlimmer ist für die Männer, dass die Anforderungen, welche die Frauen heute an sie stellen, so unterschiedlich und oft auch so widersprüchlich sind. Das macht sie orientierungslos. Denn bei einer Frage sind Männer ausnahmsweise mal sehr sensibel und hellhörig: Welche Anforderungen stellen die Frauen an uns, was müssen wir tun, um bei ihnen gut anzukommen?

(Fast) jeder Mann weiß, dass im Grunde die Frauen auswählen und dem Auserkorenen signalisieren, dass er die Initiative ergreifen darf, sie zu »erobern«.

Der schon mehrfach zitierte Wiener Evolutionsforscher Karl Grammer filmte, was geschieht, wenn in einer Bar Frauen und Männer miteinander flirten. Das Ergebnis: Stets suchten sich die Frauen den Partner aktiv aus, und sei es auch nur durch Blicke und Gesten. »Wir konnten aus dem weiblichen Verhalten immer das der Männer vorhersagen – aber nie umgekehrt«, sagt Grammer.

Patriarchat = Männerherrschaft?

Männer sind im Erfüllen von Anforderungen wie auch im Empfangen und Durchführen von Befehlen erstklassig. Nur müssen diese Anforderungen klar umrissen sein und nur ein Ziel verfolgen. Doch das tun sie in der Regel nicht!

Viele Frauen haben vergessen, dass in dieser Gesellschaft die Männer nicht in erster Linie herrschen, sondern beherrscht werden – allerdings immer noch hauptsächlich von anderen Männern. Patriarchat mit »Männerherrschaft« zu übersetzen ist nicht nur inhaltlich, sondern auch sprachlich falsch. »Patriarchat« bedeutet »Herrschaft der Väter«, und übertragen auf die Gesellschaft und die Wirtschaft sind diese »Väter« nicht etwa alle Männer, sondern nur die Chefs und Vorstandsvorsitzenden, die Regierungsmitglieder und höchsten Diplomaten, kurz: die wenigen Männer, die an der Macht sind. Diejenigen, die beherrscht werden, sind in erster Linie – die Männer, denn sie leisten in der Mehrheit die Erwerbsarbeit in untergeordneter Stellung.

Natürlich gibt es auch einige (wenige) Frauen in der Runde der Herrschenden, und die meisten erwerbstätigen Frauen werden ebenfalls beherrscht, keine Frage. Inwieweit die heutigen Familienväter allerdings noch zu Hause über Frau und Kinder »herrschen«, mag jeder und jede Einzelne für sich entscheiden. In jedem Fall ist das Bild einer »Männerherrschaft«, das gerade der Feminismus von unserer Gesellschaft malt, falsch. Männer sind nicht in erster Linie gewöhnt zu herrschen, sondern beherrscht zu werden. Die Frauen, die diesen Punkt verstanden haben, können ihn für sich nutzen. Die anderen mögen weiter gegen Windmühlen kämpfen.

Die Doppelbotschaft der Frauen

Gerade weil die Männer so gute Untertanen sind, wollen sie die Anforderungen, die an sie gestellt werden, erfüllen. Die Frauen fordern die Männer heutzutage besonders stark. Doch das, was da an Forderungen auf die Männer einprasselt, entpuppt sich bei genauerem Hinhören als vielfältige, zum Teil auch sehr widersprüchliche Botschaft: Auf der einen Seite gibt es die Forderung nach einem neuen »Beziehungs-Mann«, also nach einem Mann, der sich als Partner und Ehemann verändern und erneuern soll. Auf der anderen Seite soll der Mann seine quasi natürlichen und althergebrachten Aufgaben nach wie vor erfüllen. Er soll erfolgreich und durchsetzungsfähig im Beruf sein, außerdem jederzeit gewillt, die finanzielle Verantwortung für Frau und Kind(er) zu schultern. In dieser Hinsicht heißt die Botschaft: Bleibt so wie eure Väter, erfüllt bitte weiter den Versorgungsanspruch der Frauen an euch, sobald Kinder kommen.

Vielleicht spielt auch eine Sehnsucht der Frauen nach einem Typus Mann mit, den es irgendwann schon einmal gegeben haben muss. Ein Typus, der wieder an die antike Heldentradition anknüpft, der stark, aber gefühlvoll, mächtig, aber auch schwach sein konnte, ohne darüber sein Mannsein zu verlieren. Ich empfehle hier allen LeserInnen, die *Odyssee* von Homer zu lesen. Es ist ganz erstaunlich, wie hingebungsvoll und häufig die antiken Helden, Odysseus eingeschlossen, weinen konnten. So ähnlich soll auch der neue Mann sein: stark und zärtlich, mutig, erfolgreich und dennoch einfühlsam.

Der »neue« Mann als Partner und Vater

Wenden wir uns ruhig erst einmal dem Anspruch der Frauen an die Männer zu, der den »neuen« Partner betrifft: Dieser neue Mann soll gefühlvoll, verständnisvoll, kommunikativ und auch mal »weich« sein, er soll im Idealfall die Gleichberechtigung der Frau unterstützen, ihr zumindest nicht skeptisch gegenüberstehen, er soll gern und am besten freiwillig Teile der Hausarbeit und der Kindererziehung übernehmen, um nur einige der Forderungen zu nennen. Letztlich soll er sich in dieser Hinsicht sowohl von den patriarchalisch geprägten Vätern und Großvätern abheben als auch von dem noch von den 68ern geprägten Macho (»Frauen und Gedöns«), welcher der abgelehnten Nachkriegsgeneration in puncto Partnerschaft näher war als den neuen, emanzipierten Frauen.

Es wird also der »neue Mann« als »neuer Partner« gesucht, der letztlich weiblicher sein soll und ideologisch gefärbte Männlichkeitsschablonen ablegen muss. Gefordert wird der neue Freund, der neue Geliebte, der neue Ehemann, der neue Vater. In diesen privaten Rollen soll er den Frauen ähnlicher werden, er soll seine eigenen weiblichen Seiten entdecken oder mehr zulassen, er soll als emotional agierender Mensch erlebbar werden und sich nicht mehr hinter den ehemaligen

Männerdomänen der patriarchalischen Autorität und des kühlen Verstandes verstecken.

Entsprechend erlebt der Mann diese Anforderungen an sich in seiner Rolle als Partner, und zwar hinsichtlich der Fragen, wie er sich seiner Frau gegenüber verhält und wie er sich in eine Familie, die er mit dieser Frau womöglich gründet, als Mann und Vater einbringt.

Der »neue« Mann in anderen Rollen

Es gibt aber noch einen anderen Aspekt, der für die männliche Partnerrolle wichtig ist: nämlich den, wie sich der Partner und eventuelle Familienvater *außerhalb* der Beziehung und der Familie benimmt, ob er etwa beruflich erfolgreich ist, nette Freunde hat oder attraktiven Hobbys nachgeht. All diese Rollen des Mannes betreffen die Partnerbeziehung jedoch nur indirekt, weil das jeweilige Gegenüber in diesem Fall nicht seine Frau, sondern der Chef, der Kollege, der Untergebene, der Freund, der Nachbar oder der Sportkamerad ist. Die Art und Weise, wie ein Mann diese Rollen ausfüllt, wird aber sehr wohl von seiner Frau und Partnerin gesehen und bewertet.

Die Anforderungen an den neuen Mann hinsichtlich dieser Rollen sind allerdings ganz andere als die an den neuen Partner. Hier gelten nach wie vor die alten Regeln: Der Partner soll möglichst stark, selbstbewusst, durchsetzungsfähig und gelegentlich auch autoritär seinen Karriereweg verfolgen und keinesfalls allzu einfühlsam anderen den Vortritt lassen. Als Männerfreund soll er lieber mal über die Stränge schlagen als den Softie geben, den querulantischen Nachbarn kann er gerne aggressiv in die Schranken weisen, und auch seine Hobbys sollten sich nicht gerade aufs Stricken und Strümpfestopfen beschränken.

Und es gibt einen Kardinalfehler, den kein Mann seiner

Frau antun darf: Das zu erklären ist im Grunde einfach, aber der Gedanke muss doch um zwei Ecken gehen, um ans Ziel zu gelangen.

Der Widerspruch

Die Frauenbewegung klagt an, dass in unserer Gesellschaft die Geschlechterverteilung bei den Führungspositionen noch immer komplett unausgewogen sei, und zwar zu Ungunsten der Frauen (was statistisch eindeutig nachweisbar ist). Also ist ihr erklärtes Ziel, in einer möglichst nahen Zukunft genauso viele Frauen wie Männer in gesellschaftliche Führungspositionen zu bringen. Aus dieser Sicht ist die Frauenquote ebenso gerechtfertigt wie die Regel, dass bei gleicher Eignung Frauen gegenüber Männern bei Beförderungen bevorzugt werden sollten, um den Frauenanteil in höheren Positionen zu verbessern.

Jetzt kommt die erste Ecke: Die Botschaft an die Männer, sich als Partner und Väter emotional und zeitlich mehr einzubringen, geht fast lückenlos in die allgemeine gesellschaftliche Forderung über, dass mehr Frauen Führungspositionen bekleiden sollten.

Der Zusammenhang wirkt auf den ersten Blick logisch, denn es gibt unterschiedliche zu erledigende Aufgaben in dieser Gesellschaft: auf der einen Seite Haushalt bewältigen und Kindererziehung meistern, auf der anderen Seite Beruf ausüben, Geld verdienen und Karriere machen. Wenn die Männer bei Kindererziehung und Haushalt immer mehr übernehmen, im Idealfall die Hälfte, dann übernehmen die Frauen ganz selbstverständlich auf den Gebieten Beruf, Geldverdienen und Karrieremachen auch irgendwann die Hälfte. Das erscheint logisch und hat offensichtlich einen inneren Zusammenhang. Nur, Frauen fühlen nicht logisch (Männer übrigens auch nicht!).

Bitte stellen Sie sich nun folgendes Szenario vor: Diese eben beschriebene Position der Frauenbewegung vertritt eine Frau und Partnerin in einer Diskussion mit ihrem Mann und gemeinsamen Freunden. Sie kann diese nicht nur statistisch untermauern, sie hat auch einige gute Argumente. So vertritt sie die Ansicht, dass die archaische Rollenverteilung heutzutage nicht mehr sinnvoll sei, dass Frauen sowieso einen besseren Führungsstil hätten als Männer, dass das Kinderkriegen der Frauen schon lange kein Argument mehr sei, beruflich keine Karriere zu machen. Schließlich passe ihr Partner auch auf die Kinder auf und genieße sein neues Vatersein, außerdem würden die Betreuungsmöglichkeiten immer besser. Dies sei keinesfalls schlecht für das Kind, man brauche nur mal nach Frankreich zu blicken, die Franzosen seien nun wirklich keine neurotischeren Menschen als die Deutschen, obwohl sie ihre Kinder regelmäßig schon früh fremd betreuen lassen. Womit diese Frau mit den meisten Argumenten auch wirklich recht hat.

Jetzt stellen Sie sich bitte weiter vor, dass in dieser netten Runde der Mann dieser Frau ihr auch in allen Punkten recht gibt. Anschließend erklärt er, dass er genau aus diesen Gründen heute seiner Kollegin, die bisher auf derselben Karrierestufe stand wie er, bei der neu zu besetzenden Führungsposition freiwillig den Vortritt gelassen habe. In seiner Firma gebe es in der oberen Führungsriege sowieso zu viele Männer, er wolle hiermit seinen kleinen Beitrag dazu leisten, dass sich das ändert. Auf die paar hundert Euro, die diese Führungsposition seiner Kollegin monatlich mehr an Einkommen bringt, müsse er (und damit auch seine Frau und seine Kinder) dann eben verzichten. Wie reagiert die Frau wohl darauf?

Eigentlich sollte sie hocherfreut sein ob der frauenfreundlichen Haltung ihres Mannes. Lassen wir mal die beiden noch zwei Kinder haben und in einer etwas zu kleinen Wohnung wohnen, und lassen wir dann noch die beste Freundin der Frau gerade in eine größere Wohnung umziehen, weil deren

Mann kürzlich einen Karrieresprung gemacht hat und sich den Umzug leisten kann. Freut sich die Frau unter diesen Umständen immer noch über die frauenfreundliche Haltung ihres Mannes, den sie auch sonst als tollen Vater und fleißigen Haushaltshelfer lobt?

Stellen Sie sich die Situation und die Reaktion der Ehefrau dieses Mannes vor. Ich glaube, Sie werden überwiegend zu dem gleichen Ergebnis kommen wie ich: Sie freut sich nicht, ganz im Gegenteil.

Aber warum nicht? Nun, das ist klar und verständlich: Weil ihr Leben und ihr persönliches Glück dieser Frau nun mal näher sind als eine gesellschaftliche Utopie, die sie zwar intellektuell anstrebt, die ihr aber gerade bei ihrem persönlichen Glück im Wege steht. Jeder und jede andere würde ebenso fühlen, und die meisten würden auch so denken.

Jetzt kommt die zweite, wichtigere Ecke: Was Frauen von ihren Partnern im privaten Bereich fordern, das dürfen die Männer keinesfalls in falsch verstandenem vorauseilendem Gehorsam auf ihre Handlungen in Beruf und Gesellschaft erweitern. Wenn ein Mann zu Hause und in seiner Beziehung die Forderungen der Frauenbewegung berücksichtigt, dann bringt seine Frau ihm positive Gefühle entgegen. Wenn dieser Mann dagegen auch die gesellschaftlichen Forderungen der Frauenbewegung in seinem Handeln in Beruf und Gesellschaft berücksichtigt, dann bringt ihm *seine eigene* Frau keineswegs positive Gefühle entgegen, sondern meist sogar sehr negative Gefühle.

Denn dann besinnt sich seine Frau (emotional und womöglich nur unbewusst) wieder auf die Geschäftsgrundlage ihrer Beziehung mit diesem Mann, nämlich, dass sie einen ihr überlegenen Partner haben will, der im gesellschaftlichen Rang möglichst hoch steht. Dann schlägt emotional wieder ihr archaisches Beuteschema durch.

Die Reaktion der Männer

Es gibt also zwei Ziele der Frauenbewegung, die zwar zusammen gedacht, aber nicht zusammen gefühlt werden. Und wehe dem Mann, der das nicht versteht oder zumindest spürt.

Das eine Ziel ist, dass sich der »neue« Mann in der *Beziehung mit seiner Frau* anders benimmt, das andere Ziel ist, dass die Frauen in der *Gesellschaft* allgemein bessere und höhere Positionen einnehmen, was ein entsprechendes Verhalten der Männer *in der Gesellschaft* erfordert. Jeder Mann tut seiner Frau einen Gefallen, wenn er das erste Ziel ernsthaft berücksichtigt, das zweite Ziel in seiner persönlichen Berufs- und Karriereplanung dagegen in keiner Weise beachtet.

Aber natürlich wäre es zur Durchsetzung des zweiten Ziels, der Erhöhung der Frauenquote in Führungspositionen, sehr nützlich, wenn es mehr »frauenfreundliche« Männer auf den Karriereleitern gäbe, die ihren Kolleginnen den Vortritt bei der Chefpostenbesetzung ließen. Vor der eigenen Frau hat diese Maxime jedoch keinen Bestand.

Das Dilemma der Frauen

Letzten Endes stehen auch die Frauen vor einem emotionalen Dilemma: Sie wünschen sich Männer, die mehr Rücksicht als Ellenbogen im Karrierekampf zeigen, ihnen also das Karrieremachen erleichtern. Allerdings merken sie, dass sie einen solchen Mann als Partner gar nicht attraktiv finden, und wünschen sich stattdessen eher einen erfolgreichen und durchsetzungsstarken Mann, also einen Typus, den sie im Beruf eher bekämpfen, weil er ihnen im Wege steht.

Es gibt also zwei sich unterscheidende Botschaften der Frauen an die Männer, und diese beiden Botschaften entspringen unterschiedlichen Ebenen, wie sollte es anders sein, dem »Kopf« und dem »Bauch«. Die Kopf-Botschaft der Frauen an die Männer heißt: Werde anders, werde weicher, werde wie wir Frauen, emotional und gefühlsbetont. Die Bauch-Botschaft der Frauen an die Männer lautet aber: Sei ein Mann, der mir Sicherheit, Stärke und ein angenehmes Leben bietet, sei also stark, setz dich durch in der Gesellschaft und lass dich nicht (auch nicht von karriereorientierten Frauen) verdrängen.

Die Kopf-Botschaft resultiert aus dem Selbstverständnis einer modernen und emanzipierten Frau, die Bauch-Botschaft ist Folge ihres archaischen Beuteschemas. Die unterschiedlichen Forderungen, die das archaische Beuteschema einerseits und die Frauenbewegung andererseits an die *Frauen* stellen, geben die Frauen also als eine sich selbst widersprechende Doppelbotschaft an die *Männer* weiter.

Das Unbehagen der Männer

Ich wüsste nicht, was einen Mann in den Augen seiner Partnerin mehr abwertet, als wenn er sich von seiner (gleich qualifizierten) Kollegin und Rivalin verdrängen und überrunden ließe und er diese dann bei passender Gelegenheit seiner Partnerin als seine neu ernannte Chefin vorstellen müsste: In den Augen seiner Frau ist er gewiss ein Loser auf ganzer Linie, obwohl seine Partnerin im Grunde froh sein müsste, endlich einen Mann zu haben, der Frauen die Macht zu überlassen gewillt ist.

Da Männer ein gutes Gespür dafür haben, was Frauen (wirklich) wollen, haben sie auf die Doppelbotschaft der Frauen »doppelt« reagiert: Sie versuchen, in ihrer gesellschaftlichen Rolle, etwa als Arbeitgeber oder -nehmer, ein anderer zu sein als in der Rolle als Partner. Sie haben also mit einer Doppelrolle oder besser Doppelstrategie, eventuell sogar mit einer Doppelmoral geantwortet.

Sie versuchen heutzutage in der Partnerschaft zwar den

einfühlsamen, haushalt- und familienorientierten Mann zu geben, trotzdem aber Karriere zu machen und möglichst viel Geld zu verdienen, um nicht die Anerkennung ihrer Partnerin zu verlieren.

Dieses Verhalten der Männer als Reaktion auf die Doppelbotschaft der Frauen bewirkt allerdings, dass sich die männerdominierten Verhältnisse in der Gesellschaft kaum oder nur sehr langsam verändern. Das beklagen dann wiederum die Frauen allgemein und manchmal sogar die eigenen Ehefrauen.

Da ist es kaum verwunderlich, dass sich beim Mann ein gewisses Unbehagen einstellt. Laut und medienwirksam hört er allerorts die Kopf-Botschaft mit den Forderungen nach dem offiziell gewünschten »neuen« Mann. Hierbei werden die private und die gesellschaftliche Rolle des Mannes nicht unterschieden, sondern zusammen betrachtet und formuliert, so als ob das eine logisch aus dem anderen folgen würde. Unbehaglich wird es für den Mann erst dann, wenn er bemerkt, dass (bewusst oder unbewusst, aber meist nicht explizit formuliert) seine Frau bei ihm als Partner ganz andere männliche Eigenschaften fordert, wenn es um seine *eigene* berufliche Karriere geht. Das Unbehagen bedeutet also: Irgendetwas stimmt hier nicht, denn den Mann, den die Frauen öffentlich fordern, den wollen sie privat eigentlich gar nicht.

Wie soll es weitergehen?

Frauen und Männer stehen sich häufig mit einem unbehaglichen Gefühl gegenüber. Beide spüren, dass der Weg, den die Frauenbewegung einmal eingeschlagen hat, im Grunde der richtige ist. Er muss nur konsequent und vor allem sinnvoll weitergegangen werden! Für die Frauen heißt das, sie müssen allmählich beginnen, ihr Beuteschema zu modifizieren. Für die Männer bedeutet es, dass sie lernen sollten, neue Rollen zu übernehmen. Am Ende werden beide davon profitieren!

Das modifizierte Beute-schema

Die Mechanik der Gefühle

Gerade die Frauen, die sich aus dem Patriarchat freigekämpft haben, müssen nicht Sklavinnen ihres eigenen Beuteschemas bleiben, noch dazu, wenn es ihnen so große Probleme bei der Partnersuche bereitet. Es gibt für die Single-Frauen von heute durchaus Möglichkeiten, ihr Beuteschema zu modifizieren. Und das reicht aus, um endlich einen passenden Partner zu finden.

Allerdings ist es unmöglich, sein archaisches Beuteschema komplett zu ändern, genauso unmöglich, wie sich eine Frau einreden kann, sich in Zukunft in einen Mann zu verlieben, der ein Kopf kleiner ist als sie, wenn sie bisher größere Männer bevorzugt hat. Was sich über Jahrtausende als genetischer Code in unseren Erbanlagen niedergelegt hat, das bekommen wir nicht in ein oder zwei Generationen wieder heraus. Genau aus diesem Grund hat es die Emanzipation so schwer, zu einem guten Ende zu kommen, scheint sie auf halber Strecke steckenzubleiben. Die Mechanik der Gefühle lässt schlicht und ergreifend nicht zu, dass Männer und Frauen in einer Gesellschaft gleichgestellt sind, solange Frauen als Partner Männer bevorzugen, die ihnen im gesellschaftlichen Rang überlegen sind.

Spätestens wenn ein oder mehrere Kinder kommen, bleibt nämlich eher derjenige von beiden zu Hause, der weniger verdient. Das ist nun mal in aller Regel die Frau – nicht, weil sie bei gleicher Leistung häufig weniger verdient als der Mann, sondern weil sie sich gemäß ihres archaischen Beuteschemas einen Partner gesucht hat, der besser verdient als sie. Der Mann arbeitet dann etwas mehr, um den Verdienstausfall der Frau auszugleichen, und erringt als Folge davon viel häufiger Leitungs- und Führungspositionen in der Gesellschaft als seine Frau. Nebenbei bekommt er von allen Seiten auch deutlich mehr Anerkennung für seinen beruflichen Aufstieg, als seine Frau je dafür bekommen würde.

Solange sich daran nichts ändert, werden auch in Zukunft insgesamt mehr Männer in Führungspositionen vordringen als Frauen. Da bedarf es keiner männlichen Seilschaften und geheimen Absprachen, Frauen beruflich nicht hochkommen zu lassen; da nützen auch Frauengleichstellungsbeauftragte und erzwungene Frauenquoten nichts; da verpuffen die Ermutigungen an junge Frauen, mehr »männliche« Studienfächer zu wählen; da macht es keinen Sinn mit immer neuen Forderungen an die Männer heranzutreten, sie sollen sich mehr im Haushalt und bei der Kindererziehung einbringen; und da helfen auch keine Ermahnungen an die Männer, sie sollen mehr Erziehungsmonate oder -jahre nehmen.

Alle diese Forderungen haben die Emanzipation der Frau ein gutes Stück vorangebracht, ohne Zweifel. Aber wenn jetzt darüber geredet wird, dass ebendieser Emanzipation irgendwie die Luft ausgegangen ist und trotz großer Anstrengungen von Frauen *und* Männern nach wie vor deutlich mehr Männer in hohen und höchsten Führungspositionen sitzen, liegt es nicht daran, dass die bisherigen Mittel nicht genügend angewandt oder ausreichend ausgeschöpft worden sind. Es liegt auch nicht am Unwillen der Männer oder der Unfähigkeit der Frauen, denn Frauen sind fähig und Männer willig, wenn es denn etwas zu gewinnen gibt.

Es liegt an etwas ganz anderem: dem unterschiedlichen Beuteschema von Männern und Frauen. Nur dann, wenn auch bei den Partnerwahlkriterien Gleichheit zwischen beiden Geschlechtern herrscht, kann es im privaten und im gesellschaftlichen Bereich so etwas wie echte Gleichstellung geben. Aber davon sind wir jahrtausendeweit entfernt, leider.

Ob dieser Erkenntnis macht es natürlich erst recht keinen Sinn, zum Rückzug zu blasen und die Frauen wieder an den Herd zu beordern, wie es zum Beispiel Eva Herrmann in ihrem Buch *Das Eva-Prinzip* vorschlägt. Das Rad der Geschichte lässt sich nun mal nicht zurückdrehen.

Wie sieht Ihr eigenes Beuteschema aus?

Was gerade beruflich ambitionierten Frauen sowohl in gesellschaftlicher Hinsicht weiterhelfen, aber noch viel mehr zu ihrem privaten Glück beitragen kann, ist, ihr Beuteschema zu modifizieren. Die Tatsache, dass viele Kriterien der Partnerwahl durch genetisch eingebrannte Muster bestimmt werden, heißt noch lange nicht, dass die Frauen nicht schon heute ihr Beuteschema modifizieren können, ohne es allerdings grundsätzlich zu ändern. Mehr bedarf es gar nicht, um gerade als beruflich erfolgreiche Frau plötzlich einen weitaus größeren Kreis an möglichen Partnern zur Verfügung zu haben als bisher.

Letztlich müssen sie nur *ein* Kriterium ihres Beuteschemas an die neue Situation anpassen, welche die Emanzipation der Frauen und der heutige Postfeminismus geschaffen haben. Es ist das Kriterium, das die finanzielle Versorgerrolle des Mannes betrifft.

Erster Schritt dazu ist, sich dessen überhaupt bewusst zu werden und den Sinn dieses Kriteriums zu hinterfragen. Brauche ich als gut verdienende Frau wirklich einen Ernährer meiner Kinder? Welche Ängste habe ich? Woher stammen sie? Ist es wirklich mein eigenes Kriterium, eines, das meiner persönlichen Werteskala entspricht? Oder habe ich es nur unreflektiert von meinen Eltern übernommen? Schlummert es eventuell gar schon seit Jahrtausenden in meinen Genen? Sind diese Ängste heute und für mich als erwachsene und gut verdienende Frau noch angebracht? Wenn ich versuche, die Blicke meiner Freunde und Verwandten auf mich und meinen Partner auszublenden, wenn ich versuche, die ganze umgebende Gesellschaft mit ihren ständigen Be- und Aburteilungen auszublenden, welche Eigenschaften meines Partners wären mir wichtiger, welche weniger wichtig? Ständen dann die Versorgerrolle des Partners und sein gesellschaftlicher Status immer noch ganz oben auf der Liste meiner Auswahlkriterien?

Was ist Ihnen an einem Partner wichtig?

Erkunden Sie sich ruhig einmal selbst. Nehmen Sie sich Zeit, und denken Sie in Ruhe über die folgenden Fragen nach. Welche Eigenschaften Ihres (zukünftigen) Partners sind Ihnen sehr wichtig, welche weniger wichtig und was zählt überhaupt nicht? Gibt es Voraussetzungen, ohne die es gar nicht geht, und welches Defizit kann durch einen anderen Pluspunkt ausgeglichen werden?

Die Punktwerttabelle – ein Fallbeispiel

Eine Patientin, die sich nicht zwischen zwei Männern entscheiden konnte, hat auf meine Bitte hin sämtliche Kriterien aufgelistet, die für sie ein perfekter Mann haben sollte.

Anschließend bat ich sie, jeweils mit 1 bis 10 Punkten zu bewerten, wie wichtig ihr die jeweilige Eigenschaft ist. Bei zwei Kriterien wählte sie die Punktzahl 20, weil sie ihr besonders wichtig waren. Ihre Liste sah folgendermaßen aus:

Eigenschaften	**Punkte**
markant	5
großzügig	8
dunkler Typ	8
große Statur	9
kräftig	7
humorvoll	6
kann über sich selbst lachen	5
sexy	9
intellektuell	8
zärtlich	8
wild	7
verständnisvoll	10
aufgeschlossen	5
lebenslustig	6
lebenstüchtig	10
gepflegt	8
unkonventionell	7
sensibel	7
kocht gerne	4
feiert gerne	4
neugierig	5
finanziell unabhängig	20
verlässlich	10
romantisch	6
charmant	7
beschützend	10
betrachtet mich als gleichberechtigt	10
männlich	8
liebt mich über alles	20
sozial	4
kinderlieb	8

Auf meine Bitte hin teilte die Patientin die Kriterien danach in drei Untergruppen ein:

1. Eigenschaften, die mein archaisches Beuteschema fordert,
2. Eigenschaften, die mein emanzipiertes Ich fordert,
3. Eigenschaften, die einfach nur mir wichtig sind und die nicht in die erste oder zweite Kategorie passen.

So sah ihre Einteilung in die drei Kategorien aus:

1. Archaisches Beuteschema		**2. Emanzipiertes Ich**		**3. Individuelle Wünsche**	
markant	5	betrachtet mich als gleichberechtigt	10	humorvoll	6
großzügig	8	verständnisvoll	10	kann über sich selbst lachen	5
dunkler Typ	8	aufgeschlossen	5	sexy	9
große Statur	9	sensibel	7	intellektuell	8
kräftig	7	kinderlieb	8	zärtlich	8
finanziell unabhängig	20	kocht gerne	4	wild	7
beschützend	10	unkonventionell	7	lebenslustig	6
verlässlich	10			feiert gerne	4
lebenstüchtig	10			neugierig	5
männlich	8			sozial	4
gepflegt	8			romantisch	6
				charmant	7
				liebt mich über alles	20
Summe:	**103**	**Summe:**	**51**	**Summe:**	**95**

Ich erklärte der Patientin, dass dies kein wissenschaftlicher Test sei, sondern nur der Versuch, ihr all ihre Partnerwahlkriterien einmal vor Augen zu führen, sie zu ordnen und zu bewerten. Ich bat sie, selbst zu beurteilen, ob die jeweilige Summe unter den drei Kategorien in etwa ihrer gefühlten Wertigkeit entspreche. Das archaische Beuteschema hielt sich mit 103 Punkten etwa die Waage mit den individuellen Wünschen (95 Punkte). Die Forderungen des emanzipierten Ichs mit 51 Punkten »wogen« zwar nur halb so viel, konnten aber durchaus das Zünglein an der Waage sein, wenn es um die Entscheidung für oder gegen einen Mann ging. Nach Einschätzung der Patientin entsprach die jeweilige Gesamtpunktzahl recht gut ihrer persönlich gefühlten Wertigkeit.

Dann bewertete die Patientin die beiden Männer, zwischen denen sie sich nicht entscheiden konnte, und zwar genau nach dem angelegten Raster. Zunächst erhielt jeder Bewerber für jede aufgelistete Eigenschaft einen Wert zwischen 0 und 5 (gar nicht = 0, kaum = 1, sicherlich auch = 2, ziemlich = 3, ausgeprägt = 4, absolut = 5). Diesen Wert zwischen 0 und 5 multiplizierten wir anschließend mit der vorher festgelegten Wertigkeit dieser Eigenschaft zwischen 1 und 10 bzw. in den beiden Ausnahmefällen mit 20. So erhielt der eine Kandidat für die Eigenschaft »markant« mit der Wertigkeit 5 den Wert 5, der andere nur den Wert 3. Multipliziert ergaben sich für den ersten Kandidaten 25 Punkte (5 x 5) für die Eigenschaft »markant«, für den zweiten gerade mal 15 Punke (5 x 3). Im letzten Schritt addierten wir alle Ergebnisse pro Kategorie und bildeten anschließend die Gesamtsumme. Das Ergebnis war eindeutig, zumindest nach Zahlen: Der arbeitslose Kunsthistoriker erzielte eine deutlich höhere Gesamtpunktzahl als der gut situierte Betriebswirt, auch wenn er in der Kategorie »archaisches Beuteschema« schlecht abgeschnitten und in der wichtigen Kategorie »finanziell unabhängig« 0 Punkte erhalten hatte.

Die Punktwerttabelle als praktische Übung

Nehmen Sie sich nun ein Blatt Papier und schreiben Sie alle Eigenschaften auf, die Ihr Wunschpartner haben sollte. Bewerten Sie dann jede Kategorie mit einer Zahl zwischen 1 und 10, je höher die Zahl, desto wichtiger ist Ihnen die Eigenschaft. Falls Ihnen bei einer Eigenschaft die Skala bis 10 nicht ausreicht, wählen Sie einfach eine höhere Zahl. Ordnen Sie anschließend auf einem zweiten Blatt diese Eigenschaften samt den vergebenen Punkten in drei Kategorien ein: 1. archaisches Beuteschema, 2. Forderungen meines emanzipierten Ichs, 3. ganz persönliche und individuelle Wünsche an meinen Partner.

Zählen Sie die Punkte in jeder der drei Kategorien zusammen, und beurteilen Sie selbst, ob die ermittelten Summen Ihrer emotionalen Wertigkeit entsprechen oder nicht. Empfinden Sie eine oder mehrere der drei Kategorien zu gering bewertet, dann erhöhen Sie entweder bei den bereits notierten Eigenschaften die Wertung, oder suchen Sie weitere gewünschte Eigenschaften, die in diese Kategorie fallen, und weisen Sie ihnen ebenfalls Punktwerte zu. Abschließend bilden Sie erneut die Gesamtsumme, bis die Punktzahl in etwa Ihrer gefühlten Wertigkeit entspricht.

Wenn die Liste der Eigenschaften mit Ihrer Bewertung, die Einteilung in die drei Kategorien und die Gesamtpunktzahl der einzelnen Untergruppen für Sie stimmig sind, dann haben Sie einen sehr individuellen und feinen Gradmesser Ihres persönlichen Beuteschemas vor sich.

Mit der Punktwertübung können Sie darüber hinaus herausfinden, wie sich ihr Beuteschema über die Jahre verändert hat. Versuchen Sie sich zu erinnern, welche Eigenschaften an Ihren früheren Partnern Ihnen zum Zeitpunkt der Partnerschaft wichtig waren. Beginnen Sie bei Ihrer Jugendliebe, legen Sie für diesen Mann ebenfalls eine Tabelle an, und machen Sie die Übung rückwirkend für verschiedene Lebensabschnitte, bis sie in der Gegenwart anlangen. Bewerten Sie alle Ihre Expartner. Geben Sie Ihnen für jede aufgelistete Eigenschaft einen Wert zwischen 0 und 5 (gar nicht = 0, kaum = 1, sicherlich auch = 2, ziemlich = 3, ausgeprägt = 4, absolut = 5). Multiplizieren Sie diesen Wert mit der vorher festgelegten Wertigkeit der jeweiligen Eigenschaft, und zählen Sie dann alle Punkte für jede Kategorie zusammen. Im Vergleich können Sie nun feststellen, wie sich Ihr Beuteschema und Ihre Gewichtung archaischer, emanzipierter und individueller Anteile im Lauf der Zeit verändert haben. Im Anschluss an die Übung können Sie sich überlegen, ob Sie Ihr individuelles Beuteschema heute und in Anbetracht Ihrer beruflichen Stellung noch für angemessen halten oder ob Sie es weiterentwickeln, ob Sie es modifizieren wollen. Das bleibt aber ganz Ihnen überlassen.

Falls Sie Ihr Beuteschema modifizieren und weiterentwickeln wollen, möchte ich Sie einladen, einen Blick in eine meiner Therapiesitzungen zu werfen, deren Verlauf für dieses Vorhaben sehr interessant und hilfreich ist.

Arbeit mit inneren Stimmen

Innere Stimmen sind uns etwas sehr Vertrautes. Sie können uns beraten oder warnen, anspornen, aber auch demotivieren. Obwohl wir glauben, sie zu beherrschen und im Griff zu haben, können sie doch ein Eigenleben in unserer Psyche entwickeln. Problematisch wird es vor allem dann, wenn zwei innere Stimmen uns in entgegengesetzte Richtungen ziehen. Im Folgenden wird deutlich, wie wir mit einer solchen Situation umgehen können, nicht nur im Rahmen einer Therapiesitzung, sondern auch für uns alleine.

Das Königinnen-Spiel – ein Fallbeispiel

Julia S., 34, gut verdienende Mitarbeiterin einer Filmproduktionsgesellschaft, berichtet in einer Therapiesitzung, dass sie hin- und hergerissen sei zwischen zwei inneren Stimmen, und nicht wisse, was sie tun solle. Sie habe auf einer Geburtstagsfeier Franz, einen »total süßen« Südtiroler kennengelernt, 36 Jahre und eigentlich fertiger Betriebswirtschaftler. Nur habe er noch nie in seinem erlernten Beruf gearbeitet und jobbe jetzt schon seit Jahren auf Studentenniveau. Dieses lockere Leben mit viel Zeit, aber wenig Geld, scheine ihm sehr zu gefallen, und er wirke nicht besonders motiviert, alles dafür zu tun, endlich eine »richtige« Arbeit zu finden.

Er war zu Besuch bei einem Freund hier in München, jetzt hat sie seine Telefonnummer und eine Einladung nach Bozen. Immer noch habe sie seine dunkle Stimme mit dem lustigen Akzent im Ohr, und immer noch spüre sie seinen Kuss auf ihren Lippen. Sie war an diesem Abend fest entschlossen, ihn bald zu besuchen, inzwischen tummeln sich die Flugzeuge in ihrem Bauch, und sie denkt von morgens bis abends an ihn. Auf eine Fernbeziehung hat sie zwar keine so große Lust, aber das ist nicht das Problem. Franz hatte gesagt, er wolle gerne in Deutschland leben, am liebsten in München.

Das Problem der jungen Frau ist, dass dieser Mann genau der Typ ist, mit dem sie sich eine aufregende, erotische Beziehung vorstellen kann, aber leider gar nicht der Typ, mit dem sie eine Familie gründen will. Als Vater ihrer zukünftigen Kinder sei Franz sicher »total süß«, aber er sei so gar nicht der Ernährer, der Beschützer, den sie sich als Ehemann wünsche, erklärt sie mir. Eher habe sie das Gefühl, *ihn* beschützen, *ihn* unterstützen zu müssen.

Allerdings will sie sich nicht schon wieder in einer Beziehung verlieren, die letztendlich doch wieder zerbricht, die aber Jahre dauern kann – während ihr die Zeit zum Kinderkriegen zwischen den Fingern zerrinnt. Da will sie lieber versuchen, sich wieder zu »entlieben«, wenn das überhaupt geht.

Die eine innere Stimme sagt ihr, sie sei eine selbstständige Frau und habe einen Beruf, der ihr Spaß macht, den sie nur ungern aufgeben will. Warum soll sie dann nicht einen Freund oder Mann haben, der eher zu Hause bleibt? Die andere Stimme ist nur so ein Gefühl, dass es so nicht gut gehen kann, dass da irgendetwas nicht stimmt. Diese Stimme sagt eigentlich nur »Vorsicht« und »Irgendwie macht mir das Angst«.

Von mir erwartet sie nun, dass ich ihr sage, welche Stimme die richtige ist, und ganz konkret, ob sie nächstes Wochenende ihren süßen Südtiroler besuchen soll oder nicht.

Ich schlug der Patientin vor, die beiden inneren Stimmen etwas genauer zu betrachten. Vielleicht würde das ja helfen, zu einer Entscheidung zu kommen. Sie stimmte zu. Am besten, so meinte ich, solle sie sich zuerst ganz in die eine innere Stimme hineinversetzen und dann in die andere. Sie war einverstanden, und ich bat sie, erst einmal im Therapieraum einen der herumstehenden freien Stühle als Symbol für sich »als Ganzes« auszuwählen und ihn mitten in den Raum zu stellen. Dann gab sie den beiden inneren Stimmen Namen: Die eine Stimme, die ihr zu Franz riet, hieß schließlich die »starke Julia«, die andere, die eher vor ihm warnte und abriet, die »Familien-Julia«.

Für beide wählte die Patientin je einen Stuhl und stellte ihn so zu dem Stuhl der »Gesamt-Julia«, wie sie empfand, dass diese Anteile zu ihrer Gesamtpersönlichkeit standen. Sie positionierte die »starke Julia« schräg vor die »Gesamt-Julia«, mit etwas Platz dazwischen. Der Stuhl schaute wie die »Gesamt-Julia« nach vorne. Die »Familien-Julia« stellte sie direkt hinter die »Gesamt-Julia«.

Als Erstes wollte die Patientin die »starke Julia« spielen. Ich leitete sie an, so auf dem entsprechenden Stuhl Platz zu nehmen – möglichst auch in der gesamten Körperhaltung –, wie es dieser starken Julia entspricht. Sie setzte sich sehr auf-

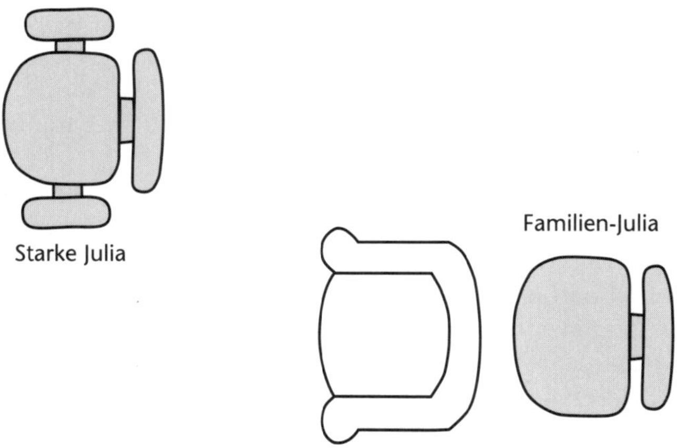

recht hin, die Beine übereinandergeschlagen und die rechte Hand in einer Haltung, als führte sie gerade eine Zigarette zum Mund. Auf meine Nachfrage sagt sie jedoch, das sei ein Stift, den sie auch mal in den Mund stecke. So habe sie früher oft in der Schule dagesessen, wenn sie den Unterricht interessant fand, und so sitze sie gerne heute noch am Schreibtisch, aber auch in Meetings, denn ihr Job mache ihr einfach Spaß, sie finde ihn spannend und abwechslungsreich.

Als Nächstes fragte ich die starke Julia, seit wann sie im Leben der Julia eine Rolle spiele. Spontan kam die Erinnerung: Es war in der vierten Klasse der Grundschule, als es darum ging, auf welche Schule Julia danach wechseln sollte. Die Lehrerin sagte, dass sie es schaffen könne, aufs Gymnasium zu gehen, und ihr Vater nannte sie damals immer nur »meine kluge Julia«. Er setzte sich abends noch mit ihr hin und kontrollierte die Hausaufgaben und lernte mit ihr. Er wollte unbedingt, dass sie den Übertritt ins Gymnasium schaffte, viel mehr als ihre Mutter, die selbst nur die Mittlere

Reife hatte. Da sei sie, die starke Julia, groß geworden und wichtig, und ihre Botschaft war klar: Du *kannst* es schaffen, aber du *musst* es auch schaffen, sonst ist dein Papa entsetzlich traurig und enttäuscht. Du bist klug und stark, aber du musst all das auch sein, wenn du willst, dass dein Vater weiterhin stolz auf dich ist.

Schließlich kamen wir in die Gegenwart, und ich fragte nach den aktuellen Botschaften der starken Julia. Die hatten sich kaum verändert, immer noch kam die Aufforderung, »es« zu schaffen, weil sie ja intelligent und stark sei. Es wurde aber nicht klar, was eigentlich dieses »es« ist, das Julia »schaffen« sollte.

Mit der Familien-Julia verfuhr ich ebenso. Sie war schon sehr früh in Julias Leben erschienen, als Puppenmutter und als kindliche Vorstellung, einmal genauso eine Familie zu haben und Mutter zu sein wie ihre eigene Mutter. Das hatte sich bis heute nicht geändert, obwohl es ihr gar nicht mehr so bewusst war. Auch heute noch lautete die Botschaft: Bekomme mal Kinder, und sei dann genauso eine Mutter wie deine eigene Mutter.

Jetzt bat ich Julia, sich auf den Gesamt-Julia-Stuhl zu setzen und wieder sie selbst zu sein. Wie ein Echo wiederholte ich dann noch einmal die unterschiedlichen Botschaften der beiden inneren Stimmen, wobei ich mich hinter die entsprechenden Stühle stellte. Danach fragte ich meine Patientin, ob es sich für sie wirklich so anhöre und anfühle: Von hinten vernimmt sie eine eher leise, aber durchdringende Stimme, die sagt, sie solle es einmal so machen wie ihre Mutter, Kinder bekommen und zu Hause bleiben, aber schräg vor ihr sitzt eine ganz andere Julia, die fordert, dass sie »es« schaffen müsse, dass sie stark sein müsse, wofür und wobei auch immer. Diese Botschaft sei zwar an sie gerichtet, werde jedoch gleichzeitig auch nach vorne in die Welt hinausgerufen, so dass jeder sie hören kann. Julia bestätigte, dass meine Beschreibung ziemlich genau dem entspreche, was sie innerlich fühle.

Im nächsten Schritt überlegte Julia, ob diese beiden inneren Stimmen von real existierenden Personen verstärkt wurden, ob es also Personen in ihrem Leben gab oder gegeben hatte, die gleiche oder sehr ähnliche Botschaften von außen an sie herantrugen bzw. herangetragen hatten. Zu meinem Erstaunen meinte sie, dass sowohl ihre Mutter als auch ihr Vater heute hinter der Familien-Julia stünden und ihr genau die gleichen Botschaften übermittelten.

Früher hat ihr Vater zwar sehr die starke Julia unterstützt, aber inzwischen hat sie bereits bewiesen, was sie kann, sie hat studiert und verdient gut. Für den Stolz und den Ehrgeiz ihres Vater wäre das jetzt genug, nun geht es um die Familiengründung seiner Tochter und um seine zukünftigen Enkelkinder, und da wünscht er ihr einen Mann, der gut verdient und ihr das hauptamtliche Muttersein ermöglicht, so wie er es damals ihrer Mutter ermöglicht hatte. Heute ist ihre Mutter mit dieser Botschaft etwas leiser und gibt schon mal zu bedenken, welch guten Beruf Julia aufgeben würde, wenn sie *nur* Mutter wäre, und dass es sicherlich schön sei, auch sein eigenes Geld zu verdienen. Natürlich wünscht sich ihre Mutter trotzdem Enkelkinder und ihrer Tochter die Zeit, ihre Kinder auch genießen zu können.

Ganz anders sah es bei der starken Julia aus: Hinter ihr standen zwei gute Freundinnen, die mit ihr einer Meinung sind, ihren Beruf nie aufgeben und niemals von einem Mann abhängig sein zu wollen. Außerdem braucht sie die Rolle der starken Julia auch für ihre Arbeit. Die starke Julia ist dort eine Fassade, die sie nach außen zeigen muss, damit es beruflich gut läuft. Insofern richten auch ihre Kollegen und ihr Chef die Botschaft an sie, dass sie es schaffen solle, genau wie ihre innere Stimme.

Ich forderte Julia auf, den Personen, die diese unterschiedlichen Botschaften an sie richten, zu antworten: *Was sagen Sie zu den Botschaften? Nehmen Sie sie an, lehnen Sie sie ab? Wie stehen Sie dazu?* Als Erstes kam die Antwort an ihre heutigen

Eltern: *Ihr habt euer Leben gelebt, bitte lasst mich nun meines leben. Lasst mich mit euren Forderungen nach einer Familie, so wie ihr sie euch vorstellt, einfach in Ruhe. Ich weiß selbst noch nicht so genau, wo ich hinwill, aber ihr könnt mir bei der Suche nicht helfen. Hört auf, Druck auszuüben, das macht mich nur nervös.*

Ihren Freundinnen antwortete sie folgendermaßen: *Ihr habt ja recht, und ich bin auch eurer Meinung, aber meine Eltern führen gar nicht so eine abschreckende Ehe wie vielleicht eure Eltern. Bitte versteht es nicht als Verrat, wenn ich mal einen Weg gehe, der von eurem abweicht.*

Zu den Kollegen und dem Chef sagte sie: *Okay, ihr bekommt die starke Julia so zu sehen, weil ihr es wollt. Doch ich weiß genau, dass es da noch eine andere Julia gibt, die nicht euch gehört.*

Damit hatte sich die Patientin von all den äußeren Forderungen abgrenzen können. Emotional traten diese Personen wieder von der Bühne ab, zurückblieb die Julia mit ihren zwei inneren Anteilen.

Als Nächstes bat ich Julia, sich vorzustellen, sie sei eine Königin, die ein Land regiere. Zur Verstärkung dieser Vorstellung gab ich ihr ein Zepter in die Hand. Das Land, das sie regiere, heiße »Julia«. Verschiedene Ministerinnen stünden ihr zur Seite, und zwei davon seien gerade hier (ich zeigte dabei auf die beiden freien Stühle, also auf ihre beiden inneren Anteile). Ich fragte sie dann, welche Ministerinnen das denn seien. Sie benannte die starke Julia in »Ministerin für Stärke und Beruf« um, und die Familien-Julia in »Ministerin für Familie und Kinder«.

Es gebe aber ein Problem, erklärte ich, denn bisher hätten diese beiden Ministerinnen gemacht, was sie wollten. Sie hatten schlichtweg vergessen, dass es eine Königin gibt, die ihnen Anweisungen erteilt. Deshalb hätten sie mit ihren Forderungen, Kompetenzüberschreitungen oder Ausfällen häufig nicht dem Gesamtwohl des Landes »Julia« gedient. Das müsse sich ändern, und zwar sofort!

Ich forderte Julia auf, ihren beiden Ministerinnen endlich

einmal klar und deutlich zu sagen, was sie in Zukunft von ihnen erwarte, wie und womit sie ihrem Land dienen könnten und was sie in Zukunft unterlassen sollten, um keinen weiteren Schaden anzurichten. Um das zu verdeutlichen, dürfe sie die Stühle der Ministerinnen so umstellen, dass die veränderte Situation auch durch die Stellung der Stühle deutlich werde.

Julia wandte sich zuerst der »Ministerin für Familie und Kinder« zu und formulierte diese Anweisung: *Hör auf, mir das Bild meiner Mutter als Denkschablone für meine Zukunft aufzuzwingen. Meine Mutter hat ihre Sache gut gemacht, das bedeutet allerdings nicht, dass ich es nicht ganz anders und trotzdem gut machen kann. Deine Aufgabe als Ministerin ist es in Zukunft, mich daran zu erinnern, dass ich mir eine Familie mit Kindern wünsche. Ab sofort hast du jedoch keinerlei Mitspracherecht mehr, wie diese Familie konkret auszusehen hat.* Den Stuhl der Ministerin positionierte Julia links neben sich mit etwas Abstand.

Dann kam die »Ministerin für Stärke und Beruf« an die Reihe: *Ich mag nicht mehr hören, dass ich »es« schaffen soll. Ich habe schon so viel geschafft, und diesen Satz auszusprechen ist von nun an verboten. In Zukunft fragst du mich als Königin, was ich vorhabe, und stellst mir für dieses Vorhaben die Kraft zur Verfügung. Wie ich die Kraft einsetze, bestimme ich allein. Darum benenne ich das »Ministerium für Stärke und Beruf« um. Es heißt ab sofort »Ministerium für Kraft und Zuversicht«.* Den Stuhl der Ministerin stellte Julia rechts ganz nah neben sich.

Jetzt bat ich meine Patientin, noch einmal in die Rolle der Ministerinnen zu schlüpfen und die neuen Anweisungen als Dienstleistung oder als Angebote an die Königin zu formulieren. Die Ministerin für Familie und Kinder sagte: *Ich werde dich immer wieder daran erinnern, dass du gerne Kinder haben willst, und zwar mit einem Mann zusammen, der diese Kinder mit dir auch großziehen will.* Die Ministerin für Kraft und Zuversicht sagte: *Ich biete dir meine Kraft und Zuversicht für alles an, was du vorhast, egal was das sein wird.*

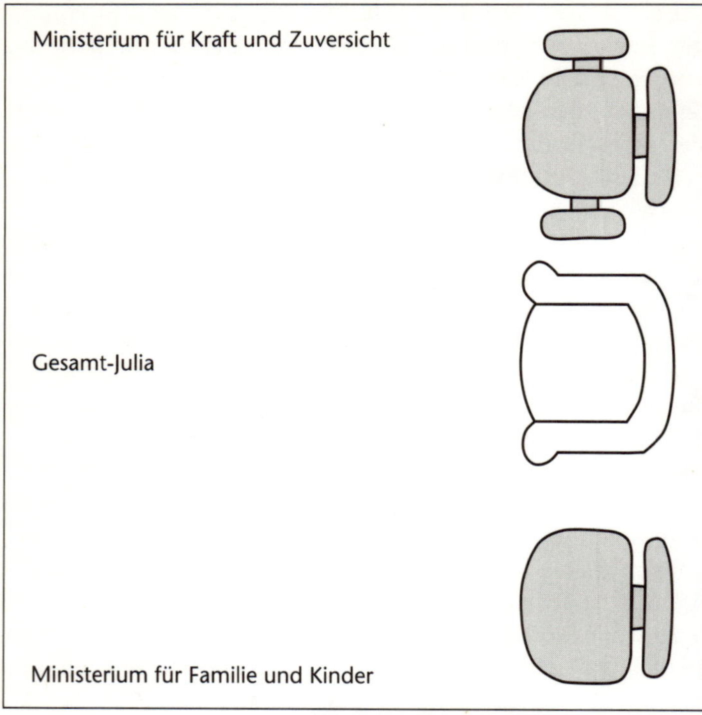

Der letzte Schritt war schließlich die Ministerkonferenz: Ich stellte die drei Stühle in einen Kreis und bat Julia als Königin, ihren beiden Ministerinnen ihr Problem mit Franz, dem Südtiroler, vorzutragen. Sie könne dann die Ministerinnen fragen, was sie dazu zu sagen oder vielmehr was sie ihr anzubieten haben.

Die Königin schilderte ihre momentane gespaltene Situation mit ihrer neuen Liebe und bat die Ministerinnen um Rat. In der Rolle der »Familienministerin« sagte Julia, dass sie keinen Grund sehe, nicht eine Beziehung mit diesem Mann einzugehen, sofern die Liebe von beiden groß genug sei und er sich ebenfalls Kinder wünsche. Die »Ministerin für Kraft und Zuversicht« bemerkte nur, dass sie der Königin jederzeit die notwendige Kraft und Zuversicht zur Verfügung stellen werde, falls sie sie in dieser Beziehung benötige, sei es, dass sie das Geld verdienen müsse, sei es für die Bewältigung anderer Probleme.

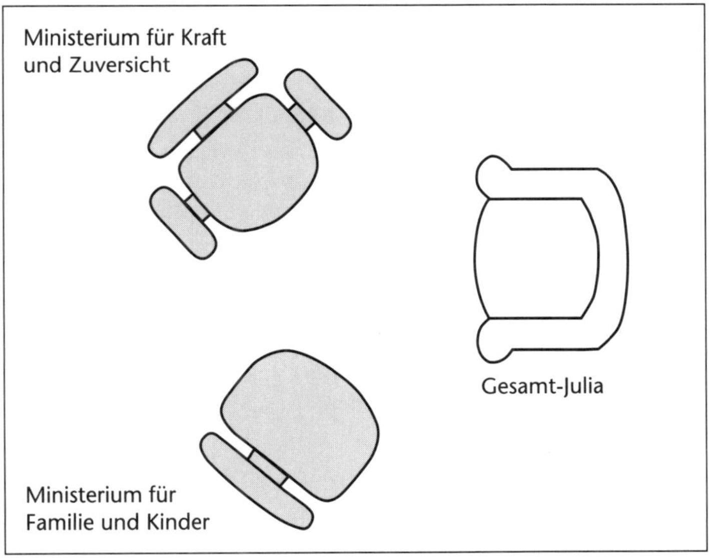

In der Nachbesprechung dieser Szenenfolge berichtete Julia, dass sie nach den Statements der Ministerinnen in der Rolle der Königin ein völlig neues Gefühl erlebt habe, ein Gefühl der Freiheit, aber auch der Verantwortung, ein wahrhaft königliches Gefühl. Es fühlte sich gut an, doch sie musste tief durchatmen, um es aushalten zu können. Es war das Gefühl, das eigene Leben endlich wirklich in die eigene Hand nehmen und Entscheidungen frei treffen zu können – aber auch zu müssen.

Julia fuhr am nächsten Wochenende nach Südtirol und ist mit ihrem neuen Freund bis heute zusammen.

Was ist nun in dieser Therapiesitzung passiert, was davon kann man verallgemeinern, was daraus lernen? Natürlich hat Julia in dieser einen Sitzung nicht vollständig ihr Beuteschema modifiziert, aber sie hat einen ersten Schritt dazu getan: Sie hat gespürt, wie gut es ihr gehen kann, wenn nicht ständig Forderungen aus entgegengesetzten Richtungen auf sie einprasseln, noch dazu von äußeren *und* inneren Stimmen, denen sie glaubt gerecht werden zu müssen. Sie hat sich endlich erlaubt, die ständigen Forderungen an sie zurückzuweisen, und begonnen, sie als Angebote wahrzunehmen, die sie nicht mehr bedrängen können, sondern die ihr eine Hilfe sein sollen. Sie ist sich klarer darüber geworden, dass mehr Freiheit bei Entscheidungen auch mehr Verantwortung bedeutet, was ihr allerdings eine weitaus größere Anzahl von möglichen Entscheidungen eröffnet. In diesem Bewusstsein ihrer Stärke konnte sie ein Kriterium ihrer Partnerwahl neu bewerten und einordnen und sich so erlauben, sich in einen Mann zu verlieben, der nicht den gängigen Vorstellungen des Familienernährers entspricht, obwohl sie sich mit ihm Kinder wünscht.

Kurz: Sie hat eine Vorstellung davon bekommen, wie es sich anfühlen kann, anders und freier einen Partner auswählen zu können als bisher.

Das Königinnen-Spiel als praktische Übung

In einer kleinen Übung in zwölf Schritten können Sie die Therapiesitzung »nachspielen«, aber auch Ihre eigenen, sich streitenden inneren Stimmen in ähnlicher Weise auf die Bühne bringen und mit ihnen arbeiten. Das ist sinnvoll, gerade wenn es um die Beurteilung von Männern geht, bei denen Ihr »archaisches Ich« mit einem »emanzipierten Ich« konkurriert. Dazu benötigen Sie einen Satz Schachfiguren und einen Tisch.

Legen Sie bitte die weiße Königin zur Seite, die brauchen Sie später noch.

1. Schritt:
Wählen Sie eine passende Schachfigur für sich als »gesamte« Person aus, und stellen Sie diese mitten auf den Tisch.

2. Schritt:
Geben Sie Ihren unterschiedlichen inneren Stimmen je einen Namen (zum Beispiel starkes, emanzipiertes Ich und traditionelles, archaisches Ich), und suchen Sie passende Schachfiguren dafür aus. Stellen Sie diese Figuren so zu Ihrem Gesamt-Ich, wie es für Sie stimmig ist.

3. Schritt:
Sprechen Sie die Forderungen dieser inneren Stimmen aus, wobei Sie die Figur, die Sie gerade spielen, mit dem Zeigefinger berühren. Berühren Sie auch weiterhin immer die Figur, die Sie gerade spielen.

4. Schritt:
Falls es Personen gab oder gibt, die diese inneren Stimmen verstärken, stellen Sie passende Schachfiguren für diese Personen hinter Ihre inneren Stimmen. Diese Personen können nahe Verwandte und Freunde sein oder auch populäre Vorbilder. Sprechen Sie auch deren Botschaften an Sie aus.

5. Schritt:
Antworten Sie den Botschaften dieser Personen, indem Sie klar Ihre Meinung dazu sagen. Entfernen Sie danach die Figuren dieser Personen wieder vom Tisch.

6. Schritt:
Tauschen Sie jetzt Ihre Gesamt-Ich-Figur durch die weiße Kö-

nigin aus. Stellen Sie sich vor, dass Sie eine Königin sind und ein Land regieren, das Ihren Vornamen trägt.

7. Schritt
Machen Sie Ihre inneren Stimmen zu Ministerinnen, die Ihnen dabei helfen sollen, die Bewohner Ihres Landes glücklich zu machen. Denken Sie sich passende Namen für die Ministerien aus.

8. Schritt
Sagen Sie Ihren Ministerinnen, was Sie in Zukunft von ihnen wollen und was sie unterlassen sollen. Forderungen werden nicht mehr akzeptiert, nur noch Angebote. Verändern Sie die Stellung der Schachfiguren, die erst Ihre inneren Stimmen, jetzt aber Ihre Ministerinnen symbolisieren, so dass es zu der neuen Situation passt.

9. Schritt:
Formulieren Sie in der Rolle der Ministerinnen noch einmal die neuen königlichen Anweisungen als Dienstleistungen oder als Angebote.

10. Schritt:
Verinnerlichen Sie in der Rolle der Königin diese Angebote in Ruhe. Erkennen Sie, dass sich Ihr Land so viel besser regieren lässt, weil Sie frei und eigenverantwortlich Entscheidungen treffen können.

11. Schritt:
Rufen Sie eine Ministerinnenkonferenz ein, wenn Sie ein Problem mit Männern haben, bei dem früher Ihre beiden inneren Stimmen uneinig waren und damit eine klare Entscheidung unmöglich gemacht haben. Achten Sie darauf, dass Ihre Ministerinnen bei ihren Angeboten bleiben und nicht wieder zu fordern anfangen.

12. Schritt:
Entscheiden Sie frei und eigenverantwortlich, indem Sie die Angebote der Ministerinnen annehmen, ablehnen oder modifizieren. Sie müssen keinen Kompromiss schließen, können es aber, wenn Sie es für sinnvoll halten.

Ziel der Übung ist, Ihre inneren Stimmen, die Sie bisher mit Forderungen bombardiert und gequält haben, so in den Griff zu bekommen, dass Sie ab sofort nur noch Angebote von ihnen hören, die Sie annehmen oder auch ablehnen können.

Wenn Sie das erreicht haben, sind Sie reif für den nächsten Schritt: Jetzt können Sie die Fähigkeit, Angebote zu machen, statt Forderungen zu stellen, auch als neue Botschaft nach außen tragen.

Angebote statt Forderungen

Mann und Frau begegnen sich sehr häufig auf der Ebene der gegenseitigen Forderungen. Jeder fordert vom andern etwas, und allein dass er es fordert, besagt ja schon, dass er es nicht oder zumindest nicht ganz bekommt, sonst bräuchte er es ja gar nicht zu fordern. Was wiederum Enttäuschung und Frustration und erneute und verschärfte Forderungen nach sich zieht – ein ewiger, schrecklicher Teufelskreis. Jeder Forderung wohnt eine Enttäuschung inne, leider. Da unterscheiden sich Singles und Menschen, die seit kurzem oder schon lange in einer Partnerschaft leben, nur kaum.

Meine Erfahrungen mit meinen PatientInnen ist, dass gerade Singles, die einen Partner suchen, dazu neigen, ihre Anforderungen an den zukünftigen Partner immer weiter hochzuschrauben, je länger sie suchen. Die emotionale Rechnung, dass nur ein absoluter Hauptgewinn die vorangegangene Durststrecke des Single-Lebens irgendwie rechtfertigt, geht aber selten auf. Genauso wenig macht es allerdings Sinn, seinen »Marktwert« in der Partnersuche immer geringer einzuschätzen und seine Anforderungen an den zukünftigen Partner entsprechend immer weiter herunterzuschrauben, je länger man sucht. Am Ende begnügt man sich dann mit jemandem, der gar nicht zu einem passt. Die Beziehung hält nicht lange, und das ganze Spiel geht wieder von vorne los.

Nicht selten schwanken Menschen, die einen Partner suchen, zwischen diesen beiden Extremen hin und her: Heute habe ich Ansprüche und stelle Forderungen, die keiner erfüllen kann, morgen dagegen glaube ich, jeden nehmen zu müssen, um überhaupt noch einen Partner zu ergattern. So schaffen es diese Menschen, sich selbst immer mehr zu verunsichern. Sie merken nicht, dass sie mit ihren Forderungen im Kopf, seien sie nun hoch oder niedrig, ganz auf den anderen, den zukünftigen Partner fixiert sind und sich selbst komplett aus den Augen verloren haben. Aber was gibt es Unsichereres als den Blick auf einen Menschen, den man noch gar nicht kennt? Was kann einer zufälligen (oder auch organisierten) Begegnung zweier Menschen mehr schaden als Forderungskataloge und Denkschablonen? Was ruiniert das eigene Auftreten mehr als eine komplette Verunsicherung hinsichtlich des eigenen Selbstwertes?

Irgendwie scheint es aus dieser Zwickmühle kein Entrinnen zu geben, und doch ist der Ausweg denkbar einfach und nichts anderes als ein Perspektivenwechsel.

Auch habe ich bei Single-Patientinnen oft den Eindruck, dass sie bereits ein fertiges Drehbuch im Kopf haben, wie die gewünschte Partnerschaft ablaufen muss. Sie suchen nur noch nach der richtigen Besetzung für die männliche Hauptrolle, um ihren Film endlich verwirklichen zu können. Aber keiner passt. Die Anforderungen an den Hauptdarsteller sind nämlich kaum zu erfüllen, das Bild von ihm ist zu klar und ausgeprägt, als dass eine real existierende männliche Person dieses verdrängen könnte. Und so bleiben die Frauen Single.

Ich schlage diesen Patientinnen dann vor, ihr fertiges Beziehungsdrehbuch einfach wegzuwerfen und alle Anforderungen an ihren Hauptdarsteller zu vergessen. Dann empfehle ich ihnen, wieder auf sich selbst zu schauen und genau hinzusehen. Sie selbst sind es, worauf es ankommt, nicht der andere. Anschließend versuche ich, diesen Frauen ein anderes Bild mitzugeben, ihnen eine andere Geschichte zu erzählen, ihnen eine neue Perspektive zu eröffnen: Sie sollen sich anbieten als exzellente Drehbuchautorinnen. Sie wissen, wie man ein Beziehungsdrehbuch schreibt, sie haben auch schon einige Filme verwirklicht, längere und kürzere, bessere und nicht so gelungene, aber der beste Beziehungsfilm wird noch kommen. Die Frage lautet: Wer will dieses Drehbuch mit mir gemeinsam schreiben? Wer geht auf mein Angebot ein, ein komplett neues und spannendes Drehbuch mit mir zu schreiben, mit immer wieder unerwarteten Wendungen der Geschichte.

Der Perspektivenwechsel heißt also nichts anderes als: Ich blicke nicht mehr auf den zukünftigen Partner und stelle Forderungen an ihn, sondern ich blicke auf mich und biete etwas an: Angebote statt Forderungen.

Diesen Perspektivenwechsel hinzubekommen ist erst einmal gar nicht so leicht. Denn wer fordert, erscheint irgendwie stark, selbstbewusst und mächtig, sonst könnte er das nicht tun. Ich glaube, die Frauenbewegung war und ist der Meinung, dass Frauen in den letzten Jahrhunderten viel zu wenig von den Männern gefordert haben und sich viel zu sehr angeboten haben. Deshalb werden in der Frauenbewegung Forderungen gerade an die Männer (aber auch an die Frauen) ganz groß geschrieben und sind sehr wichtig. Etwas zu fordern fühlt sich auch erst einmal gut an, wer etwas fordert, fühlt sich im Recht.

Dagegen hat »anbieten« einen weit geringeren emotionalen Stellenwert, und die Trennlinie zu »sich prostituieren« ist unscharf gezogen. Nur in der Wirtschaftssprache ist »anbieten« etwas ganz Normales, da bestimmen »Angebot und

Nachfrage« den Markt. Kein klar denkender Anbieter würde, wenn seine Ware nicht verkauft wird, erhöhte Forderungen an die Kunden stellen, sondern er würde sein Angebot überdenken. Bei der Partnersuche handelt es sich ebenfalls um einen Markt, bei dem es um Angebot und Nachfrage geht – und auch hier kommt man mit Forderungen nicht wirklich weiter.

Zehn Gebote und zehn Angebote – ein Fallbeispiel

Eine 36-jährige Patientin hatte mir in einer Therapiesitzung ihren Traummann beschrieben, an den sie ziemlich viele Erwartungen und Forderungen hatte und den sie damals noch nicht gefunden hatte. Ich bat sie daraufhin, ihre Forderungen an ihren zukünftigen Partner als Gebote zu formulieren. Ich ermutigte sie, ihre eigene Gesetzestafel mit ihren persönlichen »Zehn Geboten« Moses und damit symbolisch allen Männern zu überreichen. Die »Zehn Gebote« dieser Patientin waren:

1. Gebot:
Ich bin deine Frau, deine Sexgöttin. Du sollst keine anderen Frauen neben mir haben.

2. Gebot:
Du sollst bei anderen niemals schlecht über mich reden.

3. Gebot:
Du sollst an deinen freien Tagen für mich da sein.

4. Gebot:
Du kannst deinen Vater und deine Mutter ehren, wenn klargestellt ist, dass ich die wichtigste Person in deinem Leben bin.

5. Gebot:
Du sollst alles unternehmen, damit deine Liebe zu mir nicht stirbt.

6. Gebot:
Du sollst nicht geizig sein, schon gar nicht, wenn es um mich geht.

7. Gebot:
Du sollst auf mich eingehen und mir zuhören, mich verstehen und unterstützen.

8. Gebot:
Du sollst mich niemals anlügen.

9. Gebot:
Du sollst genügend verdienen, dass ich nicht neidisch auf das Geld, das Haus oder den Urlaub anderer sein muss.

10. Gebot:
Ich will, dass du mit mir zufrieden bist und nicht denkst, mit einer anderen Frau hättest du es besser.

In der nächsten Sitzung schlug ich der Patientin vor, alle diese Forderungen, so berechtigt und wichtig sie auch sein mögen, zu Angeboten umzuformulieren. Dass sollte nicht heißen, dass sie ihre Forderungen alle fallen ließe, es sollte nur den gedanklichen und emotionalen Schwerpunkt von den Forderungen auf die Angebote verlagern. Diesmal ergab sich Folgendes:

1. Angebot:
Ich biete dir an, dich als Mann und Partner zu lieben und keinen anderen Mann neben dir zu haben.

2. Angebot:
Ich werde mich bemühen, bei anderen nicht schlecht über dich zu reden.

3. Angebot
Ich biete dir an, an meinen freien Tagen für dich da zu sein, wenn du das wünschst.

4. Angebot:
Ich gebe dir die Unterstützung, die du in der Beziehung zu deinen Eltern von mir brauchst.

5. Angebot:
Ich werde versuchen, alles zu unternehmen, dass meine Liebe zu dir nicht stirbt.

6. Angebot:
Ich werde mich bemühen, großzügig zu dir zu sein, finanziell, aber auch insbesondere emotional.

7. Angebot:
Ich werde versuchen, auf dich einzugehen und dir zuzuhören, dich zu verstehen und dich zu unterstützen.

8. Angebot:
Ich werde versuchen, dich nicht anzulügen.

9. Angebot:
Ich werde versuchen, mit dem Geld, das du und ich verdienen, auszukommen und zufrieden zu sein.

10. Angebot:
Ich werde versuchen, mit dir zufrieden zu sein und mir nicht vorzustellen, mit einem anderen Mann hätte ich es besser.

Als die Patientin diese Angebote, die sie gerade selbst formuliert hatte, wieder und wieder durchlas, wurde ihr klar, was sie für einen Mann wert sein würde, welchen enormen Reichtum und welches besondere Glück sie für den Mann bedeuten würde, der sie als Partnerin auswählt. Sie brauchte sich nicht mehr hinter ihren Forderungen zu verschanzen, von denen sie irgendwie glaubte, dass sie sowieso niemand erfüllen könne. Sie konnte selbstbewusst und mutig ihre Angebote präsentieren und jedem Mann unvoreingenommen begegnen. Sollte er ihre Angebote nicht zu schätzen wissen, konnte sie ihn getrost ziehen lassen, denn dann hatte er sie nicht verdient. Wenn er dagegen an ihr und ihren Angeboten interessiert war, konnte sie aus einer sicheren und starken Position in die »Beziehungsverhandlungen« eintreten.

Zehn Gebote und zehn Angebote als praktische Übung

Nehmen Sie sich nun ein Blatt Papier, und schreiben Sie ihre eigenen »Zehn Gebote« oder vielmehr die zehn wichtigsten Forderungen auf, die Sie an ihren zukünftigen oder gegenwärtigen Partner stellen und von denen Sie glauben, dass er sie unbedingt erfüllen müsse.

Dann nehmen Sie ein zweites Blatt Papier, und versuchen Sie, in Anlehnung an Ihre zehn Forderungen jetzt zehn Angebote zu formulieren, die Sie an Ihren jetzigen oder zukünftigen Partner richten. Was bieten Sie ihm an? Was hat er davon, mit Ihnen zusammen zu sein? Welchen Wert stellen Sie für ihn dar? Warum kann er sich glücklich schätzen, Sie als Partnerin zu haben oder zu gewinnen?

Wenn Sie Ihren jetzigen Partner treffen oder sich auf die Suche nach Ihrem zukünftigen Partner machen, dann stärken Sie sich vorher, indem Sie mehrmals die Liste Ihrer Angebote durchlesen. Die Liste Ihrer Forderungen brauchen Sie nicht noch einmal durchzugehen, die kennen Sie sowieso auswendig. Diese Liste sollten Sie erst einmal vergessen oder zumindest emotional ganz weit nach hinten schieben.

Wenn starke Frauen Angebote machen

In der amerikanischen Kultserie *Sex and the City* verschweigt die erfolgreiche Anwältin Miranda bei einem Fast Dating ihren wahren Beruf, weil sie glaubt, damit die Männer zu verschrecken. Sie gibt stattdessen »Stewardess« an, und prompt lernt sie einen gut situierten Facharzt kennen, der auf sie fliegt – denkt sie. Nachdem ihre neue Eroberung beim Anblick eines kleinen Blutstropfens jedoch fast in Ohnmacht gefallen wäre, gibt er zu, dass er gar kein Facharzt ist, sondern nur Einzelhandelskaufmann. Miranda wirft ihn daraufhin empört hinaus, verschweigt aber, dass sie ihn ebenfalls angelogen hat.

Er hatte seinen Status aufgewertet, sie den ihren abgewertet, um endlich dem gängigen Beuteschema der Gegenseite zu entsprechen. Zunächst einmal war diese Taktik erfolgreich, der Arzt lernte die Stewardess kennen, das Klischee stimmte. Aber wir leben nun mal im Postfeminismus, die Zeiten haben sich geändert, die Frau ist Anwältin, und der Mann hat lediglich einen wenig lukrativen Job. Jetzt muss also gelogen werden, um einen Partner zu finden? Die beiden waren noch nicht einmal Opfer ihrer eigenen Forderungen, sondern der Forderungen, die sie von der Gegenseite an sie gerichtet glaubten. Sie versuchten, sich in Klischees zu pressen, weil sie glaubten, der andere erwarte genau diese Klischees. Und es hatte, so wollten es die Drehbuchschreiber, auch kurz gefunkt zwischen den beiden, die Wahrheit kam aber schnell heraus, und es gab kein Happy End. Auf Lügen gründet sich nun mal keine Liebe, nicht in amerikanischen Serien – und meist auch nicht in der Realität.

Anders wäre die Geschichte verlaufen, wenn beide zu dem gestanden hätten, was sie tatsächlich sind – und wenn sie genau das auch angeboten hätten: Die alleinerziehende, gut verdienende Anwältin wäre auf den sympathischen, wenngleich schlecht verdienenden Mann getroffen, und jeder von beiden hätte etwas anzubieten gehabt, wofür der andere womöglich sehr dankbar gewesen wäre. Dann wäre das vielleicht der Beginn einer wunderbaren Liebe geworden – doch ein Happy End war in dieser Folge wohl noch nicht vorgesehen.

Mir hat mal jemand von einem kleinen Experiment erzählt, das eine beruflich sehr erfolgreiche Frau durchgeführt hat: Sie gab zweimal eine gleichlautende Kontaktanzeige auf, allerdings mit einem kleinen und offensichtlich entscheidenden Unterschied. Bei der ersten Version war sie »Teamassistentin«, bei der zweiten gab sie wahrheitsgemäß an, eine Führungsposition innezuhaben. Auf die erste Anzeige bekam sie viele Zuschriften, auf die zweite kaum eine. Vermutlich könnte man das gleiche Experiment auch als Mann machen, dann würde sich die Anzahl der Zuschriften auf die Anzeigen sicherlich umkehren, die Führungskraft bekäme viele, der Teamassistent eher wenige.

Die Schlussfolgerung erscheint klar und ist schon tausendmal beklagt worden, gerade von den Leidtragenden: Männer haben Angst vor starken Frauen. Die Frauen haben recht, viele Männer haben tatsächlich Angst vor starken Frauen, und die Forderung, diese Angst zu überwinden, macht den Männern nur noch mehr Angst und verschreckt selbst die mutigsten unter ihnen.

Auch und gerade hier, bei den starken, den erfolgreichen, den gut verdienenden Frauen gibt es eine Alternative: Bieten Sie etwas an, anstatt zu fordern! Welcher Mann findet mich gut, *weil* ich eine starke Frau und beruflich erfolgreich bin? Sicherlich werden sich nicht alle Männer angesprochen fühlen, aber doch einige. Kein Mann wäre verschreckt – und keine Frau automatisch frustriert.

»Ich will aber kein Weichei, keinen Versager, der noch nicht einmal sein eigenes Leben auf die Reihe bekommt, der es im Beruf nicht schafft und sich jetzt an eine starke Frau hängen will.« So oder ähnlich antworten mir oft meine erfolgreichen Patientinnen ohne Partner, wenn ich wissen will, ob auch ein Mann für sie attraktiv wäre, der beruflich unter ihnen steht.

Ich frage diese Patientinnen dann, ob sie die Angst kennen, ihren Job zu verlieren, ob sie glauben, dass sich ihre Karriere allein auf ihre Fähigkeiten und ihren Intellekt gründet, oder ob nicht auch Glück, Zufall und wohlwollende Förderer ein wenig dazu beigetragen haben. Ob sie sich selbst als Versagerinnen ansehen würden, als jemand, der es im Beruf nicht geschafft hat und sein Leben nicht auf die Reihe bekommt, wenn sie tatsächlich ihre Stelle verlieren würden und nicht gleich der Anschluss-Job winkt. Und dann frage ich sie, ob jemand, dem dieses Schicksal bereits widerfahren ist, es verdient habe, derart abgewertet zu werden, dass er als Partner von vornherein ausscheidet.

Natürlich, große Ansprüche stellen kann ein Mann in so einer Situation nicht, doch vielleicht hat er einiges anzubieten, was für Frauen höchst interessant sein könnte. Aber auch dieser Mann ist sich dessen meist gar nicht bewusst, denn er glaubt lediglich, schlechte Karten bei der Partnersuche zu haben.

»Gut situierte Sie, 38 Jahre, in leitender Position, schlank, sportlich, attraktiv, sucht Ihn, kinderlieb, häuslich, einfühlsam, zur Gründung einer Familie.«

Wenn Frauen und Männer sich anbieten, dann tun sie es fast ausschließlich nach den Regeln des archaischen Beuteschemas, wenn auch mal mehr und mal weniger offensichtlich. Der Mann betont direkt oder indirekt seinen gesellschaftlichen und finanziellen Status, die Frau dagegen ihre Jugend und ihre körperlichen Vorzüge. Warum können nicht mal die Frauen ihre gesicherte berufliche Stellung und die Männer dafür ihre Kinderliebe und ihre häuslichen Qualitäten anbieten? Natürlich darf man auf eine entsprechende Anzeige nicht gleich eine Flut von Zuschriften erwarten, aber darauf kommt es gar nicht an, sondern auf den einen oder die eine, der oder die genau das sucht und nichts anderes.

Das oben erwähnte Experiment der erfolgreichen Frau mit den zwei Versionen der sonst gleichen Kontaktanzeige – einmal mit dem wahren sehr guten, einmal mit einem erfundenen einfacheren Beruf – ist genau genommen auch eine kleine Lüge: Die Inserentin wirft den Männern vor, ihr Beuteschema nicht verändert zu haben, weshalb erfolgreiche Frauen keinen Mann bekommen, belegt aber gleichzeitig, dass sie als emanzipierte Frau ihr Beuteschema genauso wenig verändert hat, sonst müsste sie ihre Kontaktanzeige nämlich ganz anders formulieren.

Denn eine Karrierefrau hat andere Anforderungen und vor allem ganz andere Angebote an einen zukünftigen Partner als eine Teamassistentin. Wenn die Frau will, dass sich auch Männer auf ihre Anzeige melden, die sich ihr im beruflichen Status unterlegen fühlen, dann sollte sie dieses Angebot in ihrer Anzeige formulieren. Wenn eine starke Frau so stark ist, dass sie einen beruflich unterlegenen Mann an ihrer Seite akzeptieren kann, dann wird sie vermutlich auch einen finden, denn Männern ist das Kriterium Status bei der Partnerwahl nicht so wichtig wie Frauen. Die größere emotionale Hürde müssen die Frauen überwinden.

Die Selbstbeschreibung »starke Frau« ist allerdings häufig wie ein Bumerang, den diese Frau gut loswirft, der sie aber bei der Rückkehr oft selbst hart trifft. Das Problem ist das Gegenüber, der Partner: Er denkt nämlich, mit ihr gleichziehen oder sogar stärker sein zu müssen. Eine Frau, die sich als starke Frau sieht und als solche auftritt, signalisiert nach außen, dass sie nur starke Männer will, selbst wenn das gar nicht der Fall ist. Das Buch *Die Sehnsucht der starken Frau nach dem starken Mann* von Maja Storch ist nur ein Beleg dafür. Diese weibliche Stärke wirkt auf Männer wie eine Forderung, keine Angst vor ihr zu haben und mithalten zu müssen. Es schwingt kein Angebot darin mit, stark *für* jemand zu sein – daher schreckt es nicht selten ab.

Eine Möglichkeit, das zu verhindern, besteht darin, die eigene Stärke zu verstecken oder einfach etwas Falsches über sich zu sagen, wie Miranda in *Sex and the City*. Dabei belügt man sich jedoch nicht nur selbst, sondern auch den anderen. Das kann keine Lösung sein. Ich glaube, diese Frauen sollten eher ein Angebot formulieren, in dem ihr möglicher Partner in ihrer Stärke einen positiven Aspekt erkennt und sie nicht als Latte sieht, die er überspringen muss.

Ausnahmsweise können in diesem Punkt die starken Frauen von den starken Männern etwas lernen. Wenn solche Männer bei Frauen gut ankommen, dann liegt das vor allem daran, dass die Frauen glauben, von dieser männlichen Stärke einen echten Nutzen zu haben. Die Männer sind stark *für* die Frauen und bieten es auch so an: *Die Frau, die mich heiratet, kann sich geborgen fühlen, unsere gemeinsamen Kinder sind finanziell gut versorgt, wir können uns schöne Urlaube leisten und werden angenehm wohnen.* Männer bieten ihre Stärke und ihren Erfolg als Lebensstil und Lebensstandard an und werden deswegen begehrt.

Superwoman oder Anspruchsfrau

Auch starke Frauen haben viel zu geben, viel anzubieten, was für Männer interessant und reizvoll sein kann oder was sie schlicht sehr nützlich finden für die Gründung einer Familie. Nur ist das bis zur Männerwelt noch wenig durchgedrungen. Auf diesem Gebiet besteht also noch enormer Nachholbedarf! Diese Frauen könnten eigentlich Superwomen mit einer enormen Rollenvielfalt sein: die Frau, die gut verdienen, aber genauso gut einen Haushalt organisieren kann. Die Frau, die mit ihrer emotionalen Intelligenz ihren Chef ebenso um den Finger wickelt wie die Leiterin der Kinderkrippe, um einen Platz für ihren Sprössling zu ergattern. Sie könnte ihrem Mann die intellektuelle Gesprächspartnerin in heißen Diskussionen und zugleich die einfallsreiche Geliebte in heißen Liebesnächten sein.

Diese Frauen gibt es nicht nur im Fernsehen, sondern durchaus auch in der Realität – nur nicht in der Wahrnehmung der Männer. Viele Männer machen einen Bogen um starke Frauen, weil sie befürchten, sie nicht glücklich machen zu können – und glauben, dabei auch selbst nicht glücklich zu werden. Das höre ich häufig von meinen Patienten. Sie sehen in solchen Frauen nicht Superwomen, sondern die Anspruchsfrau, die zwar vieles kann, jedoch nichts wirklich durchzieht: Sie verdient zwar gut, die Last und Verantwortung, eine ganze Familie zu versorgen, will sie aber nicht übernehmen; sie will Kinder und möchte dann eine Zeit lang reduziert oder gar nicht arbeiten, im Haushalt und bei der Kindererziehung erwartet sie allerdings vom Mann Mithilfe bis hin zur paritätischen Aufgabenverteilung, obwohl er das Geld verdient. Auch wenn er all das tut, ist sie immer noch nicht zufrieden, weil er die Karriere machen kann, die ihr wegen der Kinder verwehrt bleibt. Im erotischen Bereich sehnt sie sich irgendwann nach einem dominanten Lover, weil sie ihren selbst weichgekochten Mann schon lange nicht mehr sexuell anziehend findet.

Natürlich sind diese beiden Bilder, Superwoman und die Anspruchsfrau, Extrempunkte einer Normalverteilung, doch im Blick der Männer herrscht eher die Anspruchsfrau vor. Das ist zumindest meine Erfahrung aus meiner Praxis. Daran etwas zu ändern ist auch die Aufgabe ebendieser starken Frauen.

Das heißt jetzt nicht, dass sie ihre Stärke verstecken, verleugnen oder gar verdammen sollen. Viel sinnvoller wäre es, wenn sie ihre Stärke als Reichtum verstehen, den sie gerne teilen wollen, und diese als Potenzial erkennen, das sie in eine Beziehung einbringen wollen. Wenn sie ihre Stärke als Angebot an die Männer richten, haben beide etwas davon. Und dann können beide mit dieser Stärke der Frauen gemeinsam ein schöneres und glücklicheres Leben führen.

Der Exot als Ausweg?

Natürlich haben Frauen auch die Möglichkeit, ihr archaisches Beuteschema regelrecht auszutricksen, wenn es ihnen bei der Partnerwahl zu sehr im Wege steht. Dazu bedarf es allerdings eines Mannes, der aus den gängigen Bewertungskriterien weitgehend herausfällt. Denn besonders eindrücklich und augenfällig sind die Statusunterschiede zwischen Mann und Frau, wenn sie in derselben Berufssparte arbeiten, aber in unterschiedlichen Positionen auf der Karriere- oder Hierarchieleiter stehen. Bei einer Rechtsanwältin und einem Rechtsanwaltsgehilfen, bei einer Filialleiterin und einem Bankangestellten, bei einer Abteilungsleiterin und einem Außendienstmitarbeiter weiß man gleich, wer von beiden weiter »oben« und wer weiter »unten« steht.

Gemäß ihrem Beuteschema tun sich Frauen besonders schwer, einen Partner »unter« sich zu akzeptieren, wenn er auch noch in derselben Firma arbeitet wie sie. Doch je weiter weg von der eigenen Berufsbranche und je schlechter einschätzbar die berufliche Stellung des Partners ist, desto weniger stören Status- und auch Einkommensdifferenzen: Das archaische Beuteschema lässt sich nicht mehr so leicht anwenden, es greift ins Leere – und ist immer weniger hinderlich. Es bedarf also eines Außenseiters, Künstlers oder Exoten. Vielleicht ist dieser Mann auch nur deswegen ein »Exot«, weil die Frau ihn wegen seines Berufes bisher einfach nicht in Betracht gezogen hat. Er ist Klempner oder Briefträger, Schornsteinfeger oder Angestellter einer Reinigungsfirma. Letztlich ist er der bretonische Fischer Gauvin aus dem Weltbestseller *Salz auf unserer Haut* von Benoîte Groult, die selbst Literaturprofessorin ist. In dem autobiographischen Roman hat sie ihren Fischer zwar ausführlich geliebt, jedoch nie geheiratet. Die Welt hat sich aber seither weitergedreht, vielleicht sogar in die richtige Richtung.

Der exotische Mann kann auch einen ausgefallenen Beruf haben, etwa Pferdeflüsterer, Hutmacher oder Holzschnitzer, er kann Musiker oder beim Film tätig sein, an seinem Durchbruch arbeiten oder noch seinen Stil suchen. Er hat Potenziale, die noch nicht ausgeschöpft sind, die ihn aber befähigen könnten, einmal groß herauszukommen. Das sind im Übrigen auch die Sprüche, die manche Männer vorbringen, wenn sie Frauen imponieren wollen, aber glauben, nichts Handfestes vorweisen zu können. Je mehr eine Frau einen Partner fürs Leben und zum Kinderkriegen sucht, umso weniger ist sie bisher bereit, auf solche Sprüche hereinzufallen, obwohl sie den kreativen Autor dieser Selbstvermarktung vielleicht sonst sehr nett und anziehend findet.

Ein unkonventionelles Angebot

Wenn Sie sich als Frau darüber klar geworden sind, dass Sie keinen Gutverdiener brauchen, weil Sie selbst einer sind, sondern eher einen Partner suchen, der Zeit mit ihren Kinder verbringen kann, während Sie Karriere machen, dann können Sie solche Sprüche durchaus auch als Angebot interpretieren: *Ich bin einer, den du vorzeigen kannst, weil ich an mich und an das, was in mir steckt, glaube. Ich habe mich noch nicht abgefunden und schon gar nicht aufgegeben. Ich will sehr wohl noch was im Leben, selbst wenn ich es bisher nicht erreicht habe. Wenn du auch an mich glauben kannst, oder wenn du mich gut findest, weil ich an mich glaube, dann kannst du dich in mich verlieben und ich mich in dich. Ich bin ein Partner, wegen dem du dich nicht zu schämen brauchst, ganz im Gegenteil. Mit mir kannst du lernen, wieder zu träumen. Außerdem bin ich so flexibel, dass ich nicht nur auf eine Rolle als Mann und Partner festgelegt bin.*

Drehen Sie den Spieß ruhig mal um! Suchen Sie nach einem Mann, der nicht in erster Linie Geld und eine gute Stellung, sondern Kreativität und Originalität zu bieten hat. Sie können es sich leisten, die langweiligen Karrieristen links liegen zu lassen und sich den Künstlern und Exoten zuzuwenden, die ihr Leben noch nicht komplett vorgeplant und durchorganisiert haben. Abgesehen davon können Sie mit einem solchen Mann ihr archaisches Beuteschema austricksen. Dieser Mann steht zwar nicht über, aber auch nicht unter Ihnen. Er ist beruflich so weit entfernt von Ihnen, dass jegliche Vergleiche sinnlos sind und auch Ihre Freunde und Verwandten solche Vergleiche bald aufgeben werden.

Selbst heute schon gibt es Beziehungskonstellationen, in denen ein unkonventionelles Angebot des Mannes auf das einer starken Frau trifft. Beide nehmen es an und profitieren so voneinander. Im Extremfall ist in dieser Konstellation die Frau dem Mann gesellschaftlich und finanziell zwar sehr überlegen, trotzdem sortiert sie ihn nicht aufgrund ihres Beuteschemas aus. Das Ganze funktioniert, weil der Mann aus einigen, aber entscheidenden Bewertungskategorien völlig herausfällt und nicht einzuordnen ist in unsere gesellschaftlichen Hierarchien. Er kann Asylbewerber aus dem Kosovo, verfolgter Regimekritiker aus Nigeria oder Salsa tanzender und geflohener Kubaner sein, jung und erotisch, aber arm. Er hat einen Exotenbonus, der umso ausgeprägter ist, je unklarer und ferner seine Herkunft und je spannender, gefährlicher und abenteuerlicher seine Geschichte ist, die ihn schließlich hierhergeführt hat.

Diesen Bonus hat er nicht nur bei interessierten Frauen, sondern fast überall, in der gesamten bürgerlichen Gesellschaft. Er ist eine willkommene Gelegenheit, Anteilnahme und Verständnis zu zeigen oder sogar Hilfe anzubieten. Dass dieses Mitgefühl auch in Liebe umschlagen kann, versteht jeder und jede, insbesondere dann, wenn dieser Fremdling auch noch erotisch und anziehend ist. Das macht ihn als Partner attraktiv, denn keine Frau braucht sich für ihn zu schämen, selbst wenn er nichts verdient. Er ist vorzeigbar, obwohl er in unserer Gesellschaft überhaupt keinen sozialen Status hat außer den des Flüchtlings, des Fremden, des Exoten. Als Partner ist er deutlich attraktiver als der graue deutsche Beamte, sofern die Frau (ganz) oben steht. Ein Exot, das ist akzeptabel.

Bei solchen Paaren muss die deutsche Partnerin nicht unbedingt eine Prominente sein wie die Kabarettistin Lisa Fitz, die 1999 den 23 Jahre jüngeren Kubaner Giovanni Rodriguez geheiratet hat. Sie kann einfach eine selbstbewusste und gut verdienende Frau sein, die sich das leistet, was bisher nur Männern vergönnt war: einen jungen und attraktiven Partner an ihrer Seite zu haben, der finanziell gänzlich von ihr abhängig ist.

Am besten ist es jedoch, Sie sind so selbstbewusst *und* emanzipiert, dass Sie sich in jeden Mann verlieben können, wenn es denn Ihre Gefühle wollen. Sollten Sie merken, dass Sie alle meine Ratschläge und Übungen nicht benötigen, um sich für einen Partner zu entscheiden, gleichgültig, ob er gesellschaftlich über, unter oder neben Ihnen steht, dann haben Sie die Kraft und Stärke, Ihr Beuteschema selbst zu bestimmen. Dann sind Sie frei, sich genau den Partner zu wählen, den Sie allein für passend halten, selbst wenn die ganze Welt den Kopf schüttelt. Dann sind Sie ein freier Mensch.

Früh gefreit, nie bereut

Eine weitere Möglichkeit für Frauen, dem archaischen Beuteschema ein Schnippchen zu schlagen, besteht darin, sich einen Mann fürs Leben in einer Zeit zu suchen, die dafür immer weniger genutzt wird: die Zeit der Ausbildung oder des Studiums.

Natürlich kommt dieser Gedanke für manche Frauen eindeutig zu spät, weil ihre Berufsausbildung inzwischen mehrere Jahre zurückliegt. Der Vollständigkeit wegen möchte ich ihn hier dennoch ausführen. Vielleicht können Sie die Überlegungen, falls sie Ihnen selbst nichts mehr nützen, zumindest jüngeren Frauen in Ihrem Umfeld weitergeben. Denn der gegenwärtige Trend ist genau umgekehrt: Wir binden uns immer später fürs Leben.

Das Alter, in dem Männer und Frauen heiraten, nimmt jährlich zu. Zwischen 1994 und 2004 erhöhte sich das durchschnittliche Heiratsalter bei ledigen Frauen von 27,1 auf 29,4 und bei ledigen Männern von 29,4 auf 32,4 Jahre. Je später sich Mann und Frau aber das Jawort geben, desto fester sind sie in die gesellschaftlichen Hierarchien eingegliedert. Sie haben einen Beruf erlernt und gearbeitet, sind inzwischen aufgestiegen oder arbeitslos, haben Karriere gemacht oder hangeln sich noch von diversen Praktika zu Gelegenheitsjobs. Der gesellschaftliche Status ist umso klarer ausgeprägt und bestimmbarer, je älter ein Mensch ist. Das heißt allerdings, dass die Auswahl des Partners nach den Kriterien des archaischen Beuteschemas gerade für Frauen umso mehr greift, je später im Leben sie die Wahl treffen. Dafür spricht auch, dass in den letzten zehn Jahren mit dem gestiegenen Heiratsalter auch der Altersunterschied zwischen Braut und Bräutigam zugenommen hat. Anders ausgedrückt: In der Ausbildungs- und Studentenzeit sind irgendwie alle gleich, auch wenn vielleicht der eine einen zukunftsträchtigeren Job erlernt als der andere. Hier zählen bei der Partnerwahl noch viel mehr Liebe und Sympathie, Erotik und der Reiz des Neuen. Beruf, Status und Geld spielen dagegen kaum eine Rolle.

StudentInnen bekommen (noch) keine Kinder

In der Familienpolitik wird angesichts der hohen Zahl kinderloser AkademikerInnen versucht, nicht nur die Vereinbarkeit von Beruf und Familie zu verbessern, sondern auch die von Studium und Familie.

Zum Beispiel laufen an der Pädagogischen Hochschule Freiburg und der Universität Gießen unterschiedliche Modellversuche, in denen erforscht und ausprobiert wird, wie Elternschaft während des Studiums besser ermöglicht werden kann. Auch immer mehr deutsche Hochschulen (inzwischen bundesweit an die 40) lassen sich für die von ihnen geschaffenen familienfreundlichen Studien- und Arbeitsbedingungen zertifizieren und streben den Titel »Familiengerechte Hochschule« an.

Frau Professor Uta Meier-Gräwe, wissenschaftliche Leiterin des Modellprojekts in Gießen, erklärt, warum die Studienzeit ein relativ günstiges biografisches Zeitfenster für Elternschaft und Familiengründung ist. »AkademikerInnen erleben heute eine ›Rush hour of life‹ zwischen 30 und 45.« Der berufliche Einstieg müsse erst gefestigt und die Weichen für eine Karriere müssten erst gestellt werden, so Meier-Gräwe weiter. Da bleibe nicht viel Zeit und Energie für den Übergang von der Partnerschaft zur Elternschaft. Eine frühere Familiengründung, etwa während des Studiums, erscheine daher sehr sinnvoll. Leider entscheide sich bisher aber nur eine sehr kleine Minderheit von Studierenden (sechs Prozent) schon während des Studiums für Kinder. »Wir müssen den Studierenden mit Kindern und denen, die es werden wollen, faktisch wie mental einen roten Teppich ausrollen«, betont Meier-Gräwe.

Für und Wider einer frühen Elternschaft

Das ist leichter gesagt als getan. Denn nicht nur äußere und bürokratische, sondern auch emotionale Hürden sind da zu überwinden, und zum Teil haben sie ebenfalls mit dem verflixten archaischen Beuteschema zu tun: Zum einen fehlt als

StudentIn häufig das Geld, mit der wahren Liebe auch gleich »Nägel mit Köpfen«, sprich: Kinder zu machen und sie unter einigermaßen zivilisierten Bedingungen aufzuziehen. Das neue Elterngeld ist da leider eher kontraproduktiv. Finanziell schlecht gestellte Eltern erhalten nämlich, statt wie früher zwei Jahre, nur noch maximal 14 Monate finanzielle Unterstützung. Das neue Gesetz unterstützt gerade das Gegenmodell, nämlich die gut verdienenden DINKs (Double Income No Kids), also Paare, die sich die genetische Reproduktion jetzt leisten können, ohne dafür Einbußen in ihrem Lebensstandard hinnehmen zu müssen. So sinnvoll das neue Elterngeld in mancher Hinsicht auch sein mag, zu Gunsten jedes jungen studierenden Elternpaares wären hier Nachbesserungen vonnöten.

Zum anderen wird die Zeit des Studiums meist als Provisorium, als Übergangszeit empfunden. Irgendwie gilt das alles noch nicht so richtig, die finanzielle Lage und die Wohnsituation als StudentIn genießt oder erträgt man in der Hoffnung, dass sich das alles einmal ändern wird, wenn erst das Studium vorbei und der lukrative Job da ist. Diese emotionale Grundeinstellung färbt nicht selten auch die Partnerschaften in der Studienzeit ein und lässt sie ebenfalls zu einem Provisorium werden, zu einem »Ausprobieren«. Der oder die »Wirkliche« kommt sicher noch, später, irgendwann.

Im Gegensatz dazu sind diese Jahre meist reich an Liebesabenteuern und auch wahrer Liebe, die Möglichkeiten, sich kennenzulernen, sind im Vergleich zur späteren Berufswelt optimal, der Umgang miteinander ist eher entspannt und noch nicht durch hierarchische Überlegen- und Unterlegenheitsgesten verkrampft, die tägliche und wöchentliche Zeiteinteilung verhältnismäßig frei.

Dass das Studium gerade deshalb eine gute Zeit ist, den Partner oder die Partnerin fürs Leben zu finden und auch schon Kinder zu bekommen, hat sich noch wenig herumgesprochen.

Was hofft und befürchtet aber eine Studentin, wenn sie ein Kind bekommen will – und was ein Student? Nehmen wir Britta und Jörg, zwei junge Menschen, die sich lieben und die beide der Meinung sind, sie hätten sich inzwischen genug ausgetobt oder sie bräuchten das sowieso nicht. Beide wünschen sich ein Kind und glauben auch, die Situation während des Studiums finanziell meistern zu können. Natürlich wissen sie, dass sie sich mit einem gemeinsamen Kind fest aneinander binden, und zwar über die Zeit des Studiums hinaus; und beide wollen das auch.

Selbstverständlich möchte Britta auch mit Kind ihr Studium beenden. Das höre ich zumindest von den Studentinnen in meiner Praxis. Die Rahmenbedingungen dafür sollen immer besser werden, wie die oben angesprochenen Modellprojekte zeigen. Vielleicht überlegt sie sich, ob Jörg sie mit dem Kind sitzen lassen und es dann für sie sehr schwer werden wird – als alleinerziehende Mutter. Sie spürt die Verantwortung, für das Kind sorgen zu müssen, im schlimmsten Fall alleine. Beispiele dafür gibt es genug.

Weiterhin überlegt sie sich, ob Jörgs Studium später in einen guten Job münden wird. Sie schätzt also bewusst – oder auch weniger bewusst – ab, welchen gesellschaftlichen Status und welche finanziellen Mittel ihr Freund später einmal haben wird. Doch meist sind diese Gedanken irgendwie verschwommen und eher von Hoffnung und guter Laune getragen als von kleinkariertem Bewerten.

Jörgs Gedanken sind im Grunde ähnlich, drücken allerdings eine völlig andere emotionale Situation aus. Auch er überlegt sich, welchen Job er wohl mal bekommen wird und ob sein Verdienst zumindest eine Zeit lang ausreichen wird für ihn, Britta und ihr gemeinsames Kind. Deshalb will er auch, dass Britta ihr Studium abschließt – trotz oder gerade wegen des Kindes. Nur so kann er sicher sein, dass sie später einmal fähig sein wird mitzuverdienen. Dass er sein eigenes Studium erfolgreich beenden muss, und zwar möglichst schnell, ist ihm sowieso klar. Er spürt die Verantwortung, die auf ihn zukommt, wenn er als junger Vater in die Versorgerrolle rutscht, ohne ihr als Student wirklich gerecht werden zu können.

Da sich Britta und Jörg ihre Hoffnungen und Ängste offenbaren, können sie sich gegenseitig beruhigen: Er schwört ihr, dass sie die schönste Frau sei, die er je kennengelernt hat, und dass er noch nie so glücklich war in seinem ganzen Leben. Er werde sie nie verlassen, das wisse er genau. Sie dagegen verspricht ihm, die finanzielle Last mitzutragen und in dieser Hinsicht keine übertriebenen Erwartungen an ihn zu haben. Falls er nach dem Studium erst einmal arbeitslos sein sollte, werde sie versuchen, das Geld für die Familie zu verdienen. Lieben werde sie ihn immer, egal was passiert, das spüre sie. So werden beide glückliche junge Eltern – hoffentlich.

»Marktwertanalyse«

Unter den Aspekten des archaischen Beuteschemas betrachtet, hat Britta nicht nur sehr verliebt, sondern auch sehr klug gehandelt. Sie steht auf dem Höhepunkt ihres »Marktwertes« in der Partnerbörse: Sie ist jung, attraktiv und fruchtbar. David M. Buss kommt in seiner Untersuchung an 37 Kulturen auf ein von Männern geäußertes Wunschalter der Frau von etwa 25 Jahren, Karl Grammer erhält in einer eigenen Studie den gleichen Wert. Wobei Grammer diesen Wert damit begründet, dass Frauen Mitte 20 sehr nah »an der höchsten Fertilitätszone«, also besonders fruchtbar, sind.

Natürlich ist Britta auch charmant und intelligent, sie verunsichert aber noch keinen Mann mit einem hohen gesellschaftlichen Status, den er glaubt übertreffen zu müssen. Ihr Freund Jörg ist als Student dagegen keineswegs auf dem Gipfel seines »Marktwertes« angekommen, den erreicht er erst einige Jahre später, vorausgesetzt, er ist im Beruf und dadurch auch hinsichtlich seines Status deutlich aufgestiegen. Britta wird im Gegensatz zu ihrem Freund mit dem Abschluss des Studiums und dem Erringen einer guten beruflichen Stellung für das andere Geschlecht keineswegs attraktiver, eher im Gegenteil.

Sie hat also in guten Zeiten partnerschaftlich und familienpolitisch vorgesorgt. Zehn Jahre später würde alles schon deutlich anders aussehen: Für Jörg wäre die Zahl der in Frage kommenden Partnerinnen dann deutlich gestiegen, für Britta hätte sie abgenommen. Er hätte noch genügend Zeit, Vater zu werden, bei ihr würde es langsam eng. Auch würde sie sich deutlich schwerer tun als noch vor zehn Jahren, einen etwa gleichaltrigen Mann als Partner zu finden.

Karl Grammer postuliert: »Je älter der Mann wird, umso jünger sollte die Frau sein. Dies gilt nicht für Frauen.« Studien belegen das. Grammer weiter: »Auch eine Betrachtung der Scheidungsrate weist in eine ähnliche Richtung. Männer im Alter von 29 Jahren werden häufiger von gleichaltrigen Frauen geschieden und heiraten dann Frauen, die drei bis fünf Jahre jünger sind als sie selbst.« In einer anderen Studie wurden Paare in Shoppingcentern beobachtet. Dabei stellte sich heraus, dass Männer, die über 39 Jahren alt waren, in der Regel mit etwa sechs Jahre jüngeren Frauen unterwegs waren. Jüngere Männer dagegen mit gleichaltrigen Frauen.

Was für Männer gut ist, kann für Frauen schlecht sein

Frauen studieren inzwischen genauso wie Männer, um anschließend einen guten Beruf ergreifen zu können. Bei der zeitlichen Planung von Familie und Kindern ist es für studierende Frauen aber nicht unbedingt sinnvoll, es den Männern gleichzutun, denn die meisten Männer verschieben die Familiengründung in die Zeit nach dem Studium. Hier ist eine neue Ungerechtigkeit für die Frauen entstanden, denn sie manövrieren sich in eine deutlich schlechtere Position bei der Partnerwahl, wenn sie, wie die meisten ihrer männlichen Studienkollegen, erst einmal den beruflichen Ein- und eventuell auch Aufstieg abwarten, bevor sie an die Familiengründung denken.

Natürlich muss jede Frau für sich selbst entscheiden, wozu sie bereit und fähig ist, ob sie den richtigen Partner bereits gefunden hat und ihre eigene emotionale Entwicklung zu der zusätzlichen Rolle als Mutter passt. Die Frauen können auch klare Signale an die Männer aussenden, dass sie ihnen nicht die alleinige Versorgerrolle überlassen wollen. So lassen sich die Männer dafür gewinnen, ihrerseits ihre zeitliche Lebensplanung zu überdenken. Wenn dann *Studium* und Familie schon erfolgreich kombiniert wurden, stellt die Vereinbarkeit von *Beruf* und Familie die Eltern vor keine neuen Anforderungen. Gewinnen können dadurch beide – und die Kinder dazu.

Vom Standpunkt des »Marktwertes« aus kann es allerdings auch für die Männer von Vorteil sein, schon während des Studiums eine feste Partnerschaft einzugehen und eine frühe Elternschaft anzustreben. Denn sobald die Männer nicht beruflich aufsteigen, sondern beispielsweise arbeitslos werden oder auf der Stelle treten, sind sie im Gegensatz zu arbeitslosen Frauen in einer sehr prekären Situation: Ihr Marktwert sinkt an der Partnerbörse rapide!

Wie attraktiv ist ein arbeitsloser Mann?

Wie maßgeblich das archaische Beuteschema unsere Beurteilung eines anderen Menschen beeinflusst und wie wichtig es ist, diese Beurteilung immer wieder zu hinterfragen, verdeutlicht folgendes Gedankenexperiment:

Stellen Sie sich vor, Sie suchen noch den Mann fürs Leben und lernen auf einer Party ein nettes Exemplar kennen. Leider erzählt er Ihnen, dass er schon seit längerer Zeit arbeitslos sei. Das, was daraufhin mit Ihren Gefühlen passiert, stört Sie womöglich selbst: Sie merken, wie dieser nette Mann gerade dabei ist, durch das Raster Ihres archaischen Beuteschemas zu fallen. Zwar lassen Sie sich nichts anmerken und unterhalten sich weiter mit ihm, Ihre Blicke schweifen aber mehr und mehr auch zu den anderen Männern im Raum. Gerade überlegen Sie sich, wie Sie sich möglichst höflich verabschieden können, als Ihnen eine sehr attraktive Frau auffällt, die gerade erst den Raum betritt und suchend umherschaut.

Dann trifft der Blick dieser Schönen auf Ihr Gegenüber, und ein Lächeln lässt ihr Gesicht erstrahlen. Die Frau kommt auf Sie beide zu, Ihr arbeitsloser Gesprächspartner hat sie inzwischen ebenfalls bemerkt und wendet sich ihr zu. Beide umarmen sich zärtlich, küssen sich leicht auf den Mund, und Sie nehmen einige Wortfetzen wahr, die kurz und leise zwischen den beiden hin und her gehen. Sie fragt ihn nach den Kindern und ob denn alles gut geklappt habe mit der Babysitterin, worauf er beruhigend die Augen schließt und nickt. Sie murmelt noch eine Entschuldigung, dass es wieder mal später geworden sei, worauf er nur leicht den Kopf schüttelt und sie anlächelt. Dann tauchen beide aus ihrer kurzen Intimität wieder auf.

Ihr netter Gesprächspartner stellt Sie locker, aber höflich seiner attraktiven Ehefrau vor. Sie erfahren im Laufe des weiteren Geplauders zu dritt, was Sie inzwischen sowieso schon wissen: Sie arbeitet und verdient das Geld, und er kümmert sich um die Kinder, bemüht sich jedoch um einen beruflichen Wiedereinstieg. Sie findet, dass er ein wunderbarer Vater ist, unterstützt ihn aber auch bei seinen beruflichen Bemühungen. Schmunzelnd bemerkt sie, dass er von ihr aus gerne weiter zu Hause bleiben und sie und die Kinder umsorgen könne – denn beides könne er phantastisch.

Was ist da mit Ihrem Beuteschema passiert? Bleibt dieser Mann noch genauso uninteressant, oder gewinnt er plötzlich an Wert und kommt auf einmal doch in Frage? Gibt es nicht auch Regungen in Ihnen, die sich wie Neid anfühlen:

Neid auf die attraktive Frau, die da an seiner Seite steht und der es mit ihm offensichtlich sehr gut geht. Was muss dieser Mann für Qualitäten haben, so eine gut aussehende Frau als Partnerin bekommen zu haben?

Experimente belegen, was im Grunde schon jeder weiß: Männer werden auch nach der Attraktivität ihrer weiblichen Begleitung beurteilt. Es ist wissenschaftlich belegt, dass ein Mann als positiv und als erfolgreich angesehen wird, wenn er sich in Begleitung einer gut aussehenden und jungen Frau befindet.

Sie merken vermutlich, dass dieser Mann durch den Auftritt seiner attraktiven Frau auch in Ihrem Ansehen deutlich gestiegen ist, obwohl er noch genau derselbe ist wie vorher. Und Sie merken, wie brüchig und oberflächlich die Beurteilung eines Menschen sein kann, wenn man sein archaisches Beuteschema frei walten lässt, ohne es zu hinterfragen.

Der Arbeitslose und das Elterngeld

Bisher gilt nach wie vor: Erfolg macht Männer sexy und Frauen einsam – und umgekehrt: Der arbeitslose Mann, sei er auch ein gut ausgebildeter Akademiker, tut sich in der Regel schwer, eine Partnerin zu finden.

Wenn sich eine Frau ein Kind wünscht, müssen wir nicht unbedingt gleich das archaische Beuteschema bemühen, um dieses Verhalten zu erklären. Es reicht der natürliche Wunsch der Frau, sich dem Neugeborenen länger als ein paar Wochen zu widmen. Studien belegen, dass (deutsche) Frauen ihr Baby gerne mindestens sechs Monate stillen und insgesamt circa ein Jahr Zeit haben wollen, um es zu betreuen, zu genießen und um ihm die mütterliche Wärme und Liebe zu geben, die es ihrer Meinung nach braucht. Keine noch so emanzipierte und partnerschaftlich orientierte Frau möchte dieses erste Jahr mit dem Kind fast komplett dem Vater überlassen.

Natürlich wünscht sie sich, dass er mithilft, ist sie stolz, wenn er wickeln und dem Baby die Flasche geben kann, und lobt sie ihn, wenn er nachts mit dem schreienden Nachwuchs wiegend auf und ab geht. Aber wenige Wochen nach der Geburt wieder voll ins Erwerbsleben einsteigen, weil sonst das Geld für die Miete fehlt, das wollen die wenigsten Mütter. So war bisher der arbeitslose Mann, der dieses Szenario unabsichtlich heraufbeschwor, der Mann ohne Geld, aber mit Zeit, als potenzieller Vater unattraktiv.

Mit dem neuen Elterngeld hat sich da einiges geändert. Die allein verdienende Frau kann nun bis zu zwölf Monate zu Hause bleiben, auch wenn der (eventuell arbeitslose) Mann und Vater ebenfalls zu Hause ist. In dieser Zeit kann sie stillen und abstillen, Krabbel- und Pekip-Gruppen mit ihrem Baby besuchen, sich mit anderen Müttern über jede neue Entwicklung und Entdeckung ihres Kindes austauschen – kurz: Sie kann alles tun, wonach es eine Mutter (und auch viele Väter) nach der Geburt eines Kindes verlangt. Sie kann sich solange als »gute« Mutter fühlen, solange die bis zu 1800 Euro Elterngeld pro Monat reichen, maximal ein ganzes Jahr. Danach muss sie allerdings wieder arbeiten und Mann und Kind versorgen.

Das alles war bisher nicht möglich: Eine allein verdienende Mutter mit Hausmann musste sieben Wochen nach der Geburt wieder arbeiten gehen, wenn sie ihre Familie vor dem Sozialamt bewahren wollte. Demnach konnte sie nie so richtig in ihrer Mutterrolle aufgehen oder zumindest nur sehr kurz. Deshalb entschieden sich viele Frauen meist von vornherein gegen ein Kind oder gleich gegen den arbeitslosen Mann und gegen diese Beziehungskonstellation, die ihnen kein entspanntes Muttersein ermöglichte.

Dieser Aspekt des neuen Elterngeldes wurde bisher keiner einzigen Erwähnung wert befunden, weil alle stets automatisch davon ausgehen, dass der Mann der Besserverdienende ist, dass also das archaische Beuteschema in jeder Beziehung greift. Ich vermute dennoch, dass trotz des neuen Elterngeldes die arbeitslosen Männer nicht zu Bestsellern im Beziehungsmarkt bei Karrierefrauen mit Kinderwunsch werden. Aber vielleicht überlegt es sich die eine oder andere, wenn die Alternative ein kinderloses Leben ist und damit ein Älterwerden ohne Nachwuchs, ohne eigene Familie.

In New York wird zwar kein Elterngeld gezahlt, aber Steve und Miranda von *Sex and the City* haben es vorgemacht, wie so eine Beziehung längerfristig funktionieren kann: Sie hat das Geld – und er die Zeit.

Denken Sie an das Wohl Ihrer zukünftigen Kinder! Die brauchen nicht unbedingt einen Ernährer, die begnügen sich auch mit einer Ernährerin, dafür brauchen sie aber Zuwendung und Zeit. Wenn Sie lieber Karriere machen wollen, dann kann Ihren Kindern nichts Besseres passieren, als einen Papi zu haben, der viel und gerne zu Hause ist, denn außer schwanger werden und stillen können Männer wirklich alles, was Kinder betrifft.

Archaisches Beuteschema oder wahre Liebe

In meiner Praxis mache ich häufig die Erfahrung, dass Frauen zwar gemäß ihres archaischen Beuteschemas Männer mit höherem Status, meist also mit gutem Beruf, bevorzugen, sie ihre so erwählten Partner dafür aber keineswegs automatisch bewundern oder lieben. Sie lieben ihre Männer vielmehr für ganz andere Eigenschaften, Fähigkeiten oder Angewohnheiten. Wenn sie dann vor die Wahl gestellt werden, bevorzugen sie fast immer den Mann mit dem hohen Status und verlassen denjenigen, den sie gut finden, bewundern oder sogar lieben, sofern er dem anderen im Status (deutlich) unterlegen ist.

Das mag pragmatisch, gefühllos und sogar berechnend wirken, ist jedoch nichts weiter als eine Folge ihres archaischen

Beuteschemas. Opfer ist vordergründig der Mann, aber in Wirklichkeit die Frau selbst, falls sie tatsächlich ihre große Liebe für den reichen Ernährer verlässt, denn die Liebe verleiht dem Leben einen Sinn, Geld allein nicht. Gerade gut verdienende Frauen könnten es sich durchaus leisten, romantisch ihren Gefühlen nachzugeben, und zwar ohne Rücksicht darauf, wie gefüllt die Brieftasche des Begehrten eigentlich ist.

Wie gesagt, sie brauchen nur *ein* Kriterium in ihrem Beuteschema zu streichen, nämlich »Status« bzw. »Geld«. Dafür können sie ihre anderen Kriterien schärfen und ausbauen. Studien zufolge wünschen sich gerade beruflich erfolgreiche Frauen – abgesehen vom Status – einen künstlerisch begabten und intelligenten Partner mit einer aufregenden Persönlichkeit, der emotionale Wärme ausstrahlt. Das sind im Übrigen genau die Punkte, die einen Menschen sympathisch, liebenswert und einzigartig machen!

Natürlich wollen Sie Ihren Partner bewundern können. Natürlich wollen Sie Ihren Freundinnen erzählen können, was Sie an ihm so lieben, welche Eigenschaft und welche Angewohnheit Sie so gerne an ihm mögen. Natürlich brauchen Sie auch das Gefühl, dass *er* von etwas begeistert ist, dass *er* für etwas »brennt«. Natürlich heben gerade dann in Ihrem Bauch die Flugzeuge ab, wenn er Ihnen etwas zeigt, das Sie erstaunt, wenn er etwas kann, das Sie begeistert, oder wenn er mit Ihnen etwas tut, das Sie tief berührt. Suchen und finden Sie den Mann, der Ihnen all das geben kann – und vergessen Sie sein Geld und seinen Status!

Die nächsten beiden Übungen sollen Ihnen helfen, genau diesen Mann zu finden.

»Was mir an ihm gefällt« – eine Übung

Nehmen Sie sich in Gedanken all diejenigen Männer der Reihe nach vor, die Sie gut kennen, die jedoch in keinem Fall für Sie als Partner in Betracht kommen. Das sind vermutlich Männer Ihrer näheren oder auch ferneren Verwandtschaft, Männer, die aufgrund ihres niedrigen oder hohen Alters ganz klar als Partner ausscheiden, Männer, die bereits vergeben sind, und Männer, die aus anderen Gründen, die eventuell nur Sie kennen, nicht als Partner für Sie geeignet sind. Stellen Sie sich einen Mann nach dem anderen vor, und konzentrieren Sie sich ausschließlich auf die guten Seiten. Überlegen Sie sich, was Sie an jedem einzelnen mögen und sympathisch finden, was Sie vielleicht an ihm bewundern, wovon Sie sogar begeistert sind und warum Sie ihn gerne wiedersehen möchten. Schreiben Sie alles, was Ihnen Gutes und Besonderes zu diesen Männern einfällt, auf ein Blatt Papier.

Es ist nicht wichtig, dass Ihre Aufzeichnungen nach Männern oder Eigenschaften geordnet sind, sondern vielmehr, dass Sie sich dabei selbst besser kennenlernen: Welche Eigenschaften eines Mannes finde ich gut, sympathisch oder bewundernswert, wenn ich die Brille der Partnersuche, die Brille meines Beuteschemas, ablege? Was spricht mich wirklich bei einem Mann an, wenn ich mir nicht gleichzeitig (bewusst oder unbewusst) überlege, ob er für mich als Partner geeignet wäre? Sobald Sie Ihr Blatt vollgeschrieben haben, kann es weitergehen.

Ihr persönlicher Schlüsselsatz – eine Übung

Stellen Sie sich nun vor, Sie kommen auf der Geburtstagsfeier einer Freundin mit einem Mann ins Gespräch, den Sie sehr sympathisch finden. Sie beginnen, sich zu unterhalten. Erst geht es um alle möglichen Dinge, doch irgendwann wird Ihr netter Gesprächspartner auch über seine Arbeit reden. Vielleicht denkt er sogar, er müsse Ihnen etwas darüber erzählen, damit Sie ihn besser einschätzen können.

Welchen Satz brauchen Sie, um das zu verhindern? Was

müssen Sie sagen, um zu erfahren, ob er etwas hat, kann oder tut, was Sie wirklich gut an ihm finden können? Wie können Sie herausfinden, ob er eine der Eigenschaften, Fähigkeiten oder Angewohnheiten hat, die Sie auf Ihr Blatt in Übung 1 notiert haben?

Sie könnten zum Beispiel sagen: »Erzähl mir doch lieber, was dich interessiert oder begeistert. Das muss nicht unbedingt deine Arbeit sein.« Vielleicht ist es auch der Satz: »Bitte, reden wir nicht über den Alltag! Ich schlage dir was vor: Erst erzähle ich dir, was mich in letzter Zeit beeindruckt, begeistert oder überrascht hat, und dann bist du dran.« Eine andere, sehr kurze Möglichkeit wäre auch: »Was machst du eigentlich, wenn du nicht arbeitest?«

Wichtig ist, dass Sie keinen dieser Beispielsätze fraglos übernehmen, sondern dass Sie Ihre eigenen Worte finden! Nur wenn es wirklich Ihr Satz ist, wird er auch echt und authentisch wirken. Bitte schreiben Sie sich diesen Satz auf, und merken Sie sich ihn. Üben Sie diesen Satz ruhig einige Male laut. Sprechen Sie ihn auch tatsächlich einem Mann gegenüber aus, wenn es die Situation »erfordert«. Dieser Satz wird Ihnen helfen herauszufinden, ob dieser Mann etwas hat, wofür Sie ihn mögen, bewundern, vielleicht sogar lieben können, wenn Sie den »Status« aus Ihrem Beuteschema gestrichen haben. Nebenbei werden Sie diesem Mann auch selbst sympathisch, genauso sympathisch, wie Ihnen ein Mann sein wird, bei dem Sie merken, dass er neugierig ist auf Sie, auf eine Eigenschaft von Ihnen, für die er sich begeistern, die er sogar bewundern kann – wenn er sich also nicht nur für Ihr Aussehen interessiert und Sie ausschließlich danach beurteilt.

Eine meiner Patientinnen brachte es wunderbar auf den Punkt: *Wenigstens in einem sollte er mir überlegen sein, wenigstens für eine Sache, die er kann, will ich ihn bewundern können. Das muss nicht das Geldverdienen sein, das interessiert mich nicht, das kann ich selbst. Ich versuche, diese Überlegenheit meines Partners, diese Bewunderungswürdigkeit, die ich an ihm sehe, so zu kultivie-*

ren, dass ich sie ganz genießen kann. Zum Beispiel geht bei mir die Liebe durch den Magen. Bei einem Mann, der gerne, hingebungsvoll und gut kocht, werde ich schnell schwach. Mir geht es nicht um das Was, sondern um das Wie: In einen begeisterten Taxifahrer, der voll und ganz in seiner Arbeit aufgeht, dem sein Job einfach Spaß macht und der mich das auch spüren lässt, kann ich mich verlieben, aber niemals in einen frustrierten Arzt. Mir ist wichtig, mit wie viel Spaß und Einsatz ein Mann seine Arbeit macht, egal welche. Ich kann es mir leisten, das ewige Statusgehabe der Männer zu belächeln. Mein Geld verdiene ich selber, meinen Mann suche ich mir nach der Liebe aus, nicht nach dem Geld.«

In sechs Schritten zum modifizierten Beuteschema

Zur Erinnerung und Verdeutlichung dessen, was ich Ihnen in diesem Kapitel vermitteln wollte, fasse ich die einzelnen Schritte noch einmal kurz zusammen:

1. Schritt:
Verschaffen Sie sich über Ihr eigenes Beuteschema Klarheit: Wie archaisch, emanzipiert oder individuell ist es?

2. Schritt:
Finden Sie Antworten auf die folgenden Fragen: Was fordert die eine innere Stimme, die zu meinem archaischen Beuteschema gehört, und was die andere innere Stimme, die zu meinem modernen und emanzipierten Ich gehört? Fordern diese beiden inneren Stimmen eventuell völlig unterschiedliche Dinge, insbesondere wenn es um Männer geht? Welche Personen verstärken diese inneren Stimmen von außen?

3. Schritt:
Werden Sie sich bewusst, dass Sie eine Königin sind und ein

Land regieren, das Ihren Vornamen trägt! Sie spüren, dass sie die Macht, das Recht und die Pflicht haben, die inneren Stimmen und die äußeren »Verstärker« in ihre Grenzen zu weisen. Ab sofort lassen Sie keine Forderungen mehr an Sie zu, sondern nur noch Angebote. Diese Angebote an Sie können Sie annehmen, ablehnen, oder Sie können einen Kompromiss eingehen. Die Verantwortung dafür liegt allein bei Ihnen.

4. Schritt:
Jetzt sind Sie bereit, auch die Forderungen, die Sie an Ihren zukünftigen Partner richten, durch Angebote zu ersetzen. Dadurch erkennen Sie sehr eindrücklich, welchen besonderen Wert Sie für einen Mann darstellen, wie glücklich sich ein Mann schätzen kann, Sie als Partnerin zu gewinnen.

5. Schritt:
Mit dieser inneren Haltung können Sie sich auf die Suche nach einem passenden Partner machen. Sie haben sich zwar nicht ganz von Ihrem Beuteschema befreit, Sie können es aber modifizieren. So werden Sie auch Männer kennenlernen, die früher durch Ihr Raster gefallen wären. Sie wissen, was Sie den Männern anzubieten haben, und Sie achten darauf, was die Männer Ihnen anbieten.

6. Schritt:
Erkennen Sie den neuen, sehr großen Vorteil, den Ihre berufliche Stellung und Ihre finanzielle Unanhängigkeit mit sich bringen: Sie sind in der glücklichen Lage, sich einen Mann auszusuchen, in den Sie sich wirklich verlieben können, weil er genau das hat, was Sie an einem Mann gut finden – ohne sich durch Gedanken stören zu lassen, die sich um sein Geld und seinen Status drehen.

Was müssen die Männer tun?

»Neue« Frau sucht »neuen« Mann

Vielleicht gehören auch Sie bald zu dem Typus der »neuen Frau«, den es in Zukunft immer mehr geben wird. Er wird ebenfalls von der im vorangegangenen Kapitel zitierten Patientin repräsentiert, die sich zwar in einen begeisterten Taxifahrer, aber nie in einen frustrierten Arzt verlieben könnte. Sie ist eine starke Frau und sucht auch einen starken Mann. Allerdings definiert sie die Stärke des Mannes jenseits des gängigen Beuteschemas. Sein gesellschaftlicher Status, sein Beruf und sein Geld interessieren sie wenig, dafür achtet sie auf Eigenschaften, die sie wirklich begeistern und mitreißen. Sie sucht nach Fähigkeiten, die sie tatsächlich an ihrem Partner bewundern kann.

Jetzt stellt sich natürlich die Frage, ob denn nur die Frauen ihr Beuteschema modifizieren müssen, oder ob es nicht auch an den Männern ist, ihr Beuteschema zu überdenken, gerade wenn sie eine Frau suchen, mit der sie eine Familie gründen wollen.

Was für die Frauen der Status der Männer ist, das ist für die Männer die Attraktivität der Frauen. An diesem Hauptkriterium der Männer wird sich aber erst einmal nicht viel ändern. Natürlich müssen die Männer heutzutage nicht mehr nur den jungen Frauen zwischen Anfang und Mitte 20 hinterherlaufen. Doch das tun sie auch gar nicht mehr so häufig. Frauen zwischen 30 bis Anfang 40 sind für Männer, die noch Kinder wollen, durchaus sehr attraktiv, nicht nur aufgrund der kleinen Wunder der Kosmetikindustrie, sondern weil sie mit diesen Frauen durchaus noch Kinder bekommen können. Da spielen die größeren Wunder der Reproduktionsmedizin, sprich: die immer ausgefeilteren Methoden der künstlichen Befruchtung, die auch Frauen deutlich jenseits der 40 noch ein Muttersein ermöglichen, eine nicht unbedeutende Rolle.

Damit sind wir auch schon beim Kern des Problems: Männer werden ihre Vorliebe für fruchtbare, also vergleichsweise junge und attraktive Frauen, kaum überwinden, weil sie selbst keine Kinder bekommen können. Für Kinder braucht der Mann nach wie vor die Frau, deswegen werden sich die Kriterien, die sich von der Fruchtbarkeit der Frau ableiten, nicht verändern. Die Frau dagegen braucht den Mann nicht mehr unbedingt als Ernährer für sich und ihre Kinder, weil sie inzwischen selbst als Ernährerin der Familie fungieren kann. Deshalb kann sie bei dem Kriterium »Status« bzw. »Geld« heute schon etwas verändern.

Das heißt jedoch nicht, dass sich die Männer zurücklehnen dürfen und die Frauen, wie so oft üblich, die ganze (Beziehungs-)Arbeit leisten müssen. Allerdings ist das, was die Männer dazu beitragen können, dass eine »neue« Frau mit einem »neuen« Mann eine Familie gründen kann, für sie erst einmal fremd und ungewohnt. Für manche Männer ist es wahrscheinlich genauso undenkbar wie für manche Frauen, ihr Beuteschema zu modifizieren.

Gerade wenn Sie als Frau auch die Schwierigkeiten und Ängste der Männer verstehen lernen, welche die »neuen« Rollen mit sich bringen, werden sie sich umso leichter tun, ein Exemplar für sich zu gewinnen, falls sie noch eines suchen. Daher möchte ich Sie dazu einladen, einmal einen Blick in die Männergefühlswelt zu wagen, einen Blick über den Zaun in Nachbars Garten.

Was muss also der Mann tun, der zu der »neuen Frau« passt? Sein archaisches Beuteschema muss er wie gesagt deutlich weniger modifizieren als sein weibliches Pendant. Das Kriterium

»gesellschaftlicher Status« könnte ihm zwar zu schaffen machen, denn es ist gut möglich, dass er seiner Partnerin darin unterlegen ist, obwohl sein Beuteschema ihm eigentlich eine Frau empfiehlt, die er im Status übertrifft. Viel wichtiger ist für ihn jedoch, dass er sie attraktiv und anziehend findet.

Trotzdem wird er Probleme bekommen, sofern seine Partnerin tatsächlich den besseren Beruf hat und deutlich mehr verdient als er – oder wenn er sogar arbeitslos ist. Der Grund: Sollte er mit dieser Frau eine Familie gründen und Kinder großziehen, dann rutscht er automatisch in Rollen, die bisher hauptsächlich die Frauen übernommen haben: Er wird länger als sie Elternzeit nehmen, er wird – je nach Kinderkrippen- und Kindergartenangebot – halbtags oder erst einmal gar nicht arbeiten, und er wird hauptamtlich für den Haushalt zuständig sein – und nicht sie. Denn diese Tätigkeiten übernimmt nicht automatisch die Frau, sondern meist derjenige, der weniger verdient. Kurz: Der Mann läuft Gefahr, die Rolle des Vaters und Hausmannes halb- oder ganztags zu übernehmen, womöglich sogar für Jahre.

Wie männlich ist ein Hausmann?

Warum ist es für einen Mann gefährlich, weibliche Rollen zu übernehmen? Was fühlen Männer, wenn sie typische Frauenrollen übernehmen, und was Frauen in Männerrollen? Gibt es da einen Unterschied? Und wenn ja, welchen?

Dazu ein kleiner Exkurs: Eine »artgerechte Haltung« von Männern ist in unserer modernen Gesellschaft schon lange nicht mehr möglich. War es die Erfindung der Dampfmaschine, des Fließbandes oder die des Otto-Motors? Ich weiß es nicht! Vielleicht war es erst die Servolenkung, die schließlich auch in der letzten Männerdomäne, dem Auto, jede Kraftanstrengung überflüssig gemacht hat. Jedenfalls ist die körperliche Ausstattung eines Durchschnittsmannes mit entsprechender Größe und Muskelmasse, die ihn ursprünglich befähigte, Mammuts zu jagen und Ackerschollen zu wenden, nur mehr im Ausgleichssport und bei der Partnerwahl wichtig. Für den Berufsalltag benötigt er diese Überbleibsel aus längst vergangener Zeit normalerweise nicht mehr.

Was die meisten Männer heutzutage tun, kann kaum mehr als spezifisch männlich gelten. Der monotone Büroalltag, die endlosen Sitzungen, das Ausfüllen von Formularen und der hypnotische Blick auf den Bildschirm, das alles macht den Mann ganz sicher nicht zum Mann.

Dagegen erscheint die Tätigkeit eines Vaters und Familienmanagers (um nicht zu sagen Hausmannes) geradezu archaisch männlich. Das Einzige, was diese Tätigkeiten in den Augen der Männer diskreditiert, ist die Tatsache, dass sie als typisch weiblich gelten. Männer wollen nun mal um alles in der Welt nicht weiblich wirken. Das ausführlich zu erklären würde zu weit führen. Daher hier nur so viel: Die Definition von »Männlichkeit« ist ein Konstrukt. Sie ist größeren Schwankungen unterworfen als die Definition von »Weiblichkeit« (wie die derzeitige Diskussion über den Mann und die Männlichkeit beweist). Es gibt aber eine uralte und sehr einfache Definition, auf die man immer zurückgreifen kann: »Männlich« ist das, was *nicht* »weiblich« ist. Das gilt aber nicht umgekehrt. Was »weiblich« ist, wird zum großen Teil über die verschiedenen Rollen der Frau im Rahmen einer Mutterschaft abgesichert. Die pure Negierung von »Männlichkeit« fällt dabei weit weniger ins Gewicht.

Daher geht es den Frauen beim weiblich-männlichen Rollenwechsel anders als den Männern. Die Übernahme typisch männlicher Tätigkeiten, vom einfachen Reifenwechsel bis zur Führung einer großen Firma, ist bei Frauen weniger mit Angst oder Scham besetzt als bei Männern. Die Gefahr, dadurch automatisch ihre weibliche Identität zu verlieren, ist für sie eher gering. Ganz im Gegenteil, manche Frauen sind sogar richtig stolz darauf, mit den Männern gleichzuziehen.

Männer dagegen, die typisch weibliche Tätigkeiten übernehmen, stehen unter einem eigenartigen Erklärungszwang: Sie glauben, beweisen zu müssen, dass sie *trotzdem* noch männlich sind. Denn durch diese Tätigkeiten, ganz egal, welche es im Einzelnen sind, haben sie scheinbar einen Teil ihrer Männlichkeit eingebüßt. So ein Rollentausch kann für einen Mann daher durchaus ein existenziell bedrohliches Unterfangen sein. Für eine Frau ist er das normalerweise nicht.

Daher hat es der Mann, der sich in die »neue« Frau verliebt hat, alles andere als leicht. Dagegen mag ein ganztags arbeitender Familienvater, der nebenher noch bei Kindererziehung und Haushalt mithilft, zwar genervt und überfordert sein, seine Männlichkeit steht aber nicht auf dem Spiel. Anders bei dem Partner der »neuen« Frau. Es fällt ihm zunehmend schwer, sich und anderen sein Mannsein zu beweisen, je mehr er in die weiblichen Domänen eindringt. Christian Nürnberger, Ehemann von »heute«-Moderatorin Petra Gerster und Deutschlands wohl bekanntester Hausmann, berichtet von seinen Problemen: »Ich leide wie ein Hund, wenn am Gardasee eine fränkische Oma in die etwas abseits stehende Reisegruppe ruft: ›Allmächt, Hedwich, kumm amol hähr, da is die Bedra Gärschder und der danehm, dös is ihr angeheiradeder Ehemann.‹«

Weiter beschreibt er den Dialog, den er mit seiner Frau führte, als es um ihren gemeinsamen Kinderwunsch ging: »›Wer soll sich kümmern?‹, fragte sie. ›Wer, wenn nicht ich?‹, sagte ich. Das passte ihr gut in den Kram. Und sie bewunderte mich.«

Er drückt damit aus, was er braucht, um emotional zu überleben: Die Anerkennung seiner eigenen Frau. Denn die größte Angst für ihn ist, vor ihr als Mann nicht zu bestehen, und die größte Gefahr, von ihr als unmännlich angesehen zu werden. Denn er übernimmt Tätigkeiten, die von vielen Männern und vor allem von emanzipierten Frauen wenig geachtet werden und als unmännlich gelten. Im Grunde muss dieser Mann besonders selbstbewusst sein und ein sehr klares und starkes Gefühl für seine eigene Männlichkeit haben, um all das aushalten zu können.

Zu gut für ihn?

Madeleine Albright, die frühere amerikanische Außenministerin, beschreibt in ihrer Autobiografie einen sehr dunklen Tag in ihrem Leben. Es war im Jahr 1982 und Albright schon eine bekannte Politikerin. In Washington verunglückte eine U-Bahn, und ein Flugzeug stürzte ab – und sie wurde von ihrem Mann verlassen. Er wolle nicht mehr den »Prinzgemahl« spielen, so seine Begründung. Außerdem habe er eine jüngere Frau kennengelernt, mit der er ein neues Leben beginnen wolle. Interessanterweise meldete sich ihr Mann nach ein paar Monaten wieder: Er hoffe, den Pulitzer-Preis zu erhalten, berichtete er. Wenn er dann Preisträger sei, werde er zu ihr zurückkehren. »Er hat den Preis natürlich nicht erhalten«, schreibt Albright. Gut 15 Jahre später, im Jahr 1997, wurde sie die erste Außenministerin und bis dahin die mächtigste Frau in der Geschichte der USA.

Eine Hochschullehrerin, die anonym bleiben will, nimmt in einem Artikel in der *Zeit* die oben erwähnte Geschichte von Madeleine Albright als Aufhänger, um von ihrem eigenen Beziehungsschicksal und dem einiger Kolleginnen zu berichten. Alle hatten sie Männer, die wie sie selbst eine universitäre Karriere anstrebten, sämtliche Frauen überrundeten irgendwann ihre Partner und standen schließlich auf der Hierarchieleiter über ihnen. Alle wurden von ihren Männern verlassen, häufig genau dann, wenn die Frau den entscheidenden Karriereschritt geschafft hatte. Meistens gingen diese Männer – nach oder bereits vor der Trennung – eine Beziehung mit einer deutlich jüngeren Frau ein, die zu ihnen aufschaute, sie bewunderte.

In diesen Beispielen ist die viel beklagte Angst der Männer vor starken Frauen offensichtlich! Für manche Männer scheint es geradezu etwas Kastrierendes zu haben, wenn die Frau an ihrer Seite sie übertrumpft. Nur, wenn sie etwas noch Höherwertiges erreichen, zum Beispiel den Pulitzer-Preis verliehen bekommen, können sie die Beziehung mit ihrer erfolgreichen Frau fortführen. Andernfalls fühlen sie sich nicht als »richtiger Mann«. Sie brauchen dazu eine Frau, die sie bewundert, und suchen sich eine eben solche. Mit dieser neuen Frau werden die Rollen dann meist klassisch verteilt. Die verlassene Hochschullehrerin klagt: »Sie bekommt die Kinder, auf die wir verzichten mussten. Hans (ihr Exmann, Anm. d. Verf.) und sie bilden das Musterbild eines traditionell bürgerlichen Paares, das ohne Alters- und Statusunterschied nicht denkbar war.«

Ich stimme der Autorin dieses Artikels und vermutlich allen Frauen zu: Da fehlt es an männlichem Selbstbewusstsein!

Anhand dieser Beispiele wird jedoch auch klar, dass nicht unbedingt Kinder da sein müssen, um den im Status unterlegenen Mann einer erfolgreichen Frau mit neuen und ungewohnten Rollen zu konfrontieren. Auch ohne Kinder muss *er* Rücksicht nehmen auf *ihre* beruflichen Termine und Verpflichtungen und ist oft nur Begleiter seiner Frau bei Empfängen und anderen offiziellen Anlässen. Selbst wenn er kein Hausmann ist und sogar Vollzeit arbeitet, muss *er* im Extremfall seine Anstellung aufgeben und seiner Frau folgen, sollte *sie* einen Spitzenjob am anderen Ende Deutschlands erhalten.

»Prinzgemahl« ist auch Chemieprofessor Joachim Sauer, der mit seiner Frau, der Bundeskanzlerin Angela Merkel, keine Kinder hat. Diese Rolle scheint er, nach anfänglichem Zögern, immer selbstbewusster annehmen zu können, wie die NDR-Berichterstattung über den G8-Gipfel 2007 in Heiligendamm verrät: »Sauer brach (…) bewusst mit der Tradition, dass beim ›Damenprogramm‹ bei internationalen Treffen normalerweise Kunst und Kultur im Mittelpunkt stehen.

Der Direktor des Max-Planck-Instituts Rostock, James W. Vaupel, referierte vor den Damen der mächtigen Industrieländer über die Bevölkerungsentwicklung in den G8-Staaten.« Vorher hatte der Ehemann von Angela Merkel den Ehefrauen der G8-Staats- und Regierungschefs aber noch die malerischen Ecken von Mecklenburg-Vorpommern gezeigt. Auf dem abschließenden Gruppenbild mit sieben Damen wirkte Sauer sehr selbstbewusst und männlich.

Ein patriarchalisches Gesetz

Wenn ein Mann mit einer »neuen« Frau eine Partnerschaft eingehen und eine Familie gründen will, muss er auch berufliche Hürden überwinden. Wagen wir zuerst einen Blick in eine hoffentlich nahe Zukunft: Ein Mann kehrt nach sieben Monaten Elternzeit in seine Firma zurück. Dort wird ihm zum Empfang folgendes Fortbildungszeugnis überreicht:

Herr M. hat seine als Fortbildung angerechnete Elternzeit erfolgreich absolviert. Er hat seine emotionale Intelligenz in bewundernswerter Weise ausgebaut. Seine Fähigkeiten, sich gleichzeitig verschiedenen Anforderungen zu stellen und sie befriedigend zu erfüllen, haben sich deutlich verbessert. Situationen, die extrem stressbeladen waren, konnte er immer besser managen und zu einem guten Ausgang führen. Seine Kommunikationsfähigkeit steigerte er von einem eher niedrigen Ausgangsniveau auf ein überdurchschnittliches Niveau. Seine Selbst- und Fremdwahrnehmung wurden geschärft, er konnte im Rahmen der Fortbildung neue Rollen einnehmen und hat dadurch bisher brach liegende Fähigkeiten entdeckt und ausgebaut. Er hat sich hohe Kompetenzen in einem positiven Führungsstil sowie in motivierender Mitarbeiterführung erworben. Zusammenfassend hat er sich durch diese Fortbildung für Führungsaufgaben in unserem Unternehmen hoch qualifiziert, herausragende Fähigkeiten in der Mitarbeiterentwicklung erworben und dabei Potenziale gezeigt, die ihn für die spätere Über-

nahme höchster Leitungsverantwortung in unserem Unternehmen für geeignet und befähigt erscheinen lassen.

Die Unternehmensleitung
mit freundlicher Unterstützung der Frau und
der Kinder des Fortbildungskandidaten

Ich bitte alle weiblichen Führungskräfte, die bereits über 30 Prozent der Führungspositionen in Unternehmen besetzen, jedem männlichen Mitarbeiter, der in Elternzeit geht, jetzt schon dieses (oder ein noch besseres) Fortbildungszeugnis zu überreichen. Er hat es verdient! Seine männlichen Vorgesetzten werden seine Elternzeit voraussichtlich nicht als Fortbildung anerkennen, ganz im Gegenteil.

Das hat seine Gründe: Patriarchalische Strukturen, die in Unternehmen, Instituten, Parteien, Universitäten und Kliniken vorherrschend sind, funktionieren nach wie vor nach uralten ungeschriebenen Gesetzen. Eines davon lautet: *»Du musst dich den Anforderungen und dem Hierarchiesystem deines Arbeitgebers voll und ganz unterwerfen. In diesem System zu bestehen muss dir in deiner persönlichen Werteskala wichtiger sein als eine gute Beziehung zu deiner Frau und deinen Kindern. Zum Beispiel ist es besser, wenn dich deine Frau verlässt, weil du wegen deiner 60-Stunden-Woche keine Zeit mehr für sie hast und du deine Kinder kaum noch siehst, als wenn du ein Jahr lang nur halbtags arbeitest – im Rahmen einer Elternzeit. Wenn du das akzeptierst und auch durch dein Verhalten deutlich machst, darfst du in der Hierarchie aufsteigen. Die berufliche Karriere erhöht wiederum deine Erfolgschancen bei Frauen (gemäß dem archaischen Beuteschema). Suche dir also eine Frau, die dieses Gesetz und dein Verhalten akzeptiert. Dann werden du, deine Frau und eure gemeinsamen Kinder davon profitieren, denn du wirst nicht arbeitslos werden, sondern immer mehr Geld verdienen.«*

Erstmals begegnete ich diesem Gesetz kurz nach dem Studium. Ich hatte mich in einer Universitätsklinik um eine

Stelle als Assistenzarzt beworben. Der Chefarzt fragte mich im Vorstellungsgespräch, ob ich denn eine feste Freundin oder Ehefrau hätte. Als ich wahrheitsgemäß verneinte, atmete er erleichtert auf und meinte, es tue ihm immer sehr leid, wenn er das junge Glück einer Beziehung oder Ehe zerbrechen sehe, weil seine Assistenzärzte so extrem viel arbeiten müssten. Kaum eine Beziehung würde das überstehen, kaum eine Partnerin würde all das ertragen und akzeptieren. Wenn ich später einmal Facharzt sei, könne ich immer noch eine Familie gründen.

Im Grunde forderte er die komplette Aufgabe des Privatlebens zu Gunsten von Arbeit und Karriere in seiner Klinik, vorgeblich zu meinem, aber natürlich auch zu seinem Nutzen. Eigentlich hätte ich sofort aufstehen und das Vorstellungsgespräch beenden müssen. Ich blieb dagegen fassungslos sitzen. Die Stelle habe ich trotzdem nicht bekommen, Gott sei Dank!

Der Familienvater als idealer Arbeitnehmer

Zugegeben, das war ein Extremfall. Verheiratete Männer mit Kindern sind normalerweise beliebte Mitarbeiter, weil sie sehr motiviert sind und sich viel gefallen lassen. Sie müssen schließlich die Familie versorgen, und dafür schlucken Familienväter so einiges, sind sehr berechenbar und strebsam. Dafür werden sie auch bei Beförderungen bevorzugt behandelt und oft zum Beispiel einer gleich qualifizierten Frau vorgezogen. Studien belegen, dass Familienväter, die Kinder ernähren müssen, im Beruf besonders stark nach Macht streben. Ein Familienoberhaupt mit Kindern versucht eifriger, sein Familieneinkommen zu maximieren, wenn es dieses Einkommen für den Lebensunterhalt seiner Kinder benötigt. Die Motivation für dieses Verhalten erhält der Mann von seiner

Frau: Sie muss ihm eine enge Bindung und eine stabile Beziehung bieten.

Wenn sich also ein Mann dem oben beschriebenen, patriarchalischen Gesetz unterwirft, kann er getrost eine Familie gründen, allerdings mit alter Rollenverteilung der Geschlechter – so könnte man denken.

Patriarchat in Zeiten der Globalisierung

Nur gilt dieses Gesetz, das die Unterwerfung unter patriarchalische Strukturen fordert, dafür aber auch Sicherheit und Aufstiegschancen bietet, in Zeiten der Globalisierung nicht mehr. Zwar wird mehr denn je die totale Anpassung an die Bedingungen des Arbeitsgebers und an die Zwänge der globalen Ökonomie gefordert – von persönlicher Flexibilität und Mobilität bis hin zu Lohndumping und immer längeren Arbeitszeiten. Damit erkauft man sich jedoch keinen sicheren Arbeitsplatz mehr, der eine sichere Familiengründung ermöglicht. Ganz im Gegenteil.

Firmenfusionen und -zerschlagungen, Turbulenzen an den Aktienmärkten und unfähige Manager lassen die Arbeitnehmer zur unbedeutenden Verfügungsmasse werden, deren Wohl keinem Vorstandsvorsitzenden mehr am Herzen liegt. Der altmodische, harte, aber auch für seine Mitarbeiter sorgende Firmenpatriarch hat in einer globalisierten Wirtschaft keinen Platz mehr. Für das Realität gewordene andere Extrem steht inzwischen der Name Josef Ackermann, Vorstandsvorsitzender der Deutschen Bank. Er sorgte für empörte Reaktionen in der deutschen Öffentlichkeit, als er 2005 gleichzeitig ein neues Rekordergebnis der Deutschen Bank und den weiteren Abbau von über 6000 Arbeitsplätzen bekannt gab. Herr Ackermann hat von 2002 bis 2007 seine eigenen Bezüge knapp verdoppelt, er verdient pro Tag (!) circa. 36000 Euro, einen Betrag, mit dem eine vierköpfige Familie ein Jahr überleben könnte.

Deshalb symbolisiert Josef Ackermann den eiskalten Manager, dem es nur noch um seine persönliche Bereicherung geht. Patriarchalische Wertevorstellungen, die auch die Sicherheit und das Wohl der Untergebenen und Lohnabhängigen berücksichtigen, gelten in einer solchen Welt nicht mehr. Persönlicher Einsatz, Loyalität gegenüber dem Vorgesetzten und das Eintreten für die Ziele des Unternehmens werden – neben der fachlichen Qualifikation – nach wie vor gefordert, nur bleiben die Arbeitgeber den Dank dafür schuldig: Die Arbeitsplätze werden trotzdem wegrationalisiert oder ins billigere Ausland verlegt.

Gerade deshalb haben Herr Ackermann und seinesgleichen für die Emanzipation der Frau (ohne es zu wollen) viel getan, denn inzwischen hat ein jeder realisiert: Wer heute eine Familie gründen will, kann sie finanziell nicht mehr allein über die Berufstätigkeit des Mannes absichern. Er braucht meist auch eine gut ausgebildete Frau dazu. Wenn es die Emanzipation der Frau nicht schon geben würde, wir müssten sie heute, in den Zeiten der Globalisierung, erfinden. Die Zeiten sind unsicher, und das patriarchalische Modell, mit all seinen Vor- und Nachteilen, hat gerade in der Wirtschaft weitgehend ausgedient.

Da ist es sinnvoll und dank der Emanzipation auch zunehmend möglich, dass sich die Männer Frauen suchen, die einen guten Beruf haben und bereit sind, die Familie mitzuernähren. Das macht die Männer deutlich freier und unabhängiger von ihren Chefs. Wenn so ein Mann Elternzeit nimmt, im Einzelfall sogar richtig lange, dann weiß jeder Chef um die Unabhängigkeit dieses Mitarbeiters, der sich eher den Notwendigkeiten einer gelungenen Partnerschaft und funktionierenden Familie beugt als dem Unternehmensgeist. Dann hat dieser Mitarbeiter allerdings gegen das weiter oben beschriebene, uralte patriarchalische Gesetz verstoßen.

Es ist zwar anachronistisch, aber immer noch deutsche Realität: Ein Mann, der Elternzeit nimmt, wird von seinem

Unternehmen eher bestraft statt belohnt. Er wird degradiert, jahrelang nicht mehr befördert, als nicht belastungsfähig und unzuverlässig angesehen und zudem nicht selten als weibisch und Weichei diffamiert. Er riskiert seine Karriere und gefährdet seinen gesellschaftlichen Status. Außerdem läuft er Gefahr, gemäß dem archaischen Beuteschema die Anerkennung seiner eigenen Frau zu verlieren, obwohl er das alles in erster Linie für sie und die gemeinsamen Kinder tut. Männer, die diesen Gefahren trotzen und Elternzeit nehmen, gehen sehr mutig und risikobereit neue Wege, sie erforschen neue Kontinente. Denn immer noch weiß keiner so recht, wie es sich da leben lässt und welche Gefahren, aber auch welche Schätze dort für Männer verborgen liegen.

Der Rollentausch und seine Grenzen

In jedem Fall ist der Rollentausch, und sei er nur für eine begrenzte Zeit, für Männer und Frauen ein anstrengender Prozess des Umdenkens und des Wertewandels. Jeder und jede sollte seine bzw. ihre Fähigkeiten und Möglichkeiten ausloten und sich dabei nicht überfordern. Manchmal sind es nicht der Chef und die Unternehmenszwänge, die im Weg stehen, sondern man selbst.

Als Beispiel möchte ich meine eigene Situation anführen: Ich habe das Glück, mir die Arbeitszeit in meiner psychotherapeutischen Praxis relativ flexibel einteilen zu können. Ich hatte mit meiner Frau vereinbart, dass wir nach der Geburt (und Stillzeit) unserer ersten Tochter beide nur noch zu 60 bis 70 Prozent arbeiten und den Rest der Zeit für unser Kind freihalten. Zum Beispiel gehörte der Montagvormittag arbeitstechnisch meiner Frau, weil sie als freie Journalistin in dieser Zeit gut recherchieren kann. Ich kümmerte mich währenddessen um unsere Tochter.

Das fiel mir wider Erwarten erst einmal sehr schwer, machte

mich nahezu depressiv. Nicht, weil ich die Zeit mit meiner Tochter nicht genießen konnte. Die Ursache lag ganz woanders: Ich konnte es nicht ertragen, gerade montagmorgens, zu Beginn der Arbeitswoche, *nicht* gemeinsam mit der gesamten Männerhorde Deutschlands, wahrscheinlich der ganzen Welt, zum Jagen bzw. in die Arbeit zu gehen. Ich kam mir vor wie der letzte Drückeberger, der sich nicht aus der heimischen Höhle traut, obwohl es intellektuell gesehen keinen Grund dafür gab: Schließlich gab ich bereits montagnachmittags wieder Therapiestunden in meiner Praxis.

Trotzdem, es ging emotional für mich einfach nicht. Ich *musste* bereits Montag in der Früh mit allen anderen Männern dieser Welt losziehen, um Beute zu machen, und zwar ungeachtet meiner Versuche, diesem Drang verstandesmäßig Einhalt zu gebieten. Meiner Frau waren derartige Gefühle zwar komplett fremd, aber sie hatte erfreulicherweise Verständnis für meine archaischen Emotionsdurchbrüche – und wir tauschten: Ich durfte wieder am Montagvormittag arbeiten, sie nahm mit dem Nachmittag vorlieb. An den übrigen Tagen hatte ich erfreulicher Weise keine Probleme, meine Tätigkeiten als Teilzeithausmann zu erfüllen.

Schließlich gelang es mir, montagnachmittags, aber auch an anderen Tagen, gemeinsam mit meiner kleinen Tochter sehr glückliche Stunden zu verbringen. Am liebsten trug ich sie stundenlang spazieren. Manchmal kehrten wir in einem Waldbiergarten ein, und ich saß mitten am Tag und demnach zu »männerarbeitender« Zeit mit ihr auf dem Schoß in der Sonne bei einer gemeinsamen Brotzeit, untermalt vom Gezwitscher der Vögel. Ich bemitleidete alle Männer, die gerade im Büro saßen oder woanders ihrer Arbeit nachgehen mussten. Ich war und bin aber auch meiner Frau dankbar, die mit ihrer Arbeit und ihrem Einkommen dazu beiträgt, dass ich dieses Glück mit meiner ersten, und inzwischen auch mit meiner zweiten Tochter, erleben durfte und darf.

Wie männlich darf ein Vater sein?

Ein befreundeter Vater, der Elternzeit in Anspruch genommen hatte und ein Jahr halbtags zu Hause bei seinem Sohn geblieben war, erklärte mir, wie er seine »männliche Würde« dabei bewahren konnte. Der Trick sei, dass man seine eigene väterliche und männliche Art der Kinderbetreuung entwickeln muss. Ich konnte ihm nur zustimmen: Die Teilnahme an frauendominierten Krabbelgruppen oder gemeinsames Schwitzen in PEKiP-Gruppen sind nicht jedermanns Sache. Kein Vater sollte sich verpflichtet fühlen, es den Müttern gleichzutun. Wenn man das versucht, gerät man als Mann schnell an die Grenze der Lächerlichkeit, und sei es nur vor sich selbst, und verliert seine Würde, so altmodisch das auch klingen mag.

Nicht, dass das, was Mütter mit ihren Kindern unternehmen, lächerlich oder würdelos wäre, ganz im Gegenteil. Es geht darum, dass es für Männer eine Gratwanderung zwischen erhaltener Anerkennung und empfundener Lächerlichkeit bedeuten kann, typische Frauenaufgaben wie Kleinkinderbetreuung auszuüben. Das gilt besonders dann, wenn sie sich dabei gezwungen sehen, es auch noch in der *Art und Weise* den Frauen gleichzutun. Dann lassen sie es lieber bleiben und machen um solche Arbeiten einen großen Bogen – oder gleich um die Frauen, die sie in eine solche Rolle drängen wollen.

Ich glaube, man muss als Mann erst einmal spüren und erkennen, dass auch Männer für die Kindererziehung geschaffen und geeignet sind. Sie müssen sich nicht von den Frauen abschauen, wie das geht. Sie können ihren eigenen männlich-väterlichen Stil genauso finden wie die Frauen ihren weiblich-mütterlichen.

Als Vater muss man also nicht die schlechtere und schon gar nicht die bessere Mutter werden. Es reicht völlig aus, ein Mann zu sein, der es auf seine väterliche Art versucht und der seinen väterlichen Instinkten folgt. Wie schon erwähnt: Außer schwanger werden, gebären und stillen können Männer alles, was mit Kindern zu tun hat. Nur müssen sie sich trauen, es auf ihre männliche Art zu tun. Dann verlieren sie auch die Angst, durch diese Tätigkeiten als unmännlich angesehen zu werden.

Die Vorteile der neuen Männerrolle

Männer, die das verstanden haben, können die enormen Vorteile genießen, die ihnen eine zeitreduzierte Erwerbsarbeit und der entsprechend vermehrte Freiraum für ihre Kinder bringt. Das Glück abzuschätzen und zu ermessen, das es für einen Vater bedeuten kann, genügend Zeit in entspannter Atmosphäre für seine Kinder zu haben, muss jedem selbst überlassen bleiben. So interessant und lukrativ der jeweilige Beruf auch sein mag, gehen nicht auch viele sinnlos verbrachte Stunden darin verloren? Kann diese vergeudete Lebenszeit nicht besser verbracht werden, am sinnvollsten mit den eigenen Kindern? Welchen Sinn macht es, seine Frau und seine Kinder zwar finanziell versorgen zu können, aber gerade zu den Kindern kaum mehr einen emotionalen Zugang zu haben, weil nur sehr wenig Zeit für sie übrig ist?

Sich von dem patriarchalischen Familienmodell zu verabschieden bedeutet auch, der Einsamkeit des überarbeiteten Familienvaters zu entkommen, dem seine Kinder fremd sind und der nur über seine Frau zu ihnen Kontakt aufnehmen kann. Obwohl nach einer Studie des Münchner Staatsinstituts für Frühpädagogik zwei Drittel aller Väter ihr Selbstverständnis nicht mehr in erster Linie aus Beruf und Geldbeschaffung, sondern aus der Kindererziehung beziehen, wagten es bisher jedes Jahr nur wenige tausend Männer, die Elternzeit mit ihrer Frau zu teilen. Zwar wollen heute die meisten Väter nicht mehr ausschließlich die Ernährerrolle wahrnehmen, doch laut Familienministerium befürchten drei von vier Männern berufliche Nachteile, wenn sie ihrem Beruf eine Zeit lang nicht nachgehen. Vielleicht ändert sich das ja mit dem neuen Elterngeld, das seit 2007 gezahlt wird. Mehr als die Hälfte aller Männer mit Kinderwunsch geben an, dass es durchaus ein Anreiz für sie sei, zur Kinderbetreuung für einige Monate oder auch für ein ganzes Jahr aus dem Beruf auszusteigen.

Jene Ehen, in denen sich beide Partner für die Kindererziehung und fürs Geldverdienen gleichermaßen verantwortlich und befähigt fühlen, haben deutlich längere Halbwertszeiten als das klassische Modell, in dem nach dem ersten Kind der Mann mehr, die Frau dagegen erst einmal gar nicht arbeitet. Der Soziologe und Männerforscher Harald Rost vom Staatsinstitut für Familienforschung der Universität Bamberg hält das neue Modell auch für eine »echte Scheidungsprävention«: Beide Partner kennen so die Probleme des anderen. Falls es doch zur Trennung kommt, sieht die Welt für den alleinigen Familienernährer deutlich trüber aus als für den Teilzeit-Hausmann, dessen Frau gut verdient. Der Mann, der an seiner Seite eine starke und karriereorientierte Frau akzeptiert, kann im Falle einer Scheidung mit gutem Recht die Hälfte der Kinderversorgung beanspruchen. Er läuft also nicht Gefahr, durch die Trennung von seiner Frau auch noch von seinen Kindern (überwiegend) getrennt zu sein. Zudem muss er seiner geschiedenen Ehefrau, die schon während der Ehe gleichberechtigt zum Familieneinkommen beigetragen hat, deutlich weniger oder gar keinen Unterhalt zahlen.

Kinder brauchen Väter

Das wichtigste Argument für die gleichmäßige Aufteilung der Ernährer- und Erzieherrollen auf Vater und Mutter liefern jedoch die Kinder: Die besondere Rolle, die nicht nur

Mütter, sondern auch Väter für ihre Kinder einnehmen, belegen wissenschaftliche Erkenntnisse: »Dass auch zwischen Vater und Kind eine wichtige Bindung wachsen kann, war für die Wissenschaft lange Zeit kaum vorstellbar«, sagt der Saarbrücker Soziologe Christoph Paulus. »Es zählte nur die Mutter-Kind-Bindung.« Diese Annahme ist heutzutage kaum mehr haltbar.

Wassilios Fthenakis, Mitgründer des Staatsinstituts für Frühpädagogik in München, geht sogar noch einen Schritt weiter: »Väter sind für die Erziehung der Kinder in manchen Entwicklungsphasen wichtiger als Mütter.« Wenn man Kinder alleinerziehender Väter mit denen von Müttern in der gleichen Situation vergleicht, ergeben sich interessante Ergebnisse: Keine Unterschiede gibt es bei Bindungsfähigkeit, Selbstbewusstsein und Erfolg im Leben. Studien belegen jedoch, dass Kinder aus einem Vaterhaushalt weniger aggressiv, seltener krank und geselliger sind. Außerdem schneiden sie durchschnittlich besser in der Schule ab als Kinder, die nur von ihrer Mutter erzogen werden.

Die kanadische Soziologin Andrea Doucet hat beobachtet, was eigentlich schon jeder weiß: Väter spornen ihre Kinder eher an als Mütter, Risiken einzugehen und selbstständig zu werden. Weiterhin stellte sie fest, dass auch Väter ihren Kindern die nötige körperliche Nähe geben können. Sie sind dazu im gleichen Maße fähig wie Mütter. Belegt ist auch, dass Kleinkinder später besser mit Stress umgehen können, wenn sie eine enge Bindung zu ihrem Vater besitzen.

Was im Leben wirklich zählt – ein Fallbeispiel

Ein Patient von mir mag als Beispiel dafür dienen, dass nicht nur der Vater für die Kinder, sondern auch die Kinder für den Vater wichtig sein können: Er war 44 Jahre, geschieden und hatte nur noch wenig Kontakt zu seinen beiden halbwüchsigen Kindern, die bei der Mutter wohnten. Er arbeitete sehr viel und betrieb parallel Aktiengeschäfte. Anfangs hatte er viel Geld damit gewonnen, dann aber noch viel mehr verloren. Daraufhin wollte er alles Geld, das er verloren hatte, wieder zurückgewinnen. Erst als er emotional völlig ausgebrannt war und Symptome eines Burn-out-Syndroms zeigte, kam er zu mir in die Praxis. Die Aktienkurse waren seine Bibel, und er musste mehrmals am Tag die Kursverläufe abfragen, um »reagieren« zu können, wie er es nannte.

Dieses Wort des Patienten griff ich in der Therapie auf, und bald erkannte er, dass er in seinem jetzigen Leben nur noch »reagierte« und nicht mehr »agierte«, also selbstbestimmt handelte. Freude oder Glück konnte er überhaupt nicht mehr empfinden. Er projizierte diese Gefühle in eine Zukunft, in der er alle seine Verluste wieder wettgemacht haben würde.

Weil er sich so gut mit Aktien auskannte, forderte ich ihn auf, verschiedene Aktienfonds einzurichten. Das besondere daran sei aber, so erklärte ich ihm, dass es sich dabei um »Gefühlsaktien« handele. Er war gleich voll und ganz bei der Sache, und wir richteten gedanklich drei Fonds ein: einen Hochrisiko-Fonds, den er »Forte« nannte, einen Fonds mit mittlerem Risiko, den »Pianoforte«, und einen sicheren Fonds, der entsprechend »Piano« hieß. Jetzt sollte sich der Patient überlegen, welche »Gefühlsaktien« zu welchen Fonds gehören. Dazu musste er seine Emotionen, Beziehungen und Tätigkeiten in seinem Leben beurteilen. In einem zweiten Schritt konnte er dann überlegen, in welchen Fonds er wie viel investieren wollte.

Die Gefühle zu seiner geschiedenen Frau, die er immer noch liebte, gehörten klar in den »Forte«. Da sei schon viel verloren gegangen, meinte der Patient, dennoch gebe es noch einiges zu gewinnen, wenn auch bei höchstem Risiko. Die Gefühle zu seinen beiden Kindern verteilte er in »Pianoforte« und »Piano«: Er hatte zwar wenig Kontakt zu ihnen, wenn er aber verstärkt seinen väterlichen Emotionen nachging und mehr Zeit und Energie auf seine Kinder verwendete, würden sie sich sicher sehr freuen und wieder mehr auf ihn zukommen. Er sei dann eindeutig glücklicher – bei eher geringem gefühlsmäßigem Risiko. Zu »Piano« zählte auch seine Arbeit. Er war Rechtsanwalt, mochte seinen Beruf und verdiente gut. Er wäre froh, wenn ihm das ausreichte, gestand er mir. Doch er wollte immer mehr – mehr Geld, mehr Erfolge, mehr Anerkennung. Das habe ihn in die Aktiengeschäfte getrieben – und in den Burn-out.

Schließlich ging es darum, in die verschiedenen Fonds Lebenszeit, Gefühle und Energie zu investieren. Als Zielpunkt, an dem er beurteilen sollte, ob sich die Investitionen gelohnt haben, wählten wir einen Zeitpunkt am Ende seines Lebens, an dem er noch einmal verstandesklar über sein Leben nachdenken könne. Was hatte sich gelohnt? Welche Gefühlsinvestitionen hatten Rendite, also Lebenszufriedenheit und Glück gebracht? Was waren schlechte Investitionen gewesen? Welche Gefühlsaktien hatten an Wert verloren, hatten seine Zufriedenheit und sein Glück nicht gefördert oder ihnen sogar geschadet?

In der nächsten Sitzung spielte der Patient in einer kleinen Szene sich selbst als sehr alten Mann. Ich gab ihm vor, dass er auf ein erfülltes und glückliches Leben zurückblicken konnte: Seine Gefühls-Aktienfonds hätten Ertrag gebracht, er hätte richtig investiert. Nun solle er bitte versuchen, sich in diese Situation einzufühlen, und sich dann überlegen, wie sein Leben verlaufen war. Worin hatte er seine Lebenszeit, seine Gefühle und seine Energie investiert? Als Erstes kreisten seine Gedanken um seine geschiedene Frau. Ihm wurde klar, dass er viel investiert hatte, um sie wiederzugewinnen. Er wusste in dieser gespielten Situation als Greis nicht, ob er sie wieder an seiner Seite hatte, doch er war sehr zufrieden mit sich und der Tatsache, dass er es zumindest probiert hatte. Die Investition in diesen »Hochrisiko-Fonds« hatte sich für ihn in jedem Fall gelohnt. Es war darauf angekommen, dass er seinen Gefühlen treu geblieben war, unabhängig vom Ausgang.

Dann spürte er, dass er ein sehr gutes Verhältnis zu seinen Kindern gefunden hatte und immer noch hat. Es gab sogar Enkelkinder, die er auf eine besondere Art liebte und verwöhnte. Das erfüllte ihn so mit Freude und Glück, dass ihm Tränen in die Augen schossen – erstmals seit Monaten. Er verstand im (gespielten) Rückblick nicht, warum er erst so spät auf diese sichere Gefühlsaktie mit der hohen Rendite gesetzt hatte. Er liebte seine Kinder sehr, das spürte er jetzt.

Zuletzt wurde ihm bei diesem Gedankenexperiment klar, dass er »damals«, bei seinem Burn-out, auch alle seine tatsächlichen Aktienspekulationen eingestellt hatte. Die Zeit und Energie, die er früher dort hineingesteckt hatte, hatten sich in keiner Weise gefühlsmäßig ausgezahlt und waren noch gravierender als die finanziellen Verluste gewesen. Das sah er nun sehr deutlich.

Zusammenfassend lässt sich sagen, dass sich der Patient erst im (gespielten) Rückblick auf sein Leben davon befreien konnte, ständig nach mehr Geld, mehr Erfolg und mehr Anerkennung zu streben. Dass er sein Lebensglück viel eher über die Gefühle zu seinen Kindern und zu seiner Frau finden konnte, aber kaum über finanzielle oder auch berufliche Erfolge, hatte er wohl schon vorher intellektuell erkannt, jedoch nie danach gehandelt. Nun hatte er es gefühlt! Er setzte diese Gefühle in der Folgezeit auch in Taten um. Die Zeit, die er bisher mit Aktiengeschäften verbracht hatte, widmete er ab sofort seinen Kindern.

Was im Leben wirklich zählt als praktische Übung

Manchmal verrennen wir uns in Wünsche, Ziele und Vorhaben, die wir später, im Rückblick, als unnötig und überflüssig erkennen und als vergeudete Lebenszeit abhaken müssen. Auf der anderen Seite erkennen wir gerade in der Erinnerung an vergangene Jahre und Erlebnisse, was unser Leben wirklich bereichert, was unser Lebensglück und unsere Zufriedenheit tatsächlich gemehrt und gefördert hat. Manchmal kommt dann der Wunsch auf, die Zeit zurückdrehen zu können, um eine zweite Chance zu bekommen, in der wir dann alles besser machen. Die folgende Übung, die an die oben beschriebene therapeutische Arbeit anknüpft, ermöglicht ein wenig diesen Zauber, in der eigenen Lebenszeit hin und her springen zu können: Allerdings blicken wir aus unserer eigenen Zukunft zurück auf unser jetziges Leben, um besser beurteilen zu können, ob es gerade das richtige Leben ist, das wir führen.

Nehmen Sie ein Blatt Papier zur Hand, und ziehen Sie darauf zwei senkrechte Striche, so dass drei Spalten entstehen. Benennen Sie die linke Spalte mit »Piano – geringes Risiko«, die mittlere mit »Pianoforte – mittleres Risiko« und die rechte Spalte mit »Forte – hohes Risiko«. Jetzt nehmen Sie das Blatt Papier, einen Bleistift und setzen sich in einen bequemen Sessel. Stellen Sie sich vor, Sie wären sehr alt und der Tod stände vor der Tür. Bitte stellen Sie sich weiter vor, dass Sie zufrieden sind mit Ihrem Leben, so dass Sie dem Tod, wenn er denn kommen will, bereitwillig Einlass gewähren. Jetzt blicken Sie gedanklich zurück und erkennen, worauf sie »gesetzt« haben. In welche »Gefühlsaktien« haben Sie investiert und in welche nicht? Was war sehr risikoreich, eventuell sogar verlustreich? Welche Hochrisikoaktie hat sich trotzdem gefühlsmäßig gelohnt, welche nicht? Was waren gute und sichere Anlagewerte, die zuverlässig Zufriedenheit und auch Lebensglück erbracht haben?

Schreiben Sie die Investitionen, die Sie getätigt und die Sie an Ihrem Lebensende zu einem zufriedenen Menschen gemacht haben, in die einzelnen Spalten.

Kehren Sie gedanklich wieder in Ihr gegenwärtiges Leben

zurück, und überprüfen Sie anhand Ihrer Aufzeichnungen, ob Sie bereits heute, lange bevor der Tod an Ihre Türe klopft, auch schon in diejenigen Gefühlsaktien investieren, die Sie später einmal auf ein glückliches und erfülltes Leben zurückblicken lassen.

»Ich habe den passenden Partner gefunden!«

Aus dem Leben von drei unkonventionellen Frauen

Ich möchte Ihnen nun Ronja, Heidi und Bärbel vorstellen. Diese drei Frauen haben gemeinsam mit ihren Männern das Abenteuer gewagt, in einer unkonventionellen Rollenverteilung zu leben. Die archaischen Beuteschemata spielten zwar beim Kennenlernen und Verlieben noch eine große Rolle. Doch beispielsweise Heidi und Ronja hatten es von Anfang an modifiziert: Das Geld und der Status ihres jeweiligen Freundes hatten für sie nur eine untergeordnete Bedeutung. Bärbel dagegen übernahm erst im Laufe der Beziehung die Rolle einer »neuen« Frau in ihrer Familie. Auch die Männer haben ihre neuen Rollen angenommen und ausgefüllt, sie haben gelernt, die Vorteile zu genießen und die Nachteile mit solidem Selbstbewusstsein abzufedern.

Begleiten Sie nun diese drei Paare mit mir in eine Welt, die eigentlich ganz normal und natürlich sein könnte, die in Deutschland allerdings immer noch die absolute Ausnahme ist.

Ronja und Bernd

Als Bernd Ronja kennenlernte, war sie die Freundin seines besten Freundes. Er spürte gleich, dass sie die Frau sein könnte, mit der er sein Leben verbringen wollte. Für sie war er ein sehr interessanter Mann, der als Holzschnitzer und Künstler genau das Leben führte, das ihr mit ihrem Beruf verwehrt war: Sie war Assistenzärztin in der Anästhesie mit einer 60-Stunden-Woche, und ihre eigene künstlerische Begabung verdorrte zusehends unter der Hitze der OP-Lampen und in der stickigen Enge der Intensivstationen.

Nachdem sie ihren Freund, der ebenfalls Assistenzarzt war, verlassen hatte, weil er ihren Kinderwunsch nicht mittragen wollte, verloren sich Bernd und Ronja aus den Augen. Erst einige Jahre später – Ronja war inzwischen 37 Jahre alt, Single und immer noch kinderlos, trafen sie sich zufällig wieder. Jetzt war es Liebe auf den ersten Wiedersehens-Blick – bei beiden.

Ronja bewunderte den Mut und die innere Freiheit von Bernd, der sich so gar nicht gängigen Konventionen unterwerfen wollte, weder in seiner Kunst noch in seiner Lebensgestaltung. Das war das komplette Gegenteil von dem, was sie täglich über sich ergehen lassen musste: ein von hierarchischen Strukturen geprägter und behinderter Alltag in einer Universitätsklinik, mit den kleinkarierten Intrigen, den Duckmäusern und Karrieristen, den Lieblingen und Günstlingen – kurz: eine schwer erträgliche geistige und emotionale Enge. Dafür war sie eigentlich nicht geschaffen. Sie überlegte ernsthaft, sich von Bernd das Holzschnitzerhandwerk beibringen zu lassen und ihren Beruf an den Nagel zu hängen. Aber das war schon aus finanziellen Gründen unmöglich, denn sie musste das Geld für ihren Lebensunterhalt verdienen und ihre kürzlich gekaufte Eigentumswohnung abbezahlen.

Wenige Monate nachdem sie Bernd wiedergetroffen hatte, zog er bei ihr ein. Da Ronja sich schon seit einigen Jahren ein Kind wünschte, hoffte sie, diesen Wunsch mit ihm endlich verwirklichen zu können. Mit seiner künstlerischen Arbeit verdiente Bernd zwar genug, um davon leben zu können, für eine ganze Familie reichte sein Einkommen allerdings nicht. Da Ronja einen unbefristeten Vertrag im Krankenhaus hatte, floss durch ihre Arbeit regelmäßig gutes Geld in die gemeinsame Kasse. So war von Anfang an klar, dass sich in erster Linie Bernd um ihr zukünftiges Kind kümmern und Ronja die Rolle der Familienernährerin übernehmen musste.

Gut ein Jahr später kam Lukas zur Welt. Nach der Geburt setzte Ronja nur wenige Wochen in der Klinik aus, und zwar genau so lange, wie sie ihren Sohn voll stillte. Danach musste sie wieder Geld verdienen, und Bernd kümmerte sich hauptamtlich um ihr gemeinsames Kind. In der ersten Zeit lag zwar seine Kunst brach, aber er genoss es sehr, seine Vaterinstinkte entfalten zu können. Anerkennung bekam er dafür von allen Seiten. Ronja wurde eher bedauert, da sie nicht mehr Zeit für Lukas zur Verfügung hatte, und sie bedauerte es ebenfalls. Dafür widmete sie sich an ihren freien Tagen und am Wochenende umso intensiver ihrem kleinen Sohn. Sie spürte, dass sie kein schlechtes Gewissen haben musste, ganz im Gegenteil. In der Zeit, die sie mit Lukas verbrachte, war sie ganz für ihn da; und in der übrigen Zeit hatte er mit Bernd den besten Vater, den er sich nur wünschen konnte.

Für Bernd war es sehr ungewohnt und auch hart, plötzlich viel weniger Zeit für seine Kunst zu haben und sich dem Tagesrhythmus des kleinen Jungen anpassen zu müssen. Lukas' Tagesmutter bot nur Halbtagsbetreuung an, und die Großeltern wohnten eine Autostunde entfernt. Bernd war daher deutlich eingespannter, als er sich das anfangs vorgestellt hatte. Aber er nahm diese Aufgabe gerne an, denn er liebte seinen Sohn und seine Frau. Mit der Zeit übernahm er immer mehr typische Hausarbeiten: Er kochte, wusch die Wäsche, putzte die gemeinsame Wohnung und bewirtete die Gäste. Ronja sicherte die Familie finanziell ab – und Bernd emotional.

Entscheidend für das Gelingen dieser Konstellation war, dass jeder dem anderen sein Leben gönnte und nicht neidete. Wie gerne hätte Ronja mehr Zeit für ihren kleinen, süßen und blitzgescheiten Sohn gehabt, der so schnell größer wurde. Und wie gerne hätte Bernd für seine künstlerische

Arbeit mehr Anerkennung und insbesondere mehr Geld erhalten. Doch beide brachten es fertig, am Leben des anderen emotional so teilzuhaben, dass sie das, was sie taten, auch »für« den anderen taten. Damit war Ronja weniger frustriert, ihre künstlerischen Ambitionen unverwirklicht brach liegen zu sehen, weil sie miterlebte, wie Bernd seine Kunst weiterentwickelte. Und Bernd konnte es besser verkraften, dass er nicht dem landläufigen Bild eines beruflich erfolgreichen Mannes entsprach, gerade weil Ronja als Ärztin Karriere machte. Auch wenn es schwierige Zeiten gab (und immer noch gibt), in denen jeder mit seinem Schicksal haderte: Dieser Zauber, den ihre Liebe zueinander hervorbrachte, hält bis heute an.

Heute arbeitet Ronja drei bis vier volle Tage als niedergelassene Anästhesistin, Bernd verwirklicht kleinere und größere Kunst- und Restaurationsprojekte. Die Familie lebt auf dem Land in einem Haus, das Bernd mit viel Eigeninitiative erbaut hat, das jedoch überwiegend mit dem Geld finanziert ist, das Ronja verdient hat. Im Keller des Hauses hat sich Bernd eine Werkstatt eingerichtet. Auch Ronja verbringt dort gerne ganze Abende. Sie genießt die Atelier-Atmosphäre, atmet genüsslich den Holzgeruch ein und versucht sich in kleinen Holzschnitzereien. Ihr zweites Kind Laura kam zur Welt, als Ronja 42 Jahre alt war. Jetzt ist Laura vier Jahre alt und drangsaliert ihren gutmütigen, drei Jahre älteren Bruder derart, dass Bernd hin und wieder den strengen Papa spielen muss, was er nur ungern tut.

Inzwischen kann die Familie sich ein Au-pair-Mädchen leisten, das Lukas mittags von der Schule abholt und meist auch Laura vom Kindergarten. An der prinzipiellen Rollenverteilung zwischen Bernd und Ronja hat sich dennoch nichts geändert. Nach wie vor ist fast immer Bernd am Telefon, wenn vormittags jemand anruft. Und wenn er einen größeren Auftrag angeboten bekommt, spricht er sich vorher mit Ronja ab, ob es zeitlich und organisatorisch auch passt. Im Zweifelsfall geht ihre Arbeit vor.

Ronja bewundert Bernd für vieles, was er tut und kann, und Bernd hatte sich als Erstes in Ronjas Schönheit verliebt. Sie wählten sich gegenseitig (fast) nach dem archaischen Beuteschema aus. Jedoch musste Ronja es in einem entscheidenden Punkt modifizieren, um mit Bernd ein Liebespaar zu werden: Das Geld, das ihr Partner verdient, durfte keine wichtige Rolle spielen. Auch Bernd hatte schnell verstanden, dass ihre Liebe, aber auch ihr Wunsch nach einer gemeinsamen Familie, eine konventionelle Rollenverteilung kaum zulässt.

Letztlich hat Ronja darauf verzichtet, einen Ernährer an ihrer Seite zu haben. Das entsprach durchaus auch ihrem Ehrgeiz, beruflich selbst etwas auf die Beine zu stellen. Bernd dagegen ließ sich auf das Abenteuer eines Teilzeit bis Vollzeit beschäftigten Vaters und Hausmanns ein, konnte jedoch seine künstlerische Arbeit weiterentwickeln – in einer finanziell abgesicherten Position. Nur so konnten beide das bekommen, was sie sich gewünscht haben: eine gut funktionierende Familie mit Kindern.

Heidi und Georg

Heidi hat Journalistik studiert und nach einem Volontariat ihren Traumjob ergattert: Sie erhielt eine Anstellung als Redakteurin in einer großen Rundfunk- und Fernsehanstalt.

Bei der Partnerwahl war sie schon immer eher wählerisch. Wenn sie sich auf einen Mann einließ, dann nur, sofern sie emotional voll und ganz dabei war. So hielten ihre Beziehungen immer über mehrere Jahre. Ihr letzter Freund, den ihre Eltern bereits wie ihren Schwiegersohn behandelten, bekam schließlich ein hervorragendes Stellenangebot am anderen Ende Deutschlands. Heidi sagte ihm klipp und klar, dass sie eine Fernbeziehung emotional nicht aushalten könne. Er entschied sich letztlich für die Stelle und gegen Heidi. Auch

Heidi kündigte nicht ihre Arbeit, die sie so sehr liebte und für die sie wie geschaffen schien, um ihrem Freund zu folgen – in eine ungewisse eigene berufliche Zukunft. Am Tag seines Umzugs trennte sie sich von ihm, wenn auch schweren Herzens. Danach war sie über drei Jahre Single.

Als Heidis 36. Geburtstag nahte, wurde ihre beste Freundin schwanger. Plötzlich fing sie an, sich über das Thema Kind, das bisher nur vage in ihrer Wunsch- und Vorstellungswelt aufgetaucht war, konkretere Gedanken zu machen. Sie begann, in Internet-Partnerbörsen zu stöbern, und stellte ihr persönliches Profil in diverse Partner-Suchmaschinen. So lernte sie viele Männer kennen, erst im Internet – und dann auch real. Der Richtige war allerdings nie dabei. Verantwortlich dafür machte sie das Medium Internet. Sie war im Grunde sehr romantisch, und diese Art, sich kennenzulernen, passte so gar nicht zu ihrer Romantik.

Georg traf sie allerdings auch nicht an einem Ort, der landläufig mit Romantik verbunden wird: im Baumarkt! Sie wollte Wandfarbe für ihre Wohnung kaufen und hatte ihn erst für einen Verkäufer gehalten, weil er fachkundig einem anderen Kunden etwas erklärte. Als sie ihn dann um Rat fragte, bekam sie erst einmal strahlend blaue Augen und ein sehr freundliches Grinsen als Antwort. Es wurde ein wunderbares Gespräch über Farben, nicht nur über die verschiedenen Sorten für Innenwände, sondern auch über die Möglichkeiten von Farbkombinationen, über die Wirkungen unterschiedlicher Farbtöne auf die Stimmung im Raum und über die Kunst, künstliche Beleuchtung und den Sonneneinfall dabei mit einzubeziehen. Schließlich gab er ihr seine Telefonnummer mit dem Angebot, ihn anzurufen, falls sie beim Anstreichen zu Hause Hilfe brauche. Das tat sie dann auch, obwohl sie zuvor ihre Wände alleine angestrichen hatte. Sie lud ihn mit dem Satz ein: »Ich möchte dich gerne wiedersehen. Außerdem kannst du bei dieser Gelegenheit meine neuen Wände bewundern.«

Seither ist Heidi mit Georg zusammen. Als er ihr erzählte, dass er gar kein Handwerker sei, wie sie ursprünglich angenommen hatte, sondern Journalist, so wie sie selbst, war sie komplett überrascht. So einem Journalisten war sie noch nie begegnet!

Georg arbeitete für eine Computerzeitschrift, und Heidi wurde schnell klar, dass er an Karriere wenig interessiert war. Ihm war seine Freizeit, in der er gerne fotografierte oder handwerklich arbeitete, viel zu wichtig. Er betonte auch, dass er sich durchaus ein Leben ohne Kinder vorstellen könne.

Aber nach einigen Monaten Beziehung mit Heidi änderte er seine Meinung. Er gestand ihr, dass er inzwischen gerne eine Familie gründen würde – allerdings nur mit ihr! Denn sie sei so anders als viele Frauen, die er kannte. Diese Frauen hätten oft sehr hohe Erwartungen an das, was ihnen der künftige Vater ihrer Kinder bieten müsse: Er solle ein möglichst hohes und sicheres Einkommen haben, sich für Laufstallgrößen, Babykost und Frühförderung interessieren und gleichzeitig über Jahre hinweg der Alleinverdiener der Familie sein. Ein Kombi und ein Häuschen im Grünen seien natürlich auch wünschenswert – die Kinder sollen schließlich draußen spielen können und müssen zum Ballett und in die Musikschule kutschiert werden. Georg wollte in keinem Fall das passende Gegenstück zu so einer Frau werden. Da trete er lieber in den »Zeugungsstreik«.

Dass er mit Heidi der klassischen Rollenverteilung entkommen konnte, auch dafür liebte er sie. Schon seine Eltern waren für ihn ein abschreckendes Beispiel gewesen: Sein Vater arbeitete als Physiotherapeut und kam immer spät nach Hause, während seine Mutter ihn und seine beiden Brüder weitgehend alleine erzog. Er erlebte seine Mutter oft unzufrieden und gestresst. Bei Heidi wusste er, dass sie auch mit Kind weiterarbeiten und zum Familieneinkommen beitragen wollte. Das war für Georg ausschlaggebend, ihren Wunsch nach Kindern mit zu tragen. Es passte auch gut zu seinem Plan, im

Beruf statt 50 nur 30 Stunden in der Woche zu rackern, weil ihm viel Freizeit einfach wichtiger ist als viel Geld.

Als dann schließlich Luisa geboren wurde, beantragte Georg Elternzeit, um seine Arbeitsstelle auf 60 Prozent zu reduzieren. Für ihn war es selbstverständlich, dass er einen Teil der Kinderbetreuung übernahm, wenn Heidi arbeitete. Während Georgs Chef seinem Wunsch nach Elternteilzeit überraschend schnell zustimmte, reagierten manche seiner Kollegen entsetzt: »Als Mann nimmst du Elternzeit?«, fragten sie ungläubig. Georg ließen solche Reaktionen kalt, denn er fand, die arbeitsfreien Tage steigerten deutlich seine Lebensqualität. »Chefredakteur wird man so vermutlich nicht«, schmunzelte er. Es kümmerte ihn jedoch nicht sonderlich, weil ihm Karriere nie viel bedeutet hat.

Es kam aber ganz anders: Die Verringerung seiner Arbeitszeit hat ihn sogar davor geschützt, entlassen zu werden! Denn sein Chef musste wegen der schlechten Auftragslage einigen Mitarbeitern kündigen, anderen schlug er selbst den Wechsel in eine Teilzeitstelle vor. Abgesehen davon ist es rechtlich gar nicht möglich, Mitarbeiter während der Elternzeit zu entlassen. Später haben seine Kollegen ganz anders auf seine Elternzeit reagiert und ihn sogar darum beneidet. Immer wieder ermutigt Georg nun Freunde von ihm, Elternzeit zu beantragen.

Heidi hat drei Monate nach der Geburt von Luisa wieder als Redakteurin gearbeitet, zunächst etwa 30 Stunden in der Woche – so wie ihr Mann. Als vier Jahre später ihr zweites Kind kam, blieb sie sechs Monate zu Hause. So hat sie nie den Anschluss in ihrem Beruf verloren. Einen Ernährer als Mann zu haben war ihr nie erstrebenswert erschienen. Auch ihre Mutter verdiente immer ihr eigenes Geld und war ein wichtiges Vorbild für sie. Heidi sorgt gerne für sich selbst. Sie will das Gefühl haben, jederzeit »gehen zu können«, also nicht wegen finanzieller Abhängigkeiten mit ihrem Mann zusammenbleiben zu müssen.

Dieses Gefühl der Unabhängigkeit brauche sie, um »sich frei zu fühlen«. Sonst würde ihre Liebe zu Georg »ersticken«, wie sie es ausdrückt. Außerdem sei sie nicht dafür gemacht, ihr Lebensglück alleine aus Hausarbeit und Kinderbetreuung zu schöpfen. Die Rollenverteilung mit Georg erlaube beiden, den Beruf, der ihnen Spaß macht, auszuüben und darin Anerkennung zu finden. Gleichzeitig kümmern sich beide gerne um die Kinder, gerade weil sie es nicht jeden Tag rund um die Uhr tun müssen. Nicht immer ist es leicht, diese Aufteilung zu organisieren, und den täglichen Rollenwechsel zwischen Beruf und Familie empfinden beide als Herausforderung. Aber das Verständnis füreinander sei gewachsen, meinen beide übereinstimmend.

Georg weiß genau, was es bedeutet, einen Tag mit quengelndem Kleinkind, über den Hausaufgaben sitzendem Schulkind, Arztbesuch, Judo-Kurs und Krabbelgruppe zu überstehen. Die Erwartung, nach so einem Tag noch ein Drei-Gänge-Menü zu kochen, die Wohnung aufzuräumen, die Kinder zu baden und den vom Job gestressten Partner in bester Laune mit einem Glas Prosecco zu empfangen, hält er inzwischen für leicht übertrieben. Deshalb käme er auch nie auf die Idee, dergleichen von seiner Frau einzufordern. Heidi wiederum kennt die Belastung und Tücken des Arbeitsalltags, die Willkür von Chefs, die kleinen Intrigen unter Kollegen und den Stau, durch den man sich auf dem Weg nach Hause quält. So weiß sie aus eigener Erfahrung, was man nach einem anstrengenden Arbeitstag braucht. Wenn sie Georg abends empfängt, erzählt sie ihm nicht in Überlänge und detailgetreu die kleinen und größeren Ärgernisse aus dem Alltag mit zwei Kindern – sondern schenkt ihm einfach nur ein Glas Rotwein ein.

Bärbel und Ralf

(Die Angaben sind mit ausdrücklicher Zustimmung der Familie Kiene nicht anonymisiert)

Ralf und Bärbel Kiene wohnen mit ihren beiden zwölf und 16 Jahre alten Töchtern in Lörrach, einer Stadt in der Südwestecke Deutschlands. Direkt nebenan liegt Basel in der konservativen Schweiz. Ralf ist Hausmann oder, wie er selbst sagt, »Hausfrau«. Dieser Ausdruck passt erst einmal gar nicht zu der dunklen, selbstbewusst und männlich klingenden Stimme, mit der er über sein bewegtes Leben redet. Erst langsam wird klar, was er damit meint: »Hausfrau« sei für ihn die richtige Bezeichnung für einen hoch qualifizierten und anspruchsvollen Beruf, den er erlernt hat, so wie auch andere Berufe in seinem Leben.

Als Tischler war er bei seiner Abschlussprüfung Jahrgangsbester, auch sein anschließendes Architekturstudium hat er mit Bravour bestanden. Als erfahrener Restaurator denkmalgeschützter Altbauten ist er ein begehrter Ratgeber. Jetzt sei er eben »Hausfrau«, ein Beruf, für dessen qualifizierte Ausübung er durchaus einige Jahre »learning by doing« benötigt hat. Ralf drückt es lebensnah aus: »Hausmänner werfen schwarze Socken mit weißen Dessous in eine Waschmaschine und waschen alles bei 90 Grad – mit entsprechendem Erfolg. Richtige Hausfrauen – so wie ich – wissen, wie man das macht.«

Seine Frau Bärbel verdient als Biochemikerin gutes Geld. Sie ist Abteilungsleiterin und Mitglied der Geschäftsleitung in einem medizinisch-wissenschaftlichen Unternehmen und hat einen anstrengenden, zeitraubenden Job. Meetings bis spät in die Nacht und tagelange Geschäftsreisen sind keine Seltenheit.

In ihrer Herkunftsfamilie gab es viele »starke Frauengestalten«, wie sich Bärbel ausdrückt, nicht nur in der jüngeren Vergangenheit. Bei Stammbaumrecherchen hat sie gleichsam Erstaunliches wie Erschreckendes aufgedeckt: Mindestens fünf ihrer weiblichen Vorfahren sind als Hexen verbrannt worden! »Das ist sicher kein Zufall«, kommentiert Bärbel nicht ohne Stolz.

In ihrer Familie schaffte sie – immer unterstützt und bestärkt durch ihre Eltern – als Erste das Abitur und studierte dann Biochemie mit einem Stipendium der Studienstiftung des Deutschen Volkes. Mit 25 Jahren lernte sie in Berlin Ralf kennen. Er fühlte sich von ihrer Sportlichkeit und Natürlichkeit angezogen, wirklich fasziniert war er jedoch von ihrer Stärke. Er bewunderte in ihr die Frau, die ihre Wünsche kennt – und verwirklicht. Aber auch Ralf wusste, was er wollte und wie er es bekam: Er bekochte seinen neuen Schwarm schon am ersten gemeinsamen Abend mit einem mehrgängigen Menü – und verabschiedete Bärbel am nächsten Morgen sanft und zärtlich. »Er hatte keinerlei Mackerallüren«, erinnert sich Bärbel. »Das war es, was mich an ihm beeindruckt hat.« In den ersten Monaten ihrer Beziehung – in denen Bärbel als Diplomandin mindestens zehn Stunden täglich im Labor verbrachte – kümmerte sich Ralf um einen gefüllten Kühlschrank und bekochte sie weiterhin allabendlich.

Verliebt hat sie sich in ihn allerdings auch, weil er so ganz andere Begabungen hat als sie: Ralfs künstlerische Ader begeistert Bärbel nach wie vor, gerade weil sie sich selbst als sehr rationalen Mensch erlebt, dem diese Veranlagung eher fehlt.

Ihre gegenseitige Faszination ist bis auf den heutigen Tag spürbar, obwohl sie mittlerweile 17 Jahre verheiratet sind. Ein gutes Jahr nach ihrer ersten gemeinsamen Nacht gaben sie sich das Jawort, ein weiteres Jahr verging, und sie wurden Eltern. Bärbel hatte damals, im Gegensatz zu Ralf, ihr Studium bereits beendet und bestritt mit ihrer Anstellung bei einer großen Berliner Pharmafirma das Familieneinkommen. Dank guter Logistik, einer Tagesmutter und einer Tiefkühltruhe, prall gefüllt mit abgepumpter Muttermilch, konnte Bärbel ihre Tochter Klara fast drei Jahre lang mit Muttermilch versorgen – trotz Fulltime-Job und längeren Dienstreisen. Wenn alle Stricke rissen, nahm Ralf seine kleine Tochter einfach mit in die Vorlesungen in der Kunsthochschule. Ungezählte Male wechselte er Klaras randvolle Windeln auf Uni-Toiletten, ohne Wickeltisch und ohne warmes Wasser, wie er amüsiert und zugleich stolz berichtet. Auch wenn sein Studium dadurch etwas länger dauerte, hielt er schließlich einen hervorragenden Abschluss in Händen – und nur sechs Wochen darauf seine zweite Tochter Frieda.

Für Bärbel war ebenfalls immer klar, dass sie gerne eine Familie haben wollte – aber dass ihr eine befriedigende Arbeit mindestens genauso wichtig ist. Monate- oder gar jahrelang zu Hause bleiben wollte sie nie. »Wäre Ralf nicht von Anfang an bereit gewesen, seine Ausbildung quasi nebenberuflich zu betreiben, hätten wir sicher erst später – oder vielleicht nie – Kinder bekommen«, bekennt sie offenherzig. Auch die Geburt ihrer zweiten Tochter Frieda hat Bärbel nur wenige Wochen vom Büro ferngehalten. »Wir haben trotzdem unser Familienleben in vollen Zügen genossen und daneben noch unser Sportprogramm absolviert«, berichten beide – selbst wenn Bärbels Jogging-Parcours allmorgendlich ins Büro führte und Ralfs tägliches Zehn-Kilometer-Walking mit Kinderwagen stattfand.

Der Ortswechsel vom großstädtischen Berlin ins ländlichgemütliche Lörrach fand kurz vor Einschulung der älteren Tochter statt, als Bärbel dort eine Anstellung fand. Beim Vorstellungsgespräch musste sie sich noch der zentralen Frage stellen, wie denn ihr Mann damit leben könne, dass sie das Geld verdiene. Später war es für ihren beruflichen Aufstieg in der Firma ausgesprochen hilfreich, dass sie einen Hausmann hatte, der ihr den Rücken freihält.

Für Ralf war es anfangs schwer, die erstarrten Konventionen seiner neuen kleinstädtischen Nachbarn auszuhalten. Vielen der »Karrieremänner« in der Nachbarschaft war er – als regelmäßiger und einziger männlicher Gast bei den Treffs der Kindergartenmütter – ausgesprochen suspekt. Auch Bärbel wurde verschiedentlich mit den Worten begrüßt: »Ach, Sie sind die Frau von dem armen Mann, den wir täglich mit dem Kinderwagen sehen.« Doch es gab auch Highlights, zum Beispiel als Klaras Klassenlehrerin Ralf das erste Mal begrüßte: »Endlich lerne ich den Wundervater auch mal kennen!« Seine Tochter hatte beständig von ihm geschwärmt – und regelmäßig ihren Freundinnen von Ralfs selbst gebackenem Brot abgegeben.

Spätestens als Ralf neben der Kinderbetreuung den Umbau eines alten, abbruchreifen Hauses in Angriff nahm, verschaffte er sich den Respekt seiner konservativeren Geschlechtsgenossen. Auch ein zweites Haus, in dem die Familie jetzt wohnt, hat er über fast zwei Jahre in kompletter Eigenleistung entkernt und renoviert, vom Ausschachten des Kellers bis zur Errichtung eines neuen Dachstuhls. »Karrierefrauen sind oft davon frustriert, dass sie für die gleiche Anerkennung mehr leisten müssen als ihre männlichen Kollegen. Aber das scheint üblich zu sein, wenn man ein unkonventionelles Rollenbild lebt: Während es für eine Hausfrau offenbar meist ausreicht, den Haushalt im Griff zu haben und die Kinder großzuziehen, muss ich als Hausmann nebenher schon vorzeigbare Projekte verwirklichen, um nicht belächelt zu werden«, merkt Ralf kritisch an. Ein solcher Meilenstein war für ihn die hochoffizielle Würdigung seiner ersten Hausrenovierung mit einem Denkmalschutz-Landespreis. Inzwischen verwirklicht er übrigens sein drittes Renovierungsprojekt – neben seiner Haupttätigkeit als »Hausfrau«.

Ralf und Bärbel amüsieren sich heute noch über die »Rabenmutter«- und »Schlappschwanz«-Kommentare. »Wir betrachten dann unsere beiden höchst wohlgeratenen Töchter mit ihren ausgezeichneten Schulleistungen, ihrem sportlichen und musikalischen Engagement und vergleichen sie mit den Kindern der ständig besorgten, zu Hause gebliebenen Mütter. Wir glauben, wir müssen uns nicht verstecken«, betonen beide übereinstimmend. Selbstbewusst berichtet Ralf: »Was für mich noch dazukommt, ist der fast völlige Ausfall von Pubertätsproblemen bei meinen Töchtern – vielleicht erspart ihnen meine Anwesenheit zu Hause das Aufbegehrenmüssen gegen die Mutter; jedenfalls sieht es momentan so aus, als ob wir alle ziemlich unbeschadet durch diese schwierigen Jahre kämen.« Beide sind sich außerdem einig, dass »der wichtigste Punkt ist, sich nicht beeinflussen zu lassen. Es gibt niemanden, der ein Recht hat, die Entscheidung für ein bestimmtes Lebensmodell in Frage zu stellen, außer den beiden Beteiligten. Entscheidend ist, dass man das, was man tut, gerne tut und sich von niemandem ein schlechtes Gewissen machen lässt.«

Wenn heute jemand einen dummen Spruch über Ralfs »Hausfrauendasein« loslässt, dann versteht er es, so zu kontern, dass er die Lacher auf seiner Seite hat. »Damit kann ich fast immer eindeutig klären, dass diese Art von Spott mich nicht anficht.«

»Genau das – dass Ralf über sich selbst lachen kann – ist für mich ein wesentliches Differenzierungsmerkmal gegenüber anderen Männern. Es hat mich von Anfang an darin bestätigt, dass ich die richtige Wahl getroffen habe«, schwärmt Bärbel.

Wie die Zukunft aussehen wird, wenn die Kinder einmal aus dem Haus sind, ist noch unklar. Vielleicht wird Bärbel zumindest vorübergehend im Ausland arbeiten, vielleicht wird Ralf seine kreative Begabung ausbauen und Kunstseminare anbieten, vielleicht zieht es beide auch wieder zurück nach Berlin. Nur eines ist klar: Sie wollen immer ein Paar bleiben – mit ihrer gut eingespielten, aber unkonventionellen Rollenverteilung.

Ausblick

In einer Gesellschaft lange vor unserer Zeit herrschten die Frauen. Die Männer waren nur für die einfachen Dinge zuständig. Als Jäger und Vogelfänger verkauften sie ihre Beute an die Frauen. Auch Mut und Stärke galten eher als weibliche denn als männliche Eigenschaften. Vor einem Ungeheuer fiel ein Mann sogar einmal in Ohnmacht, anstatt es zu bezwingen. Nur durch das beherzte Eingreifen dreier Frauen konnte das Untier erlegt, der ohnmächtige Jüngling gerettet werden. Um die Rollenumkehr perfekt zu machen, verliebten sich alle drei Frauen sogleich in den schönen, aber ängstlichen Mann.

Sie werden es vielleicht schon bemerkt haben: Wir befinden uns nicht in prähistorischen Zeiten, sondern im ersten Akt von Mozarts *Zauberflöte*. Das Bild einer matriarchalischen Gesellschaft, das zu Beginn dieser überaus beliebten Oper märchenhaft gemalt wird, hat auch für Männer durchaus seine Reize. Es ist das Matriarchat, in dem drei Frauen sich allein aufgrund seiner Attraktivität in einen Mann verlieben können und die Ängstlichkeit des Mannes sogar noch anziehend finden.

Allerdings geht die Geschichte völlig unerwartet weiter: Erstaunlicherweise wird genau dieser ängstliche Jüngling namens Tamino auserkoren, die geraubte Königstochter Pamina aus den Klauen des bösen Patriarchen Sarastro zu befreien. Ein schönes Bild von Pamina reicht Tamino, um sich in sie zu verlieben. So beschließt er, das Abenteuer zu wagen. Um sein Ziel zu erreichen, erhält er von Paminas Mutter, der Königin der Nacht, noch eine wundersame Waffe – die Zauberflöte.

Im weiteren Verlauf der Oper wechselt Tamino jedoch gemeinsam mit seinem Freund Papageno zur Gegenseite hinüber. Der Grund: Das vorgeblich hochmoralische Handeln Sarastros überzeugt unsere beiden Helden von dessen Aufrichtigkeit, die matriarchalische Königin der Nacht dagegen gerät immer mehr in Misskredit, sogar bei ihrer eigenen Tochter. Um aber in dem patriarchalischen System Sarastros akzeptiert zu werden, muss Tamino nicht etwa lernen, die Frauen zu beherrschen, sondern er muss sich dem System und damit auch seinem Ehren- und Moralkodex so sehr unterwerfen, dass er dabei sogar die Liebe Paminas riskiert: Ihm wird in einer der Prüfungen, die er durchlaufen muss, auferlegt zu schweigen – auch gegenüber seiner Geliebten.

Dass so etwas die Beziehung kosten kann, war wohl schon zu Mozarts Zeiten bekannt. Zum Schluss geht natürlich (fast) alles gut aus, Tamino besteht seine Unterwerfungsrituale und Prüfungen, darf sich daraufhin ins patriarchalische System eingliedern – und steigt prompt darin auf: Er wird zum Nachfolger Sarastros nominiert. Pamina verzeiht Tamino sein Schweigen und ist wegen ihrer Liebe zu ihm ebenfalls im patriarchalischen System willkommen. Er hatte sich spontan in ihre Schönheit verliebt, sie hat jetzt einen Mann mit hohem Status: Das archaische Beuteschema stimmt für beide. Auch sein Freund Papageno schließt zum Schluss glücklich seine Papagena in die Arme. Nur Paminas Mutter, die Königin der Nacht, ereilt ein schlimmes Ende: Sie geht mit ihrem matriarchalischen Reich unter.

Das Traumbild des ersten Aktes ist entzaubert, alles hat jetzt seine Ordnung, die Männer und ihre Moral herrschen, die weibliche Macht ist gebrochen, auch die Macht der Liebe scheint sich dem irgendwie zu beugen, denn sie wurde einem höheren Ziel verpflichtet. Wie schade!

Der Beliebtheit dieser Oper und ihrer wunderbaren Musik tut das allerdings keinen Abbruch. Der Text zur *Zauberflöte,* das Libretto von Emanuel Schikaneder – einem Freimaurerfreund Mozarts –, beruht auf unterschiedlichen Quellen, unter anderem auf dem Märchen *Lulu oder die Zauberflöte* von August Jakob Liebeskind aus dem Jahr 1789. Eine der gängigen Interpretationen der Handlung ist, wie oben beschrieben, der Übergang vom Matriarchat zum Patriarchat.

Interessant ist, dass sich die Einschätzung von Gut und Böse im Verlauf der Oper ändert. Zu Beginn der Handlung ist die matriarchalische Königin der Nacht gut und der patriarchalische König Sarastro böse. Am Ende der Oper ist jedoch Sarastro der Gute und die Königin der Nacht die Böse, obwohl ernstzunehmende Gründe dafür schwer zu finden sind. Der Hauptgrund dafür war wohl die Realität: Mozart lebte nun mal in patriarchalischen Zeiten.

Warum diese Ausschweifungen in die Welt der Oper? Weil in der *Zauberflöte* auf überaus unterhaltsame Weise auf die Bühne gebracht wird, wie sich ein Matriarchat für Männer und für Frauen anfühlen könnte – und wie ein Patriarchat funktioniert. Wenn wir die moralischen Kategorien »Gut« und »Böse« einmal weglassen, stehen hier zwei ebenbürtige Lebenswelten nebeneinander, von der jede ihre Vor- und Nachteile hat, und zwar für Frauen und für Männer.

Die Emanzipation der Frau hat viel dazu beigetragen, dass in Zukunft beide Welten zeitgleich Wirklichkeit werden könnten, zumindest in den partnerschaftlichen Beziehungen, je nach Veranlagung und Bedürfnissen der beiden Partner. Es gibt Männer, die auf sich weit mehr »typisch weibliche« Eigenschaften vereinen als der Durchschnitt der Frauen, genauso wie es weit »männlichere« Frauen gibt als der Durchschnitt der Männer. Wenn so oft von »den Männern« und »den Frauen« gesprochen wird, dann kommt die enorme Unterschiedlichkeit der einzelnen Individuen, ob Frau oder Mann, natürlich viel zu kurz. Ein Mann kann sich von einem anderen Mann weit mehr unterscheiden als von einer Frau, und zwar in jeder beliebigen Eigenschaft. Sinngemäß gilt das natürlich auch für die Frauen.

Dank der Emanzipation stehen die Frauen in Ausbildung und Beruf den Männern auf Augenhöhe gegenüber. Im Gegenzug entdecken die Männer bei der Betreuung und Erziehung ihrer Kinder ihre Fähigkeiten, Möglichkeiten und Vorteile. Eigentlich fehlt jetzt nur noch ein kleiner, allerdings entscheidender Schritt von beiden Seiten, um der den Menschen eigenen natürlichen Rollenvielfalt und Rollenflexibilität Rechnung zu tragen.

So sehe ich mehr denn je die Chance, dass es in Zukunft eine Gesellschaft geben kann, in der es genauso normal ist, wenn eine Frau die Hauptlast der finanziellen Absicherung einer Familie trägt und der Mann dazuverdient, sich aber hauptverantwortlich um die Kinder kümmert, wie die umgekehrte Variante, die heutzutage vorherrschend ist. Vielleicht arbeiten beide auch halbtags oder zweidritteltags, je nach Bedürfnissen, Lebensumständen, Neigungen, ökonomischen Gegebenheiten und Möglichkeiten.

Wenn zwei Partner sich keine Kinder wünschen, dann können beide frei entscheiden, wer wie viel arbeitet und wer wem beruflich den Rücken freihält. In einer Gesellschaft, in der die individuelle Andersartigkeit der einzelnen Mitglieder zunehmend akzeptiert wird, wird es für alle Bedürfnisse auch ein breiteres Angebot geben, um diese zu befriedigen: Die Frauen, die einen Hausmann akzeptieren würden, um ihren Karrierewünschen nachgehen zu können, die Frauen, die jemanden brauchen, der ihnen die Kinder versorgt, werden mit entsprechenden Angeboten auch den Mann finden, der hier eher seine Fähigkeiten gefragt und geschätzt sieht als im Berufsleben. Die beruflich weniger erfolgreichen oder arbeitslosen Männer dagegen werden Eigenschaften anbieten können, die sie als »neue« Männer und »neue« Väter auszeichnen, und so bessere Chancen haben, nicht allein zu bleiben.

Das werden natürlich nicht »die Frauen« und »die Männer« sein, aber dennoch deutlich mehr Menschen als heute, weil sie sich weder von ihrem archaischen Beuteschema noch von einer patriarchalisch geprägten gesellschaftlichen Norm abhalten lassen. Das Wichtigste dabei ist, dass sich Männer wie Frauen ein positives und angstfreies Bild von einer Gesellschaft machen, in der es kein Rollentausch mehr ist, wenn die Frau arbeitet und der Mann die Kinder versorgt. Es wäre eine Gesellschaft, in der diese Rollen zu den vielen Rollen zählen, die Männer oder Frauen selbstverständlich übernehmen können.

Dazu ist es allerdings nötig, alte und genormte Denkschablonen über Bord zu werfen. Darum auch der kleine Ausflug in Mozarts *Zauberflöte*. Ich weiß, dass gerade die unterschiedlichen Beuteschemata von Männern und Frauen den Schritt in diese Zukunft erschweren. Aber ich hoffe, wenn Sie dieses Buch gelesen haben, werden Sie sich auch da »modifizierend« zu helfen wissen.

Wie es dazu kam – ein geschichtlicher Rückblick

Sie haben jetzt viel über Partnersuche, Beuteschemata und über die Probleme erfahren, die Frauen und Männern miteinander haben. Auch haben Sie verschiedene Möglichkeiten kennengelernt, wie Sie in Zukunft neue Wege gehen können, um diese Probleme zu überwinden. Ein Aspekt, der mir besonders am Herzen liegt, fehlt allerdings noch: Wie ist es überhaupt zu dieser Situation zwischen Männern und Frauen in Deutschland gekommen?

Jüngere Menschen nehmen die heutige Situation zwischen den Geschlechtern in der Regel fraglos als gegeben hin. Gerade junge Frauen sind sich häufig nicht mehr bewusst, dass das, was sie im Verhältnis zwischen den Geschlechtern als selbstverständlich erleben, das Ergebnis eines langen Prozesses, mitunter auch eines heißen Kampfes ist. Umso verständlicher ist die Sorge von einigen Frauen der älteren Generationen, dass die Jüngeren heutzutage leichtfertig verspielen, was sie mühsam erreicht haben und was in keiner Weise selbstverständlich ist, nicht bei uns in Deutschland und schon gar nicht in anderen Teilen der Welt.

Wenn ich jüngeren Patientinnen in diesem Zusammenhang erzähle, dass erst 1977 ein Gesetz abgeschafft wurde, das dem Ehemann erlaubte, seiner Frau die Erwerbsarbeit zu verbieten, wenn nach seiner Ansicht die Hausarbeit darunter litt, dann fallen sie aus allen Wolken oder glauben, ich hätte mich in der Zahl geirrt und meinte das Jahr 1877.

Deshalb möchte ich Sie in diesem Kapitel einladen, einen

Blick in die jüngere Vergangenheit seit dem Zweiten Weltkrieg zu werfen. Natürlich liegt auch bei diesem historischen Abriss der Fokus auf der Entwicklung der Frauenbewegung, der Partnerwahl und den unterschiedlichen Beuteschemata von Mann und Frau. Denn um zu verstehen, in welcher Zeit wir leben, ist es hilfreich zu wissen, aus welchen Ver- und Entwicklungen sie entstanden ist. Und gerade wenn man einen Blick in die Zukunft wagen will, muss man erst einmal die Vergangenheit in Erinnerung rufen.

Die Nachkriegszeit und die 50er Jahre: Ich gehöre meiner Familie

Die Trümmerfrauen

Die Zeit direkt nach dem Zweiten Weltkrieg hätte eine gute sein können für die Emanzipation der Frauen in Deutschland. Die Männer waren gefallen oder kehrten als Verlierer aus dem Krieg zurück, zum Teil noch behaftet mit dem Makel des Nationalsozialismus, des Kriegsverbrechertums. Die Ideale, an die viele geglaubt, für die viele gekämpft hatten und gefallen waren, entpuppten sich als aberwitzige, unmenschliche Verirrungen, die in der Geschichte der Menschheit ihresgleichen suchen.

Das war die große Stunde der deutschen Trümmerfrauen, die mit Organisationstalent, Aktivität, Durchhaltevermögen und Härte das zerstörte Land wieder aufbauten. Selbstständig, erwerbstätig, patent und tatkräftig – so präsentierten sich viele Frauen, die Bombennächte überstanden oder eine Flucht aus den ehemaligen Ostgebieten hinter sich hatten. Sie arbeiteten aufopferungsvoll und bauten das Land maßgeblich mit auf.

Zusammenschlüsse von Frauen

In den größeren Städten schlossen sich in jenen Jahren immer mehr Frauen zusammen. Sie kümmerten sich um die Versorgung der Bevölkerung mit Lebensmitteln, Kleidungsstücken, Möbeln und die Unterstützung in Notlagen. Auch politisch meldeten sie sich zu Wort. »Nie mehr Krieg«, »Nie mehr Faschismus« und »Keine Aufrüstung« lauteten ihre Forderungen. Die Trümmerfrauen organisierten sich u. a. im Demokratischen Frauenbund Deutschlands oder in der Westdeutschen Frauenfriedensbewegung. Der politische Einfluss dieser Gruppen war allerdings überschaubar, von einer richtigen »Bewegung« kann daher nicht gesprochen werden.

Die Sieger

Nicht wenige junge Frauen wandten sich nach dem Krieg von den deutschen Verlierern ab und den Siegern zu. So kam das deutsche Fräuleinwunder in erster Linie den Männern der Besatzungsmächte, überwiegend den Amerikanern, zugute. Und zwar noch lange, bevor die Sieger zumindest den Westdeutschen mit dem Marshallplan das deutsche Wirtschaftswunder bescherten. Die circa 100 000 Kinder deutscher Frauen mit amerikanischen, englischen, französischen, belgischen und russischen Besatzungssoldaten zeugen von dieser Phase, in welcher der deutsche Mann – eben noch von den Nazis propagandistisch zum heldenhaften Übermenschen aufgebauscht – in sich zusammenfiel wie ein Kartenhaus. Das war nun nicht gerade der Typ Mann, der zu Hause und in der Gesellschaft erneut einen Herrschaftsanspruch anmelden konnte.

Die Westdeutschen passten sich erstaunlich schnell an die siegreichen Amerikaner an, und zwar nicht nur politisch, sondern auch gesellschaftlich und kulturell. Sie fühlten sich bald an der Seite der Sieger, wie der amerikanische Regisseur Billy Wilder wunderbar in seinem Nachkriegsfilm *1, 2, 3* zeigt, der im zerstörten und besetzten Berlin spielt. Ein amerikanischer Coca-Cola-Magnat in Westberlin erfährt, dass seine Tochter sich von einem jungen ostdeutschen Kommunisten schwängern ließ. Umgehend muss sich der junge Mann einer Image-Politur unterziehen, um einen statusgerechten, gesellschaftsfähigen Ehemann abzugeben.

Noch Jahre später vereint der männliche Idealtypus Sean Connery als James Bond 007 die Eigenschaften aller westlichen Siegermächte: Er ist Engländer und natürlich ein perfekter Gentleman, zugleich ein Verführer und Weinkenner wie ein Franzose und ein draufgängerischer, technikverspielter Haudegen wie ein amerikanischer Revolverheld.

Die Kriegsverbrechen traten nach ihrer Aufarbeitung in den Nürnberger Prozessen mehr und mehr in der Hintergrund, und alle schauten motiviert und zukunftsfroh nach vorne. Der beginnende wirtschaftliche Aufschwung, insbesondere in Westdeutschland, gab ihnen recht. Die Bösen waren in dem beginnenden Kalten Krieg jetzt nicht mehr die Nazis, sondern die Russen oder die Amerikaner, abhängig von der Seite Deutschlands, in der man gerade wohnte. So hielt sich das Bildnis des geschlagenen deutschen Nachkriegsmannes und der heldenhaften Trümmerfrau nur wenige Jahre.

Der Mangel an Männern

Unmittelbar nach dem Zweiten Weltkrieg herrschte ein großer Mangel an deutschen Männern, denn viele waren tot, vermisst, schwer verwundet oder in Gefangenschaft. Die zahlenmäßig überlegenen Frauen fanden häufig keinen Partner – und da Angebot und Nachfrage den Preis bestimmen, stiegen auch die deutschen Männer bald wieder im Ansehen.

Seinen Aufstieg nach dem Zweiten Weltkrieg verdankt der deutsche Mann aber auch dem archaischen Beuteschema der Frauen. Bei ihnen hatten unverändert Männer mit einem hohen gesellschaftlichen Status gute Karten. Genau davon profitierten kurze Zeit nach dem Krieg auch die Soldaten der Siegermächte. Doch die gingen üblicherweise wieder in ihre Heimat, ohne ihre in Deutschland gezeugten Kinder und deren Mütter zu versorgen. Damit waren sie schnell wieder uninteressant. Attraktiv waren nun wieder die Männer, die es hier zu etwas bringen wollten und konnten und die bereit waren, die so erworbenen Ressourcen ihrer Frau und den gemeinsamen Kindern zur Verfügung zu stellen, die also eine Familie gründen wollten.

Die Familie als Hort nach der Weltkriegs-Katastrophe

Gerade weil der Krieg so viele Familien zerstört und zerrissen hatte, wurde die Institution Familie in der Nachkriegszeit zum Ideal stilisiert. Sie erschien als sicherer und unpolitischer Ort, von dem aus die Menschen den gesellschaftlichen Neuanfang und wirtschaftlichen Wiederaufbau starten konnten. Die intakte Familie stellte die allseits angestrebte und einzig akzeptable Lebensform dar. Allerdings mussten viele Kriegerwitwen ihre Kinder alleine versorgen, nahmen notgedrungen die Rolle des Familienernährers ein – und konnten diesem Familienideal gar nicht entsprechen. Dies war aber keineswegs Ausdruck ihrer Selbstständigkeit und Emanzipation, sondern die zwangsläufige Folge eines schweren Schicksalsschlags. So war der Wunsch nach einer intakten Familie häufig auch der Wunsch nach einer wieder heilen Welt, zumindest im Kleinen.

Staatlicher Schutz und wirtschaftliche Vorteile unterstützten diese Familienidylle, die geprägt war durch eine klare Rollenverteilung: Der Mann war der Ernährer, die Frau für Haus- und Kinderarbeit zuständig. Ein Werbespot für Margarine aus den 50er Jahren verdeutlicht die Geschlechterrollen. Ein feiner Herr im Anzug erzählt, dass er auch manchmal im Haushalt hilft – beim Essen.

So war in den Nachkriegsjahren und in der darauffolgenden Zeit das gesellschaftliche Frauenbild nahezu identisch mit dem traditionellen Mutterbild. Alle Frauen sollten Mütter werden, da die Mutterschaft als Essenz der Weiblichkeit galt. Durch die Mutterschaft erführen die Frauen ihre Lebenserfüllung und eine tiefe Befriedigung. Von Müttern erwartete man damals, dass sie verheiratet waren und ihre Berufstätigkeit zugunsten ihrer Kinder aufgaben. Da die Frauen gemäß dieses Mutterbildes liebevoll, fürsorglich, empathisch, zärtlich, aufopferungsbereit und selbstlos zu sein hatten, waren sie wie geschaffen für die Kindererziehung. Diese übernahmen die Frauen selbstverständlich komplett – die Väter sollten sich lieber auf ihren Beruf konzentrieren.

Dieses überhöhte Mutterbild knüpfte auch an den von den Nazis betriebenen Mutterkult an, der u. a. in der Einführung des Muttertages im Jahr 1933 seinen Ausdruck fand.

Die rechtliche Situation der Frauen

»Männer und Frauen sind gleichberechtigt« – so heißt es heute noch in Artikel 3 des damals neuen deutschen Grundgesetzes. Artikel 117 legte zudem fest, dass bis Ende März 1953 alle gesetzlichen Bestimmungen geändert werden sollten, die den Frauen nicht die gleiche Rechte wie den Männern einräumten. Die Sozialdemokratinnen Elisabeth Selbert und Frieda Nadig zählten zu den entscheidenden Initiatorinnen dieser Gesetzesänderungen. Doch die Gleichberechtigung bestand nur auf dem Papier. Grundsätze wie »gleicher Lohn für gleiche Arbeit« ignorierte man damals wie auch heute noch in der Praxis allzu häufig. Auch der Weg in Führungspositionen blieb Frauen größtenteils versperrt, und die Politik in Deutschland gestalteten fast ausschließlich Männer.

Geschlechterrollen und Partnerverhalten

Aufgrund ökonomischer und moralischer Zwänge war es den Frauen kaum möglich, ein Leben außerhalb der Ehe zu führen. Wollte eine Frau ihren eigenen Weg gehen, sich selbst verwirklichen, oder forderte sie gar Gleichberechtigung ein, warf man ihr sogleich die Zersetzung der Institution »Familie« vor. Freiheit und Experimentierfreudigkeit in der Jugendphase – das gab es nur für Männer. Junge Frauen wuchsen behütet auf und verbrachten die meiste Zeit zu Hause. Die Ehe war für Frauen im Grunde die einzige Möglichkeit, von den Eltern weg in einen eigenen Haushalt zu ziehen.

In den 50er Jahren waren Frauen selten berufstätig und daher ökonomisch von ihren Männern abhängig. Denn die zunächst langsam wachsende Wirtschaft stellte gerade einmal genügend Arbeitsplätze für die Männer zur Verfügung, die erst nach und nach aus der Kriegsgefangenschaft heimkehrten.

Männliches Durchsetzungsvermögen war angesagt. Dafür waren die Frauen stolz, die alleinige Herrschaft über Haushalt und Kindererziehung zu besitzen, und nahmen es in Kauf, dass die Männer ihnen herausragende intellektuelle Fähigkeiten absprachen. Begehrt waren außerdem Männer mit Manieren, die ihre Frau wie eine Dame behandelten. Selbst der biederste Familienvater bemühte sich daher, ein Gentleman zu werden. Die Frauen warben dagegen mit ihrer Weiblichkeit und Sinnlichkeit, mit ihrer Attraktivität, Zurückhaltung und Weichheit. In den 50er Jahren dominierte optisch das Marilyn-Monroe-Ideal – die Frauen durften gerne etwas üppiger sein. Insgesamt waren die Gegensätze der Geschlechter sehr betont.

Die Rollenklischees jener Jahre stimmten also vollkommen mit den archaischen Beuteschemata überein. Einen Widerspruch zwischen gefühlter Anziehung und intellektueller Ablehnung gab es nicht. Ein Mann, der dem archaischen Beuteschema entsprach, passte damals ins allgemeine Weltbild, und ebenso bemühten sich die Frauen, dem archaischen Beuteschema der Männer zu entsprechen.

Die 60er Jahre: Meine Sexualität gehört mir

Erste Risse im Familienmodell

Anfang der 60er Jahre begann das traditionelle Familienmodell zu bröckeln. Steigende Scheidungsraten, vor- und außerehelicher Sex und Kinder, deren Mütter nicht ständig zu Hause waren (die sogenannten »Schlüsselkinder«) waren die ersten Anzeichen dafür. Ein Grund für den beginnenden Wandel lag auch im einsetzenden Wirtschaftsboom. Er ermöglichte den Frauen, die freien Arbeitsplätze zu besetzen. »Weg vom Herd – hinein in den Job« lautete fortan das Motto. Erleichtert wurde diese Entwicklung dadurch, dass ehemals private und den Frauen überlassene Aufgabenbereiche zunehmend in die öffentliche Verantwortung übergingen, wie zum Beispiel die Kinderbetreuung sowie die Pflege alter und kranker Menschen. Das patriarchalische Ehemodell bewegte sich damit zwangsläufig in eine Krise.

Sexualität und sexuelle Freiheit

Trotz dieser Entwicklung war bis weit in die 60er Jahre die Darstellung von nackten Menschen in Deutschland ein Tabu und galt als unanständig. In Filmen war so gut wie nie nackte Haut zu sehen, und selbst harmlose FKK-Magazine wurden zensiert. Die offiziell vorherrschende Meinung war nach wie vor: Geschlechtsverkehr findet nur in der Ehe statt. Vor- und außerehelicher Sex durfte nicht in Filmen dargestellt werden, obwohl er immer mehr praktiziert wurde.

Denn die (sexuelle) Situation der Frauen in Deutschland änderte sich 1962 mit der Einführung der Antibabypille schlagartig. Allen Frauen war es nun möglich, ein sicheres Verhütungsmittel zu erwerben. Erstmals seit Bestehen der Menschheit konnten Frauen Sexualität und Fortpflanzung trennen und sich somit auch entscheiden, ihre Sexualität auszuleben – ohne Kinder zu bekommen. Sie mussten keine Angst mehr haben, ungewollt schwanger zu werden. Die Antibabypille und die parallel einsetzende sexuelle Aufklärungswelle lösten endlich die Restriktionen weiblicher Sexualität.

Gerade die 68er-Generation machte sich die freie Sexualmoral zu eigen, schließlich wollte man sich von der Prüderie der 50er Jahre befreien. Die neue sexuelle Freiheit führte allerdings nicht unbedingt zur Gleichberechtigung der Frau. Der Slogan »Wer zweimal mit derselben pennt, gehört schon zum Establishment« macht deutlich, dass es bei der sexuellen Befreiung in erster Linie um die Befriedigung der Männer ging. Frauen, die an der zügellosen freien Liebe keinen Gefallen fanden, sah man als prüde, konservativ, verklemmt und reaktionär an.

Innerhalb der Studentenbewegung kam es bereits 1968 zu ersten Spannungen zwischen den Geschlechtern. Die Studentinnen realisierten, dass die männlichen Kommilitonen zwar für antiautoritäre Verhaltensmuster eintraten, sich jedoch gegenüber Frauen nach wie vor sehr autoritär verhielten. Bei der Vorbereitung von Demonstrationen und Vorträgen durften die Frauen ihnen beispielsweise lediglich zuarbeiten, auch waren sämtliche Chefideologen männlich.

Die männlichen Revolutionäre fanden die Frauenbefreiung erst einmal sehr praktisch – so konnten sie die sexuelle Revolution gemeinsam verkünden. Allerdings behandelten sie die Frauen eher als allseits verfügbare Tippsen und sexuell befreite Betthasen denn als gleichberechtigte Partnerinnen – und das konnte nicht lange gut gehen.

Der Tomatenwurf und die einsetzende Frauenbewegung

Im Kontext der Studentenbewegung entstand schließlich eine Frauenbewegung, die sich zunehmend gegen die Männer richtete. Der Auslöser: ein Tomatenwurf. Sigrid Rüger vom Sozialistischen Deutschen Studentenbund warf im September 1968 auf der Delegiertenkonferenz des SDS mit Tomaten, da die männlichen Genossen nicht willens waren, auf frauenspezifische Probleme einzugehen. Aus den Reihen der SDS-Anhängerinnen bildeten sich zum Teil noch am selben Tag mehrere Frauengruppen, die sogenannten »Weiberräte«. Außerdem gründeten sie einen »Aktionsrat zur Befreiung der Frau«. Die neu entstandenen Frauengruppen wollten allerdings eines nicht: mit den etablierten, traditionellen Frauenverbänden zusammenarbeiten. Sie verstanden sich als Basisbewegung – Hierarchien und Stellvertreterinnenpolitik lehnten sie strikt ab.

Die Ziele dieser Frauenbewegungen in den späten 60er Jahren waren klar formuliert: bessere Bildung und Ausbildung für Frauen, bessere Erwerbsmöglichkeiten und höhere Aufstiegschancen. Im Mittelpunkt stand die Forderung nach einer Gesellschaft, in der die Frauen sich nach ihren eigenen Vorstellungen entfalten konnten und hierbei nicht behindert oder gar bestraft wurden. Stellvertretend für den kleinbürgerlichen Muff verbrannten die Frauen auf Demonstrationen ihre BHs. Sie wollten sich nicht länger in ein Korsett zwängen – in jeglicher Hinsicht.

Für die Studentinnen reichte das überholte weibliche Rollenbild mit den drei Eckpfeilern Kinder, Küche, Kirche schon lange nicht mehr aus. Aber auch viele verheiratete und ältere Frauen wollten sich dem traditionellen Bild nicht mehr fügen, da sie sich nicht mehr mit ihm identifizieren konnten. Sie sehnten sich nach Freiheit und Gleichberechtigung. Die ökonomischen Bedingungen waren gut, die Wirtschaft florierte, es begann die Zeit der Überbeschäftigung. Viele Frauen verdienten bereits ihr eigenes Geld und erkannten, dass sie zum gesellschaftlichen und finanziellen Überleben keinen Mann mehr brauchten. Jede Frau konnte sich fortan selbst ernähren und war damit unabhängig – nicht nur mit der Entscheidung für oder gegen ein Kind. Der männliche Ernährer-Typ hatte damit ganz offensichtlich ausgedient. Endlich wollten sich die Frauen das erobern, was ihnen zustand: die Hälfte der gesellschaftlichen Macht im Lande. Dabei nahmen sie gerne in Kauf, ihre Macht im Haushalt und in der Kindererziehung ein Stück weit aufzugeben.

Die 70er Jahre: Mein Bauch gehört mir

Ein neues Zeitalter beginnt

Hippies, freie Liebe, lange Haare und Disco-Fieber sind Schlagwörter, die viele Menschen mit den 70er Jahren verbinden. Dabei war dieses schillernde Jahrzehnt deutlich vielschichtiger, als es das Motto »Sex, Drugs & Rock 'n' Roll« ausdrückt. Die Beziehung zwischen Mann und Frau war wesentlich durch die sexuelle Revolution und den einsetzenden Feminismus geprägt.

Aber auch politische Entwicklungen sorgten dafür, dass die Menschen die traditionellen Partnerschaftsmodelle zunehmend hinterfragten. Die weltweite Ölkrise im Jahr 1973 wirkte sich auch auf unsere Gesellschaft massiv aus. Sie markierte das Ende des Wirtschaftswunders und sorgte innerhalb breiter sozialer Schichten für eine Desillusionierung. Bisher unbekannte Phänomene wie Arbeitslosigkeit, steigende Staatsverschuldung und Unternehmenspleiten verunsicherten die Menschen. Das bürgerliche Familienmodell, bei dem der Mann alleine für die Existenzsicherung aller aufkommt, funktionierte nicht mehr und wurde in Frage gestellt.

Das neue Scheidungsrecht

Anfang der 70er Jahre reformierte die Bundesregierung das Ehe- und Familienrecht und schaffte patriarchalische Bevormundungen in Gesetzesform weitgehend ab. Das neue Scheidungsrecht, das mit einigen Modifikationen bis heute gilt, kannte keinen Schuldigen mehr und bewirkte, dass Frauen, die selbst die Scheidung einreichten, finanziell meist deutlich besser dastanden als nach dem altem Recht. Moral und Schuld sollten für die finanzielle Lage der Partner nach der Scheidung keine Rolle mehr spielen.

Die Bedeutung dieses neuen Rechts, das die Zerrüttung an die Stelle der Schuld setzte, kann für die Stimmung zwischen den Geschlechtern kaum überschätzt werden. Es hat bis heute zwei sehr unterschiedliche Auswirkungen: Zum einen nimmt es den Frauen den Druck, nur noch aus finanziellen Erwägungen bei ihrem Ehemann zu bleiben, wenn alle anderen Gründe dagegensprechen. Es macht sie ökonomisch unabhängiger, wenn auch zu Lasten ihres (Ex-)Ehemannes. Auf der anderen Seite werden durch dieses neue Recht gerade reiche Männer als Ehemänner noch attraktiver, weil sie der Frau nicht nur in, sondern auch noch nach der Ehe ein gutes Leben garantieren, insbesondere dann, wenn Kinder da sind. So stiegen die Scheidungsraten, und in der Mehrheit waren und sind es die Frauen, die die Trennung wollten.

Damit stärkt dieses neue Scheidungsrecht nicht nur die emotionale Unabhängigkeit der Frauen, sondern fördert gleichzeitig die Partnersuche gemäß ihrem archaischen Beuteschema und wirkt so dem Gleichheitsgedanken zwischen den Geschlechtern geradezu entgegen. Mehr denn je hat eine Frau, die mit einem reichen Mann verheiratet ist und mit ihm Kinder hat, auch weit über eine eventuelle Scheidung hinaus ausgesorgt, ganz unabhängig davon, welchen Beruf sie hat. Dadurch entstanden neue Ungerechtigkeiten, und zwar auch unter Frauen: Die finanzielle Situation alleinerziehender Mütter, die alle mehr oder weniger dieselbe Arbeitsbelastung haben, unterscheidet sich beispielsweise enorm. Entscheidend für ihre Lage ist, ob sie mit dem Kindsvater verheiratet waren oder nicht und insbesondere, wie reich er ist. Erst 2007 hat das Verfassungsgericht nichteheliche und eheliche Kinder rechtlich nach einer Scheidung gleichgestellt – und damit auch ihre Mütter. Erst ab 2008 werden alleinerziehende Mütter, egal, ob sie vorher mit dem Kindsvater verheiratet waren oder nicht, gleich lang Anspruch auf Unterhaltszahlungen haben.

Neue Lebensstile entwickeln sich

Der allgemeine Wertewandel in den 70er Jahren stärkte zwar emanzipatorische und individualistische Orientierungen, doch dafür schwächte er die Stellung des bürgerlichen Familienmodells. Es entwickelten sich neuen Lebensstile, die heute ganz selbstverständlich zum Alltag gehören: Singles, nichteheliche Partnerschaften, Wohngemeinschaften, Lebens- und Haushaltsgemeinschaften – das alles stand von nun an in Konkurrenz zur herkömmlichen Familie.

Der Feminismus und die Emanzipation der Frau erreichten erstmals eine breite Öffentlichkeit und waren ständig in den Medien präsent. Lila Latzhosen, hennarotes Haar, Frauenabzeichen, Lesbensongs, Frauenhäuser, Anti-Abtreibungskampagnen und Alice Schwarzer prägten das öffentliche Bild der Frauenbewegung und drangen in das Bewusstsein der Menschen.

Die zwischen den Geschlechtern Ende der 60er Jahre erstmals aufgetretenen Spannungen (»Befreit die sozialistischen Eminenzen von ihren bürgerlichen Schwänzen«) wirkten bis weit in die 70er Jahre hinein. Die Anzahl der Frauengruppen stieg sprunghaft. Ein Höhepunkt war die sogenannte »Selbstbezichtigungsaktion«.

Mein Bauch gehört mir

Im Jahr 1971 veröffentlichte der *Stern* eine Selbstbezichtigungserklärung von 374 meist prominenten Frauen, die öffentlich erklärten, dass sie abgetrieben hätten. Sie alle setzten sich für eine Streichung des Abtreibungsparagrafen 218 ein. Die Frauenbewegung einte jetzt eine Parole: »Mein Bauch gehört mir«. Das stiftete Identität. Da die ökonomische Abhängigkeit von einem Mann gerade bei einem gemeinsamen Kind drohte, wollten die Frauen ein Veto einlegen können – auch wenn das Kind schon unterwegs war. Aus emanzipatorischer Sicht war dies nach der Antibabypille der nächste Schritt, die abhängig machende Mutterrolle zu verschieben oder ganz zu vermeiden.

Natürlich offenbarte sich darin auch die Auflehnung gegen tradierte Rollenbilder, welche die Frauen als bloße Gebärmaschinen abqualifizierten. Die Vorstellung von Weiblichkeit, die von Männern über Jahrhunderte hinweg geprägt worden war, hatten die Frauen viel zu lange fraglos übernommen, so die Kritik der Feministinnen. Ab sofort galt sie als diskriminierend. Auch die sexuelle Revolution der 68er bedeutete eine Verfügbarkeit der Frauen als Sexualobjekt für die Männer. Das war nichts weiter als alter Wein in neuen Schläuchen: Die alte Norm der Monogamie war nur durch eine neue, nämlich die der Polygamie, ersetzt worden. Das war aus feministischer Sicht genauso frauenfeindlich wie zum Beispiel Pornografie. So kam es, dass der Feminismus aus Männersicht bis heute eher als prüde empfunden wird und der sexuellen Revolution bald die Luft ausging.

Entdeckung der neuen Weiblichkeit

Der damalige Feminismus war keineswegs nur eine politische Kampfansage an die (empfundene) Unterdrückung der Frauen durch die Männer in einem patriarchalisch geprägten Gesellschaftssystem. Er war auch eine neue weibliche Lebensform. Viele Frauen verstanden den Feminismus immer mehr als Besinnung auf sich selbst und ihre Stärken. Die eigene Weiblichkeit zu entdecken, jenseits aller männlichen Wunschvorstellungen – dies war das Ziel vieler Frauen. Die unzähligen, in jener Zeit entstandenen Selbsterfahrungsgruppen spiegeln dies wider. Statt abstrakter Gesellschaftsanalysen ging es ihnen um Selbsterkenntnis, statt vieler Theorien um ein neues Gefühl von Weiblichkeit, statt um den männlichen Kopf ging es um den weiblichen Bauch. So versuchten die Frauen in den neu entstandenen Zentren, eigene Entwicklungsprozesse zu reflektieren. Es galt, kollektive Strategien für frauenspezifische Probleme, Bedürfnisse und Ängste zu finden.

Männer und Gewalt

Das Thema Gewalt gegen Frauen nahm gegen Ende der 70er Jahre eine elementare Rolle ein. Die Vergewaltigung galt in feministischen Kreisen häufig als das zentrale männliche Machtinstrument. Hinter jedem Penisträger verbarg sich ein potenzieller Vergewaltiger – jede Frau war ein mögliches Opfer. Selbstverteidigungskurse für Frauen boomten, Anti-Gewalt-Gruppen gab es bald in allen größeren Städten. Das Thema Unterdrückung der Frau, erst nur als gesellschaftliches Phänomen in einer patriarchalischen Gesellschaft angeklagt, spielte auf einmal in die Paarbeziehung hinein.

Ab sofort konnten sich die Männer nicht mehr hinter einem Gesellschaftssystem verschanzen, das ihnen genauso vorgesetzt worden war wie den Frauen. Jetzt hieß es: Hosen runter und schuldig fühlen. Jede lustvolle männliche Regung barg plötzlich den Keim für ein Verbrechen in sich. Der Mann als solcher stand auf dem Prüfstand – und er fiel durch. Er saß auf der Anklagebank und wurde schuldig gesprochen. Eine neue Frontlinie lief durch die Gesellschaft. Auf das alte Schwarzweißdenken der 68er, hier der revolutionäre Sozialismus, die Jungen, die Studenten, dort der faschistoide Kapitalismus, die Spießer, die Alten, folgte eine neue Dualität: hier die unterdrückten Frauen, dort die gewalttätigen Männer. Und das betraf nicht nur die Gesellschaft, das betraf auch jede einzelne Beziehung.

Sozialisation contra Gene und Hormone

Natürlich hatte die Frauenbewegung auch ein Mittel, ihre Ziele zu erreichen: Nicht nur in feministischen Kreisen vertrat man die Ansicht, dass sich die Verhaltensweisen der beiden Geschlechter relativ leicht ändern ließen – wenn der Wille dazu bestand. Denn in den 70er Jahren war die Meinung vorherrschend, dass sich das Geschlecht der Menschen ausschließlich in den anatomischen Unterschieden offenbart – und durch sonst gar nichts. Die Verhaltensweisen erklärte man sich allein durch Erziehung und gesellschaftliche Rollenbilder. Ein emotional tief verankertes archaisches Beuteschema, das die Partnerwahl entscheidend beeinflusst, war in diesem Denken nicht vorgesehen.

Diese Sichtweise, in der Gene und Hormone keinerlei Bedeutung für die Unterschiede zwischen den Geschlechtern hatten, beinhaltete große Vorteile. Sie gab den Frauen die Gelegenheit, sich neu zu definieren, und den Männern die Möglichkeit, sich zu verändern. Sanfter und fürsorglicher sollten sie werden und natürlich weniger aggressiv, kurz gesagt: weiblicher. Angesichts immer stärker und souveräner auftretender Frauen verloren viele Männer tatsächlich ihre männliche Dominanz. Sie reagierten auf die Forderungen der Frauen überwiegend mit Verständnis und Rücksicht, manche allerdings auch mit vorauseilendem Gehorsam. Der Softie als Typ war geboren.

Ein Mann, der es genießt, sich durch starke Frauen verunsichert und eingeschüchtert zu fühlen. Einer, der sich äußerlich den Frauen sogar anpasst. Weiche, lange Locken, feminine Kleidung und ein verträumter Blick sind die Klischees, die den Softie charakterisieren. Allerdings hatten die meisten Männer Schwierigkeiten, sich diesem Rollenbild zu nähern. Auch die Frauen merkten bald, dass sie zwar ideologisch den umerzogenen Mann forderten, emotional aber doch eher den männlicheren Typ vorzogen. Denn ihr archaisches Beuteschema hatte sich nicht geändert – es stand noch nicht einmal zur Debatte. Als Partner fiel der Softie bei den Frauen daher komplett durch.

So standen Männer im Verlauf der 70er Jahre vor dem Dilemma, dass sie einerseits zärtlich und rücksichtsvoll sein sollten und die Wünsche und Bedürfnisse der Frauen verstehen sollten. Andererseits sollten sie – auch wenn es nicht offen thematisiert wurde – feurige Liebhaber sein und althergebrachten männlichen Rollenklischees entsprechen. Neben seiner beruflichen Karriere sollte sich der Mann an der Hausarbeit und der Kindererziehung beteiligen und auch noch genügend Zeit und Energie für seine Partnerschaft aufbringen. Heutzutage wirken diese verschiedenartigen Anforderungen völlig normal, doch in den 70ern waren sie für die Männer neu.

Auch die Frauen waren auf einmal bisher ungeahnten Problemen ausgesetzt. Zwar wünschten sich viele Männer lustvolle und selbstbewusste Frauen, die auch mal den ersten Schritt tun, aber kaum mit dem neuen Frauentypus oder direkt mit sexuellen Wünschen konfrontiert, reagierten viele von ihnen mit Flucht. Gerade emanzipierte Frauen mussten am eignen Leib erfahren, dass Männer doch lieber ein devotes »Häschen« bevorzugten und Angst vor den neuen, starken Frauen hatten.

Don't marry – be happy?

In den 70er Jahren nahm die Zahl der Eheschließungen deutlich ab. Mit einem Mal waren alle anderen Lebensformen, die bis dato als negativ galten, ganz normal geworden. Immer mehr Menschen lebten in partnerschaftlichen Beziehungen ohne Trauschein zusammen. Die Ehe war nur noch etwas für Spießbürger, die Ledigen hießen jetzt Singles, und ihre Zahl nahm immer mehr zu. Besonders Frauen und Männer mit Hochschulabschluss blieben erst einmal ohne Trauschein. Man heiratete immer später – oder nie. Ein Trend, der sich in der Folgezeit fortsetzen sollte.

Niemand nahm mehr Anstoß daran, wenn unverheiratete Paare zusammenlebten. Die »wilde Ehe« wurde aus dem Wortschatz gestrichen, die veränderte Sexualmoral hatte es ermöglicht. Auch als Versorgungsinstanz für Frauen war die Ehe zunehmend unnötig, zumindest solange keine Kinder da waren – und für die entschieden sich die Frauen immer später. Die Zahl der Alleinerziehenden wurde größer, und die Scheidungsrate stieg rasant an.

Mehr Bildung und Jobs für Frauen

Die Bildungsreform in der Bundesrepublik, die bis weit in die 70er Jahre hineinreichte, steigerte den Anteil an Frauen mit höheren Bildungsabschlüssen. Jungen und Mädchen bekamen gleiche Bildungschancen, das Bildungsgefälle zwischen den Geschlechtern nahm stark ab. Bis zum Arbeitsmarkt drangen diese Veränderungen allerdings zunächst kaum durch: Arbeitende Frauen waren damals weitaus stärker benachteiligt als heutzutage.

Noch ein Jahrzehnt zuvor war die Ehefrau und Mutter, die arbeiten ging, ein Makel für ihren Ehemann. Die Nachbarn könnten schließlich denken, er schaffe es nicht alleine, seine Familie zu ernähren. Nicht wenige Ehemänner verboten ihren Frauen daher zu arbeiten. Die Erwerbslosigkeit der Ehefrau war ein Statussymbol des deutschen Mannes, und er hängte sie ihr um wie einen Nerzmantel. Jetzt dagegen strebten die Frauen nach Selbstbestimmung und Selbstständigkeit. Das war verständlich. Auch für die Männer.

Der Terraingewinn der Frauen bei Bildung und Beruf führte dazu, dass sich die geschlechtsspezifischen Rollenbilder änderten. Es hat eine innere Logik, dass sich die Männer vermehrt um häusliche und familiäre Pflichten kümmern müssen, wenn die Frauen immer mehr Zeit im Beruf verbringen. Die Männer reagierten auf diese Rollenerweiterung der Frauen sehr unterschiedlich. Sie nahmen die neuen Forderungen wahr und akzeptierten sie, zum Teil fassten sie diese aber auch als Bedrohung auf, belächelten sie oder nahmen sie nicht ernst.

Allmählich stieg die Beteiligung der Frauen auch am öffentlichen Leben deutlich an. Sie erhoben erstmals den Anspruch, mit den Männern gleichwertige Positionen in der Öffentlichkeit einzunehmen. Zuerst waren die Erfolge wenig atemberaubend. Auch wenn der Anteil der weiblichen Abgeordneten im Deutschen Bundestag nicht der beste Indikator für die gesellschaftliche Partizipation der Frauen ist, so zeigt sich darin doch die veränderte Situation der Frauen in der Öffentlichkeit. Die Zunahme der weiblichen Abgeordneten von 5,8 Prozent im Jahr 1972 auf 7,3 Prozent im Jahr 1976 ist aber eine Tendenz, die sich in folgenden Jahrzehnten deutlich verstärken sollte.

Die 80er Jahre: Meine Karriere gehört mir

Das Revival der Familie

Schon zu Beginn dieses Jahrzehnts war es für Mädchen im Alter von 15 bis 19 Jahren völlig normal, sowohl eine eigene Familie als auch einen Beruf anzustreben – doch vor der Ehe schreckten viele zurück. Der Traualtar war noch zu sehr mit den traditionellen Rollenbildern verknüpft. In der Ehe sahen sie die Verbindung von Familie und Beruf gefährdet. Mädchen waren vor allem auf der Suche nach einem Partner, der ihren Wunsch nach einem Beruf und nach Familie unterstützte.

Das in den 70er Jahren prognostizierte Ende der gesamten Institution Ehe erwies sich allerdings als voreilige Aussage. Ab Mitte der 80er Jahre kam es sogar zu einer Wiederaufwertung von Heirat und Ehe. Nachdem der traditionelle Ballast abgeworfen war, erschien die Ehe offenbar wieder attraktiver. Die wirtschaftlichen Unsicherheiten trugen außerdem dazu bei, dass die Menschen die Ehe wieder mehr als private Solidargemeinschaft betrachteten. Gerade die Frauen waren jedoch, sicher auch dank ihrer besseren Position nach dem neuen Scheidungsrecht, immer schneller bereit, die Ehe bei aufkommenden Krisen zu beenden. Allerdings können die häufigeren Scheidungen das gestiegene Interesse an der Ehe nicht widerlegen. Denn gesellschaftliche Normen und eine frauenfeindlichere Scheidungsgesetzgebung verhinderten in früheren Zeiten Scheidungen. Jedenfalls wurde die Ehe wieder gelebt – nicht weil es sich so gehörte, sondern aus freien Stücken

Auch in den Fernsehserien zeigte sich ein Revival der Familie. Trotz aller zwischenmenschlichen Auseinandersetzungen und Konflikte stellte die Familie einen Hort für Glück und Harmonie dar, so wie in der damaligen Kultserie: *Die Schwarzwaldklinik*. Die ideale Fernsehfamilie war die klassische Kleinfamilie. Frauen waren in TV-Serien zunehmend berufstätig, wenn auch meistens in abhängigen Positionen in Sozialberufen oder Bürojobs.

Yuppies auf dem Vormarsch

Der Wunsch nach Familie und Beruf konnte nicht verhindern, dass besonders in den Großstädten das Single-Leben auf dem Vormarsch war. Allein zu leben galt als chic und wegweisend, denn man war autonom, emanzipiert und arbeitsaktiv. Gerade die weiblichen Singles fühlten sich als gesellschaftliche Leitfiguren und bevölkerten zunehmend die Medien – meist als Yuppie, dem idealtypischen Single. Der Young Urban Professional wohnte definitionsgemäß in der Stadt, war berufstätig und verschwendete an Heirat oder Elternschaft keinen Gedanken, war zwischen Mitte 20 und Anfang 40, wohnte in Lofts, brunchte in Bistros, genoss das Freizeitangebot der Städte und verbrachte seinen Urlaub in der Ferne.

Die mittlerweile erwachsen gewordenen geburtenstarken Jahrgänge der 60er wollten nun in erster Linie Geld verdienen – möglichst viel, möglichst schnell und ohne Rücksicht auf andere. Dieses Geld gaben sie dann frei nach dem Motto

»Work hard, play hard« genauso schnell wieder aus. Die meist ledigen und kinderlosen Yuppies machten Karriere als Börsenmakler, Anwälte oder in der Medienbranche. Männliche Yuppies wollten durch einen Powerlook Ehrgeiz und Ellbogenmentalität ausstrahlen. Zweireihige Anzüge von Hugo Boss oder Armani mit stark ausgeprägten Schulterpolstern waren das dazu passende Outfit. Die Frauen überzeugten im lässigen Kreativlook oder zeigten im kleinen Schwarzen ihre weiblichen Vorzüge. In puncto Beuteschema herrschten also unverändert archaische Verhältnisse. Erfolg und gutes Aussehen waren die Trümpfe auf beiden Seiten, wenngleich mit deutlich unterschiedlicher Bewertung.

Und was machten diese Singles? Sie jagten kurzen Affären nach und warfen oft ohne Anlass wieder das Handtuch – immer auf der Suche nach dem ultimativen Kick. Warum in einer langweiligen Beziehung feststecken, wenn auf der nächsten Party der Traumpartner wartet, und sei es auch nur für eine Nacht? Das Jahrzehnt war geprägt durch ein ständiges Beginnen und Beenden von Beziehungen – und davon, dass Frauen anfingen, richtig Karriere zu machen.

Heiratsengpässe

Karrierefrauen waren Mitte der 80er Jahre ein gesellschaftliches Phänomen. Der Hosenanzug avancierte zur Standardarbeitskleidung weiblicher leitender Angestellter, Schulterpolster sollten Macht und Autorität ausstrahlen. Ziel war, die Emanzipationsbestrebungen in die Tat umzusetzen. Es war der weibliche »Gang durch die Institutionen«, den ehemals die 68er propagiert hatten, um an die Macht im Staate zu gelangen. Jetzt machten es ihnen die Frauen nach. Folgerichtig wurde zehn Jahre später mit Gerhard Schröder erst ein ehemaliger 68er Bundeskanzler und danach eine Frau Bundeskanzlerin – auch wenn Angela Merkel als Ostdeutsche selbst kein Kind dieser Emanzipationsbewegung ist.

Nun errangen die Frauen zwar berufliche Erfolge, hatten

aber im Privatleben mit Enttäuschungen zu kämpfen. »Where are the men for the women at the top?«, fragten die Autoren Christine Doudna und Fern McBride und trafen damit den Nagel auf den Kopf. Die deutsche Liedermacherin Ina Deter textete zur selben Zeit in ihrem Song »Neue Männer braucht das Land« die Zeile »Setz es fett in die Bildzeitung, Emanze sucht 'ne Begleitung«. Die Botschaft war eindeutig: Die selbstbewussten Frauen haben die Männer noch nicht ganz satt, doch ein passendes Gegenstück zu finden ist schwer.

Trotzdem galten unverheiratete Karrierefrauen nicht als Problem. Ihr Alltag war Ausdruck eines erfüllten Berufslebens, Männer waren dabei nicht unbedingt vonnöten. Das Single-Dasein war also kein Mangel, sondern durchaus erstrebenswert. Auch von wissenschaftlicher Seite erhielten die Frauen Unterstützung. Um die stark angestiegene Zahl unverheirateter Frauen zu erklären, führte man kurzerhand das Problem des Frauenüberschusses in der Bevölkerung an. Dass es vielleicht auch an ihrem unverändert archaischen Beuteschema liegen könnte, kam niemandem in den Sinn. Das feministische Lager lehnte die Debatte um die Partnerlosigkeit der Karrierefrauen sogar gänzlich ab. Es hieß, durch diese Debatte sollten nur die Errungenschaften des Feminismus wieder rückgängig gemacht werden, und darauf wollte man sich keinesfalls einlassen.

No Kids

Der bereits in den 70er Jahren auszumachende Rückgang der Geburtenquote setzte sich in den 80er Jahren fort. Vor allem die Karrierefrauen zögerten mit ihrem Kinderwunsch, denn die Anforderungen des Arbeitsmarktes ließen eine Babypause oft nicht zu. In vielen Berufen war und ist es schließlich erforderlich, in bestimmten Zeiträumen bestimmte berufliche Positionen zu durchlaufen. Häufig fehlte auch der richtige Partner zur richtigen Zeit: der Partner, der gewillt war, die beruflichen Ambitionen seiner erfolgreichen Frau genauso abzufedern wie ihre Bedürfnisse nach Sicherheit, der Partner, der bereit war, je nach Anforderung sowohl Teilzeithausmann als auch Ernährer der ganzen Familie zu spielen. Am Ende machte dann das Alter der Frau einen Strich durch die Rechnung.

Friedens- und Frauenbewegung

Der Feminismus der 70er Jahre hatte die Situation der Frauen unzweifelhaft verbessert. Die Frauen der 80er Jahre waren kritischer, politischer und aufgeklärter als je zuvor. Sie nahmen ihre Rechte in Anspruch und forderten diese klar und deutlich ein, im Inland durch die verstärkte Teilnahme in Parteien, Gewerkschaften und Kirchen, im internationalen Rahmen durch das Mitwirken in globalen Organisationen. Der Name der Politikerin Petra Kelly steht für die maßgebliche Beteiligung der Frauen sowohl bei der Parteigründung der Grünen als auch bei der Friedensbewegung.

Das gilt ebenso für den sogenannten »Heißen Herbst« 1983, in dem Millionen Menschen gegen den Nachrüstungsbeschluss und die Stationierung der amerikanischen Pershing-Raketen in Westeuropa demonstrierten. Der damalige amerikanische Präsident Ronald Reagan, ein ehemaliger Westernheld-Darsteller, und seine Raketen, die wie Phallussymbole in den Himmel ragten, stellten für die Deutschen eine aggressive, kriegerische Männlichkeit dar, die überwunden werden musste. Die angestrebte Gewaltfreiheit, an die sich die FriedensaktivistInnen bei den Demonstrationen ausdrücklich hielten, schrieben sich die Friedensbewegung, die Grünen und die Feministinnen gleichermaßen auf ihre Fahnen. Dass Gewalt und Aggression ursprünglich männlich sind, war allen klar. Das bestätigte und bestärkte nur das Umerziehungsprogramm hin zu mehr Weiblichkeit, das die Frauenbewegung mit den Männern vorhatte, bei dem jetzt aber auch viele Männer überzeugt mitmachten.

Ein Teil der Feministinnen konvertierte sogar zu einer Art

Mutterideologie. Diese besagte: Frauen sind von Natur aus friedlich, mütterlich und ohnehin die besseren Menschen. Die Aufgabe der Frauen bestehe darin, die von Männern bedrohte oder schon zerstörte Welt zu retten. Für diese Rettungsaktion sollte das weibliche Geschlecht jedoch keine Hebel der Macht in die Hand nehmen – sondern lieber den Nachwuchs auf den Arm. Die Mutterschaft wurde glorifiziert.

Alice Schwarzer beäugte diese Entwicklung mit großer Skepsis. Denn dieses Frauenbild der friedlich und liebevoll beschäftigten Frau und Mutter bestärke letztendlich die patriarchalischen Männer, so ihre Kritik. Für die Sache der Frauen sei das eher kontraproduktiv.

Gleich oder verschieden?

Aus der Debatte um die neue Rolle der Frau entstanden schließlich zwei konträre Grundauffassungen, die spätestens seit dem Frauen-Kongress 1989 in Frankfurt am Main den Feminismus in zwei Lager teilten. Sein Titel lautete: »Differenz und Gleichheit. Menschenrechte haben (k)ein Geschlecht«. Die eine Seite ging davon aus, dass Frauen und Männer sehr verschieden sind, die andere Seite betonte dagegen, dass die beiden Geschlechter (fast) gleich seien. Letztere leitete aus der Gleichheit auch die Gleichstellung ab. Frauen sollte endlich all das zugutekommen, was bislang nur Männern zustand.

So forderte Alice Schwarzer beispielsweise, dass Frauen einen gleichberechtigten Zugang zur Bundeswehr bekommen sollten – natürlich nicht ohne darauf hinzuweisen, dass Frauen aus pazifistischen Gründen nicht zur Armee gehen sollten. Generell forderten die Gleichheitstheoretikerinnen, dass Frauen in der Gesellschaft die gleichen Rechte erhalten wie Männer und nicht länger ökonomisch, sozial und rechtlich benachteiligt werden sollten. Die Geschlechter unterschieden sich biologisch zwar (fast) nicht, doch die männerdominierte Gesellschaft schreibe den Frauen unerwünschte soziale Rollen zu.

Diejenigen unter den Feministinnen, die die Unterschiedlichkeit betonten, wollten gar keine direkte Gleichstellung. Frauen seien einzigartig und von den Männern völlig verschieden. Gleichheit und Gleichstellung würden bedeuten, dass Frauen sich den männlichen Strukturen anpassen müssten. Vielmehr sollten sie sich auf ihre eigene Kultur zurückziehen und sich der männlichen Welt verweigern.

Vertreterinnen dieses Feminismus behaupteten, dass sich das weibliche Prinzip nicht ausbreiten könne, da es unterdrückt werde. Sie verglichen die Kultur der Feminität mit jenen der Dritte-Welt-Länder und fühlten sich von der männlichen Kultur kolonisiert. Sie stilisierten sich quasi zur Minderheit, die geschützt werden müsse. So forderten sie eigene Räume für Frauen, in denen sie ihre Andersartigkeit voll ausleben konnten. Neben den bereits existierenden Frauencafés und Frauengruppen entstanden vielerorts feministische Bibliotheken, Frauenbuchläden und Vereine nur für Frauen – alles männerfreie Zonen.

Dekonstruktivismus und Diskurstheorie

Das theoretische Material, mit dem die Frauen ihre feministischen Waffen schmiedeten, stellten zum guten Teil die französischen Philosophen Jacques Derrida und Michel Foucault bereit. Vereinfacht ausgedrückt, versucht Derridas Dekonstruktivismus sehr feine, bereits in der Sprache angelegte Machtstrukturen und Machtausübungen aufzudecken, zu dekonstruieren. Auch in der Sprache würden die Frauen unterdrückt, die männliche Form als das Normale (z. B. »Bauer«), die weibliche dagegen als die Abweichung (z. B. »Bäuerin«) angesehen. Das Pronomen »man« wurde ebenso empfunden und folgerichtig in feministischen Kreisen durch »frau« ersetzt. Inzwischen haben wir uns an eine politisch korrekte Sprach- und Schreibregelung gewöhnt, die versucht, Ungleichheiten in der Sprache möglichst zu vermeiden, so heißt es statt »Studenten« inzwischen »Studierende«.

Foucaults Diskurstherorie geht in dieselbe Richtung: Er untersucht die Diskurse und deren Sprache, also in erster Linie die Sprache der verschiedensten Disziplinen, die darüber bestimmen, was und wie viel wert ein Mensch ist. So zum Beispiel die Sprache der Medizin, der Bürokratie, der Psychologie, der Wissenschaften, des Rechts – kurz: die Sprache der Macht. Auch hier erkannten sich die Frauen als die Unterdrückten, die Opfer, und steuerten gegen.

Aufgrund der Kritik am männlich dominierten Gesundheitswesen gründeten sich zum Beispiel Frauengesundheitszentren, und Gynäkologinnen wies man eine höhere Kompetenz in Frauenfragen zu als ihren männlichen Kollegen.

Gleich und verschieden!

Steckte der Feminismus nun in einem Dilemma? Wollten die Frauen etwa Gleichheit und Sonderrechte? Wollten sie etwa Gleichstellung und spezielle Gesetze zur Frauenförderung? Während sich die aktiven Feministinnen über den »richtigen« Feminismus stritten und immer noch streiten, gingen die übrigen Frauen eher pragmatisch mit der Frage »gleich oder verschieden?« um. Sie wollten tatsächlich beides sein, je nach Situation. Sie forderten Gleichheit, wenn es um Machtverteilung ging, etwa in der Familie und im Beruf. Verschieden wollten sie dagegen sein, wenn es um weibliche Werte, weibliche Moral und weibliche Stärken ging.

Aus Derridas schwer verständlichen Texten entwickelte sich ein neuer Jargon, der den der 68er ablöste. Allerorten dekonstruierten und konstruierten die Menschen – und den Frauen wurde vor allem eins klar: Ab sofort konnten sie sich ihr Leben selbst konstruieren, wenn sie nur wollten.

Verunsicherte Männer

Dem amerikanischen Regisseur Rob Becker zufolge sind die 80er Jahre das Jahrzehnt, in dem sich der Mann dauernd zu entschuldigen hatte. Hielt er einer Frau die Tür auf, musste er mit einer schnippischen Antwort à la »Danke, das kann ich schon selbst« rechnen. Hielt er dagegen die Tür nicht auf, war ebenfalls Ärger vorprogrammiert. »Haben wir da nicht etwas verlernt?« und Ähnliches bekam er dann zu hören. In beiden Fällen blieb ihm nur eines: Ein verdutztes »Entschuldigung« von sich zu geben.

Dem Mann der 80er Jahre fiel es nach wie vor schwer, seine Ohnmacht und Schwäche einzugestehen oder sie gar zu offenbaren. Er hatte aber immer weniger die Möglichkeit, diese Schwäche durch Stärke, Dominanz und Aktivität zu überspielen. Denn gerade diese typisch männlichen Verhaltensmuster drängten ihn in die Rolle des ungeliebten Patriarchen, der sich zunehmend weiblichen Angriffen ausgesetzt sah. Verunsicherung und Orientierungslosigkeit nahmen zu, ihm fehlte eine neue Identität.

Natürlich ärgerten sich die Männer auch über den Feminismus. Viele konnten nicht verstehen, warum die Feministinnen den normalen Mann auf der Straße zum Feindbild erhoben: Gewalttäter, Kriegshetzer, seelenloser Technokrat. Das ging für die meisten Männer an der Wirklichkeit vorbei – auch ohne Umerziehung durch die Frauen.

Der »neue« Mann

Der Softie verschwand fast vollends von der Bildfläche. Er war out, noch bevor er richtig in war. Das Phänomen des streichelweichen Mannes, der weinte, um den Frauen zu gefallen, hatte keine Zukunft. Die Damenwelt war an so einem Exemplar mehrheitlich nicht interessiert. Der emotionale und fürsorgliche Mann war jedoch durchaus gefragt, denn der Trend zur Arbeit im Haushalt und zur Kindererziehung setzte sich fort. Bald war es für Männer sogar selbstverständlich, bei der Geburt ihrer Kinder dabei zu sein. Idealerweise war der Mann politisch interessiert, umweltbewusst und zeigte Interesse an der Entfaltung seiner Partnerin, die er für ihre Schönheit, aber noch mehr für ihren Geist schätzte.

Der »neue Vater« wurde gesellschaftsfähig, eine Rolle, die viele Männer auch als Bereicherung empfanden. Er zeigte Interesse an seinen Kindern, übernahm bei ihnen fürsorgliche und pflegerische Aufgaben, und für die älteren war er Spielkamerad und Freund. Dieser Vatertypus war allerdings der Aufgabe entledigt, für Disziplin innerhalb der Familie zu sorgen.

Die Rolle des Mannes und seine Identität wurden zusehends auch in den Medien thematisiert, etwa in Filmen wie *Männer* von Doris Dörrie (1985) oder Songs wie »Männer« von Herbert Grönemeyer (1984). Ein in sich stimmiges, »neues« Männerbild war aber noch nicht absehbar, es gab lediglich diffuse Ansätze dazu. Angesagt waren vielmehr Männer wie der Tatort-Kommissar Schimanski, gespielt von Götz George. Dieser Charakter kombinierte zwei Eigenschaften: Melancholie und Machismo. Der Tatortkommissar litt und war doch gewalttätig. Er war ein wahrer Mann, der Gefühle zeigte und dadurch nicht etwa weiblicher, sondern eher noch männlicher wurde. Er hatte viel von einem archaischen Helden, der Macht, Stärke und Gefühle zeigen konnte, ohne sich dabei zu verlieren. Das hatten viele Männer verlernt, und nun waren sie dabei, es wieder einzuüben – allerdings mit wechselndem Erfolg.

Geschlechterrollen in der Werbung

Interessant ist ein Blick auf die Werbung in den 80er Jahren, in der sich die gewünschten gesellschaftlichen Rollenbilder widerspiegelten. Erstaunlich ist, dass unvermindert männliche Autoritäten auftraten: Meister Proper und der Marlboro-Mann symbolisierten ungebrochene männliche Stärke. Männliche Off-Stimmen standen nach wie vor für Sachlichkeit, Autorität und Überzeugungskraft. Diese alten, männlichen Tugenden waren also noch immer gefragt, aber sie reichten nicht mehr aus.

Denn die Männer kochten auch, strichen ihren Kindern Butterbrote und wussten über Putzmittel Bescheid. Optisch inszenierte man sie jedoch völlig neu – nämlich mit nackten Körpern. Übrigens ein Trend, der bis heute eher zugenommen hat. Durch die Darstellung von erotischen Männerkörpern wurde die Werbung den Wünschen der Frauen gerecht. Die vermittelte Botschaft lautete, dass die Männer ihre angestammten Rollen zwar erhalten, aber neue dazugewinnen sollten.

Ähnlich erging es den Frauen. Ihr Bild in der Werbung war sogar noch zwiespältiger. Sie waren unsicher, unwissend und sanft, aber auch selbstsicher und selbstbewusst. Die emanzipierte Frau in der Werbung war alleinstehend, berufstätig, frei und unabhängig. Zugleich war sie auch attraktiv, jung und sexy. Charme und Erotik sollten ihre berufliche Kompetenz verstärken. Diese Ideale stellte die Werbung zwar dar, an der Wirklichkeit gingen sie jedoch meist vorbei, und zwar bei Männern wie bei Frauen.

Hier zeigten sich erstmals die Schwierigkeiten in den Doppelrollen für Männer und Frauen: Sie mussten sowohl dem archaischen Beuteschema des anderen Geschlechts als auch den neuen Vorgaben der Emanzipation entsprechen.

Die 90er Jahre: Mein Leben gehört mir

Die Macht der Frauen und die Quote

Die 90er Jahre waren das Jahrzehnt der Political Correctness. Die Männer mussten darauf achten, bei Themen wie Frauen, Gleichstellung und Partnerschaft so korrekt wie möglich zu sein. Das hatte seine Gründe: Ein falsches Wort in der Öffentlichkeit, und schon konnte einem Mann Frauenfeindlichkeit unterstellt werden. Und das war ein hundertprozentiger Karrierekiller. Die Macht von Frauen- und Gleichstellungsbeauftragten wuchs stetig, das Selbstvertrauen der Männer bröckelte weiter, die Frauen traten immer souveräner auf.

Wo Frauen sich nicht mehrheitlich durchsetzen konnten, half ihnen die Quotenregelung. Schon 1986 führten die Grünen ihr sogenanntes »Frauenstatut« ein, und zwar mit einer Mindestquotierung von 50 Prozent. Der Spitzenplatz ging sogar immer an die Frauen, weil ihnen alle ungeraden Listenplätze gehörten, also auch die Nummer eins.

Im Jahr 1988 verpflichtete sich dann die SPD, mindestens 40 Prozent aller Mandate und Posten in weibliche Hände zu geben. Die CDU führte erst 1996 ein sogenanntes »Frauenquorum« ein, das lediglich eine unverbindliche Empfehlung enthält, Frauen zu einem Drittel an Parteiämtern und Mandaten zu beteiligen. Bei der FDP gibt es nicht einmal das.

Auch ökonomisch schlitterten viele Männer in eine Krise. Die Arbeitslosigkeit unter ihresgleichen nahm wesentlich stärker zu als die unter den Frauen. Denn während die klassischen Männerberufe der Industriegesellschaft rarer wurden, wuchs der Dienstleistungsbereich, in dem seit jeher mehr Frauen tätig sind. Teamfähig, kommunikationsfreudig, gefühlsbetont und kreativ – die klassischen Eigenschaften der Frauen waren mittlerweile gefragter denn je, und zwar nicht nur im Dienstleistungssektor.

Von Friede im Geschlechterkampf konnte in den 90er Jahren demnach keine Rede sein. Der Machtkampf ging weiter – ob im Bett, in der Politik oder im Büro. Es erschienen unzählige Bücher, die den Geschlechterkonflikt thematisierten und deren Zielgruppe in erster Linie Frauen waren. Sie erhielten Ratschläge, wie sie sich gegen die Männer effektiv zur Wehr setzen können: mit raffinierten weiblichen Waffen gegen die männliche Kraftmeierei. Andere Bücher zielten eher auf Verständigung und Kooperation. Die Männer erschienen darin als gebeutelte Geschöpfe einer untergehenden Spezies, deren emotionale und intellektuelle Fähigkeiten immer weniger in die neue Zeit passten, für welche die Frauen aber auch etwas Verständnis aufbringen könnten.

Die gläserne Wand

Zwar gab es inzwischen mehr Abiturientinnen als Abiturienten und auch mehr Studentinnen als Studenten. Doch nach wie vor dominierten die Männer in allen Führungsebenen, und immer noch verdienten Frauen deutlich weniger als Männer bei vergleichbarer Arbeit. Die Frauen warfen den Männern vor, dass sie ihre einmal errungene Macht nicht abgeben wollten und quasi die Zulassungsbeschränkungen für den gesellschaftlichen Aufstieg festlegten.

Sie fühlten sich wie vor einer »gläsernen Wand«, gegen die sie bei ihrem beruflichen Aufstieg unweigerlich stießen. Diese Wand zu durchbrechen und ganz nach oben zu kommen, gelang nur wenigen Frauen. Männliche Seilschaften, männliche Cliquenwirtschaft und die Angst der Männer vor den starken Frauen errichteten aus Frauensicht diese Wand gleichermaßen.

Es gab (und gibt) durchaus noch andere Gründe für diese »gläserne Wand«, die aber nicht ins feministische Denkmuster passten und viel mit den archaischen Beuteschemata zu tun haben: Männer steigerten nach wie vor durch ihren beruflichen Aufstieg ihre Attraktivität bei den Frauen und ihr Ansehen bei den Männern. Das machte die Karriere für sie so erstrebenswert. Bei den Frauen war das dagegen nicht unbedingt so. Nach wie vor standen Männer zusätzlich unter hohem Druck, Karriere zu machen, weil ihr Einkommen häufig noch für Frau und Kinder reichen musste. Das gute Geld, das Frauen in Führungspositionen verdienten, benötigten sie aber nicht unbedingt für ihre Familie. Denn sie waren entweder unverheiratet oder, gemäß ihrem archaischen Beuteschema, mit einem noch besser verdienenden Mann zusammen – und hatten wenig Nachwuchs. Das waren (und sind) zusätzliche Gründe, warum Frauen diese »gläserne Wand« auf dem Weg nach oben spürten. Sie bauten (und bauen) sie zum Teil selbst auf, ohne es zu wollen, ja ohne es zu merken.

Trotzdem war eins sicher und unübersehbar: die Frauen holten beruflich und gesellschaftlich auf, wenn auch langsamer als ursprünglich erwartet.

Politikmüde Feministinnen

Im Vergleich zu den vorherigen Jahrzehnten wurden die Frauen zwar selbstbewusster, aber auch unpolitischer. Feministische Ideologien und politische Parolen verloren an Bedeutung, dagegen war Pragmatismus angesagt. Vorbild für viele Frauen war die Popsängerin Madonna, deren Botschaft lautete: Frauen können alles erreichen, wenn sie klug und sexy sind. Entsprechend änderte sich in den 90ern auch das Bild der Frau in den Medien. Man sah immer weniger Fernseh- und Kinofilme, in denen sanfte Betthäschen zu starken Männern aufschauten. Ganz im Gegenteil: In den meisten Beziehungskomödien jener Jahre gewannen starke, schöne und liebesfähige Frauen die Gunst der Zuschauer, während die Männer nur mehr als Macho-Karikaturen, Mami-Bübchen oder Workaholics durchs Bild liefen. Auch in den James-Bond-Filmen mehrten sich die schönen, aber zugleich eiskalten Powerfrauen und Agentinnen, die schmalspurige Muskelprotze niederwalzten.

Girl Power

Die neuen Frauenrollen zeigten sich schon bei den jungen Mädchen, die immer selbstbewusster und in ihren Beziehungen zunehmend autonom wurden. Sie liebten ihren Körper und lebten sexuelle Selbstbestimmung. Die Trendvokabel »Girl Power« sollte dieses jugendkulturelle Phänomen beschreiben. Junge Mädchen suchten nach unabhängigen, lebenslustigen und erfolgreichen weiblichen Vorbildern. Fun und Freiheit standen im Mittelpunkt. Lebensstile, Musik, Kosmetik, Mode und Accessoires waren wichtiger als gesellschaftspolitische Problemstellungen.

Mit ihrem Selbstbewusstsein, ihrer Aktivität und ihrem Ehrgeiz demonstrierten sie den selbstverständlichen Anspruch junger Frauen auf gleiche Rechte. Prototypisch für die Girlie-Bewegung in Deutschland stand die Sängerin Luci van Org mit ihrer Band Lucilectric, die 1994 mit dem Song »Mädchen« einen Hit landete. Darin heißt es: »Keine Widerrede, Mann, weil ich ja sowieso gewinn, weil ich ein Mädchen bin.«

Neuer Frauentyp aus Ostdeutschland

Politisch und gesellschaftlich war die Deutsche Einheit das einschneidende Ereignis in jenem Jahrzehnt. Ein neuer Frauentypus betrat die bundesdeutsche Bühne: die Ostfrau.

Die Frauen aus den neuen Bundesländern verhielten sich so, als wären sie geradezu einer postfeministischen westlichen Männerphantasie entsprungen: Die Ostfrau hatte in der Freikörperkultur der DDR den unbefangenen Umgang mit dem eigenen Körper erlernt. Ihr eilte der Ruf voraus, sexuell unverklemmt zu sein – offenbar hatte sie in der reizarmen DDR die Sexualität in vollen Zügen genossen, und kein anglo-amerikanisch gefärbter, puritanischer Feminismus verdarb ihr und dem Mann den Spaß. Gleichzeitig zeigte sie ein untergeordnetes Interesse am schnöden Mammon.

In einer Gesellschaft wie der DDR, in der, abgesehen von einer kleinen Führungsclique, alle mehr oder weniger gleich waren und auch gleich viel verdienten, griff das archaische Beuteschema kaum noch. Hinzu kam die hohe Berufstätigkeit der Frauen, die DDR hatte die höchste Frauenerwerbsquote der Welt. Alleinerziehende Mütter wurden nicht stigmatisiert, Kinder allein großzuziehen galt als völlig normale Lebensform.

Die sozialistische Philosophie der Gleichstellung trug dazu bei, dass die Ostfrau im Mann nicht automatisch einen Gegner sah. Die Feinde waren anderswo zu finden, je nach politischer Einstellung in der eigenen verhassten Regierung oder im kapitalistischen Westen. So suchte sie eher den Freund und Geliebten als den Ernährer. Sie war eine Partnerin, die anbot, gefiel und gab, ohne zu fordern. Die westdeutschen Frauen waren sehr verwundert: Ihre Schwestern aus dem Osten waren eindeutig emanzipiert, aber mit dem Feminismus hatten sie üblicherweise nichts am Hut. Vielmehr lebten sie eine Art Emanzipation, die die Männer nicht vergraulte – ganz im Gegenteil.

Aber diese Variante der Emanzipation ging unter oder verlor sich, wie so vieles, was es in der DDR gegeben hatte. Vermutlich lag es auch daran, dass diese sozialistisch verordnete Gleichberechtigung einen Preis hatte, den überwiegend die Frauen zu zahlen hatten. Die Kehrseite der Medaille, die »unbegrenzt belastungsfähige Multifunktionsfrau«, wollten die Männer nämlich nur ungern sehen. Viele DDR-Filme und Bücher erzählen von dieser Atmosphäre einer kameradschaftlichen Freudlosigkeit.

Gleichberechtigte Partner?

Generell stiegen mit dem zunehmenden beruflichen Erfolg der Frauen die Forderungen an die Männer, neben ihrem Beruf auch bei Haushalt und Kindererziehung aktiver zu werden. Die traditionelle Hausfrau und Mutter, die zu Hause alles schulterte, war für die meisten Frauen kein akzeptables Rollenvorbild mehr. Männer behielten aber normalerweise ihre Vollzeitbeschäftigung und damit ihre Rolle als Haupternährer bei.

Das hatte verschiedene Gründe. Vordergründig könnte man meinen, dass der Mann, jetzt, da die Frau beispielsweise halbtags arbeitet, auch nur halbtags zu arbeiten brauche. Dann könnten sich beide den Haushalt und die Kinder gerecht teilen. Da aber gemäß dem archaischen Beuteschema üblicherweise der Mann mehr verdiente als seine Frau, stünden beide bei einer derartigen Neuverteilung der Arbeit finanziell schlechter da. Und das wollten beide nicht. Also arbeitete der Mann weiterhin ganztags und die Frau, insbesondere wenn Kinder da waren, halbtags. Zwei Drittel aller Mütter, so eine Studie des Nürnberger Instituts für Arbeitsmarkt- und Berufsforschung, wollen Teilzeit-Jobs.

Dennoch waren beide Parteien nicht etwa zufrieden und glücklich mit dieser Lösung, ganz im Gegenteil: Das Zusammenleben von Frau und Mann gestaltete sich immer schwieriger, weil es keine gültigen Regeln und Wahrheiten mehr gab. Mit dem Verschwinden der klassischen Rollenverteilung wurde vielen erst klar, wie sehr diese Rollen ihnen auch Halt und Orientierung gegeben hatten. Jetzt war plötzlich jeder für alles und nichts wirklich verantwortlich – und beide sahen sich schwer erfüllbaren Forderungen ausgesetzt.

Die Männer begannen, die Statistiken zu hinterfragen, die ihnen zwar einen geringeren Anteil an der täglichen Hausarbeit attestierten, aber nicht mit einrechneten, wie viel Erwerbsarbeit sie im Vergleich zu ihrer Frau täglich leisteten. Frauen dagegen listeten ihre Nacht- und Wochenendstunden für Hausarbeit und Kinderbetreuung mit auf und kamen so auf eine Arbeitsbelastung, die jeden Workaholic in den Schatten stellte. Die Männer empfanden die stärkere Einbindung in die häuslichen Pflichten als Mehrarbeit und Stress, da sie ihre Aufgabe als Hauptverdiener noch erfüllen mussten. Die berufstätigen Frauen weigerten sich aber, wie selbstverständlich weiterhin die Hauptverantwortung dafür zu übernehmen. Die Frauen sahen sich zudem der Forderung ausgesetzt, Familie und Beruf gemeinsam stemmen zu müssen. Im Beruf sollten sie womöglich noch Karriere machen, obwohl sie häufig in Beschäftigungsformen (etwa Teilzeit) arbeiteten, die nur in Ausnahmefällen Karriere- und Aufstiegschancen boten.

Kurz: Die traditionellen Privilegien wurden aufgekündigt, traditionelle Rollenerwartungen dagegen beibehalten. Das sorgte für Zündstoff, und nicht wenige Beziehungen zerbrachen daran.

Die neuen Rollen

Immerhin waren die Männer damals weder Softies noch Machos. Die Karriere rückte etwas in den Hintergrund, die Familie mehr in den Vordergrund. Aufgrund der vielfältigen Forderungen, Kampfparolen und Anklagen reagierten allerdings einige Männer auch mit Rückzug. Sie dachten sich, bevor sie sich andauernd anhören müssen, wie unsensibel sie seien und was alles zu tun ist, um ihre Partnerin glücklich zu machen, wird lieber mit dem PC kommuniziert. Die Gegenbewegung zur Softiebewegung – gewissermaßen die Korrektur der Korrektur – zeigte allmählich erste Auswirkungen. Viele Männer hatten keine Lust mehr, pauschal als potenzielle Gewalttäter und Nestflüchter, als zerstörerisch oder überflüssig zu gelten.

Insgesamt aber gingen gerade junge Frauen und Männer trotz allem Zwist weitgehend von einem geschlechterdemokratischen Lebenskonzept aus. Es gab den Konsens, dass die Arbeit gleichberechtigt und gerecht verteilt werden müsse, wobei es durchaus unterschiedliche Auffassungen gab, was gerecht ist und was nicht. Dafür herrschte Einigkeit darin, dass sich beide Partner – je nach Lebensumständen – um Beruf und Familie kümmern sollten. Wenn es mit dem Partner nicht funktionierte, war es inzwischen auch für Frauen selbstverständlich, ihr Leben in die eigenen Hände zu nehmen.

Die 00er Jahre: Jetzt gehört mir alles, aber der Partner fehlt

Die Familie als Schicksalsgemeinschaft

Nach dem Zusammenbruch der New Economy und dem Schock des 11. Septembers gibt die Familie zu Beginn dieses Jahrtausends ihr Comeback als Notgemeinschaft. Der Single-Mythos der 80er Jahre wird zunehmend entzaubert, den Yuppies hat der Börsencrash die wirtschaftliche Grundlage entzogen. Angesichts ökonomischer Krisen und sozialer Kürzungen scheint die Institution Familie wieder eine wertvolle Lebensalternative mit funktionierendem sozialem Netz zu bieten. Der in Mode gekommene Landhausstil liefert die familiengerechte Wohlfühlatmosphäre dazu.

Bücher wie Frank Schirrmachers *Minimum* (2006), in dem er die Bedeutung der Familie in echten Notzeiten hervorhebt, treffen den Zeitgeist. Gerade junge Menschen möchten verstärkt wieder heiraten und Kinder bekommen. Emotional und finanziell abgesicherte Verhältnisse sind wieder gefragt – gerade weil die Zeiten unsicherer geworden sind. Im Generationenbarometer 2006, einer Studie des Instituts für Demoskopie Allensbach, betonten 78 Prozent der Befragten die Wichtigkeit einer starken Familienbindung, fast zehn Prozent mehr als noch vor zehn Jahren; bei den Jugendlichen sind es sogar 15 Prozent mehr als damals.

Die Singles als Problem

Allerdings gab es noch nie so viele Singles wie in diesem Jahrzehnt. Ganze 14 Millionen Menschen lebten im Jahr 2004 in Deutschland alleine. Weitere zwei Millionen waren alleinerziehende Mütter mit Kindern – auch sie leben nicht mit einem Partner zusammen. Die Anzahl der Hochzeiten bleibt niedrig, die der Scheidungen hoch. Fast alle wollen zwar »einmal Familie haben«, schaffen es jedoch nicht, eine zu gründen. Ein gigantischer und ungemein lukrativer Kennenlern- und Beziehungsmarkt hat sich im Internet etabliert, der mit immer neuen Geschäftsideen den suchenden Singles den passenden Partner oder die passende Partnerin verspricht. Aber die sind immer schwieriger zu finden, obgleich so viele suchen, Frauen wie Männer. Die natürliche Folge davon: Die Geburten bleiben auf konstant niedrigem Niveau.

In einer neu aufgeflammten Demografiedebatte diskutieren

die Deutschen angesichts der niedrigen Geburtenziffern aufgeregt, ob sie demnächst wohl aussterben, und suchen nach Rezepten gegen den »Gebärstreik« (die Frauen sind schuld) oder den »Zeugungsstreik« (die Männer sind schuld). Schreckensvisionen kursieren, dass in ein paar Jahrzehnten ein erwerbstätiger Mensch mit seiner Arbeit gleich mehrere Rentner mitversorgen muss.

Der Postfeminismus

Angesichts dieser Horrorszenarien hat sich der klassische Geschlechterkampf eher gelegt. Er scheint sich aus den Köpfen der jungen Frauen und Männer in die Feuilletons der Zeitungen, in spätabendliche Talkrunden, in *Spiegel*- und *Brigitte*-Artikel sowie in die neuen Bücher alter Kämpferinnen zurückgezogen zu haben. Wenn er thematisiert wird, dann heißt er inzwischen »Postfeminismus«, was auch immer das sein mag. In ihm kämpfen eher jüngere Frauen gegen ältere, weil sich die Jungen den Vorwurf nicht gefallen lassen wollen, dass sie die Emanzipation verrieten und deren Errungenschaften leichtfertig verspielten. Die Emanzipation scheint irgendwie auf halber Strecke steckengeblieben zu sein, das beklagen zumindest diejenigen, die die erste Hälfte der Wegstrecke begeistert und mit wehenden Fahnen durchlaufen haben und jetzt den Staffelstab übergeben wollen. Doch die jungen Frauen haben keine Hand mehr frei, weil sie vollauf damit beschäftigt sind, erst einmal einen passenden Partner zu finden und dann Familie und Beruf unter einen Hut zu bekommen.

Zwischenbilanz der Frauenbewegung

Die Auswirkungen des Feminismus auf die Menschen und die Gesellschaft von heute sind offensichtlich. Nicht nur Frauenparkplätze, Frauenhäuser und Gleichstellungsbeauftragte sind Spiegelbilder für die Erfolge der Emanzipation. Die Bildungs- und Aufstiegschancen der Frauen sind deutlich gestiegen, ihre rechtliche Gleichstellung ist gewährleistet.

Trotzdem hat die Frauenbewegung nicht unbedingt das erreicht, was sie ursprünglich erreichen wollte: die Integration der Frauen in die Gesellschaft. Die für Frauen getroffenen Sonderregelungen erscheinen manchmal so, als wolle man Behinderten den Einstieg in die Busse erleichtern.

Anstatt die Distanz zwischen den Geschlechtern zu verringern, findet eine Trennung statt. Hinzu kommt, dass der Feminismus viel von seiner Zugkraft verloren hat, weil die Frauenbewegung kein Thema mehr hat, das sie eint. Die große, Identität stiftende Parole »Mein Bauch gehört mir« verschwand in den 90ern durch eine geänderte Gesetzgebung und den breiten gesellschaftlichen Konsens, dass Frauen selbst über ihren Bauch entscheiden dürfen. Die nach wie vor bestehende Forderung der Frauenbewegung, dass sich Kinder und Karriere besser vereinbaren lassen müssen, posaunen mittlerweile selbst Konservative in die politische Landschaft. Die Diskussion dreht sich nur noch darum, wie dieser Anspruch zu realisieren ist. Auf die Barrikaden bringt dieses Thema jedoch niemanden mehr.

Sozialisation, Gene und Hormone

In der uralten Diskussion, ob unser Verhalten nun durch Erziehung und Sozialisation oder durch Gene und Hormone bestimmt wird, verdrängt ein ausgleichendes »Und« das dogmatische »Entweder – oder«. Spätestens seit uns Allan und Barbara Pease in ihren Bestsellern erklärt haben, warum Frauen nicht einparken können, dafür aber ständig Schuhe kaufen müssen, Männer dagegen nicht zuhören, dafür jedoch um so besser lügen können, wissen wir um die Macht der Gene in uns.

Ein Blick auf unsere nächsten Verwandten im Tierreich, mit denen wir immerhin 98 Prozent aller Gene gemeinsam haben, stellt auch das alte Rollenklischee in Frage, dass in erster Linie die Männer – hormongesteuert – fremdgehen: Dem Primatologen Christophe Boesch vom Leipziger Max-Planck-

Institut für Evolutionäre Anthropologie bereiteten die Weibchen einer Schimpansengruppe eine gehörige Überraschung: Forscher hatten die Truppe 14 Jahre lang intensiv beobachtet, doch keinem war aufgefallen, dass mehrere Schimpansinnen Liebhaber hatten, die nicht der Gruppe angehörten. Heraus kam es erst, als die Primatologen mit genetischen Vaterschaftstests die Abstammung der Schimpansenjungen überprüften. Das Ergebnis verblüffte alle: Über die Hälfte der Nachkommen war von Männchen gezeugt worden, die nicht der Gruppe des Weibchens angehörten. Die Weibchen waren aber so geschickt und heimlich »fremdgegangen«, dass es weder ihren eigenen Männchen noch den Forschern aufgefallen war.

Der Vaterschaftstest

Dass Gen-Shopping auch heutzutage eine spezielle Unterart des Einkaufens ist, bei dem sich Frauen an ihren fruchtbaren Tagen von dominanten Männer Spermien abholen, um die so entstandenen Kinder dann mit anderen, versorgungs- und beziehungsfähigen Männer aufzuziehen, haben wir inzwischen gelernt. In puncto Fremdgehen stehen die Frauen den Männern in nichts nach. Kein Wunder, dass sich die Männer einen Vaterschaftstest nicht durch die Mutter des fraglichen Kuckuckskindes verbieten lassen wollten. Das 2005 geplante Gesetz musste nach massiven Protesten entschärft werden. Erst seit 2007 ist es dem Vater erlaubt, auch gegen den Willen der Mutter einen Vaterschaftstest durchzuführen.

Der Femalismus

Evolutionäre, biologische Ursachen für die Unterschiede der Geschlechter bestreitet heute (fast) niemand mehr, selbst der Feminismus hat eine Variante hervorgebracht, die sich sogar speziell darauf beruft: den Femalismus.

Die biologische Betrachtung der Weiblichkeit spiegelt sich schon im Namen wider: »Femalismus« ist abgeleitet vom englischen Wort *female,* das sich mit dem menschlichen »Weib«, dem tierischen »Weibchen«, aber auch mit »weiblich« übersetzen lässt. Feminismus leitet sich dagegen von »feminin« = »fraulich« ab. So will der Femalismus nicht die Frau in der Gesellschaft befreien, sondern das Wesen des Weiblichen erfassen. Allerdings erklärt auch er die Frauen zu den Gewinnerinnen des 21. Jahrhunderts, beruft sich dabei aber auf biologische Fakten: Die im Laufe der Evolution erworbenen, speziell weiblichen Eigenschaften – wie ihre hohe sprachliche und soziale Kompetenz oder ihr vernetztes Denken – verliehen den Frauen entscheidende Vorteile gegenüber den Männern in der globalen Kommunikationswelt von morgen.

Die verschiedenen Männerrollen

Kein Wunder, dass auch die Männer versuchen, sich im neuen Jahrtausend zu positionieren. Im Jahr 2002 präsentierte die Zeitschrift *GQ* eine Männerstudie vom Hamburger Trendbüro mit dem Titel »Moderne Helden«. Darin wurden vier Männer-Typen vorgestellt, die angeblich heutzutage die Straßen bevölkern. Während der Typus des »leisen Weisen« auf Treue und Beständigkeit setzt, ist der »galante Könner« ein technikbegeisterter Kavalier. Der »Egophile« – ein Kind der hedonistischen 90er Jahre – ist hauptsächlich auf sich selbst konzentriert, immer trendy und auch ein wenig oberflächlich. Dagegen ist der »Optionist« offen für Neues, beruflich gerne selbstständig und genießt die Vielseitigkeit der Rollen. Nicht selten ist er Vater, Aktienbroker und Fußballfan.

Nach wie vor nehmen sich Männer gerne Auszeiten, in denen sie etwas alleine oder mit Freunden unternehmen. Während sie früher eher im Fußballverein oder in der Kneipe verschwanden, suchen die modernen Männer Autonomie im Sessel beim Musikhören, bei Trendsportarten und in der Natur. Doch die Ansprüche der Frauen sind gewachsen. Soziale Kompetenz, emotionale Intelligenz und verbale Kommunikationsfähigkeit werden immer stärker erwartet. Die Männer kennen diese Anforderungen und geben sich durchaus Mühe, ihnen gerecht zu werden. Sie versuchen sogar, ehemals weibliche Kernkompetenzen wie Fürsorge, Treue und Sensibilität zu entwickeln. Damit nicht genug: Der neue Trend ist der metrosexuelle Mann, der sich zumindest im Outfit zwischen den Geschlechtern bewegt. Schwul leben, aber nicht schwul sein heißt die Devise. Ein Paradebeispiel: David Beckham. Dieser Star-Fußballer lebt seine weibliche Seite aus, hat ständig neue Frisuren und lässt sich auch mal die Nägel lackieren. Trotzdem ist er kein Weichei, was auch sein Beruf kaum zulassen würde. Ob dieser Typ längerfristig bei den Frauen ankommt und somit Überlebenschancen hat, wird sich zeigen.

Männer gehen andere Wege

Eine Reihe von Männern verspürt nach wie vor den Wunsch, innerhalb einer Beziehung die sprichwörtlichen Hosen anzuhaben. Doch angesichts der emanzipierten Frauen sind sie auf neue Wege angewiesen. Die sprunghaft angestiegenen Eheschließungen zwischen deutschen Männern und ausländischen Frauen (vor allem Osteuropäerinnen und Asiatinnen) sind ein Indiz dafür, dass sich viele Männer eine Frau wünschen, von der allgemein angenommen wird, sie sei unterwürfiger und »pflegeleichter« als ihr deutsches Pendant. Diese Männer wollen nicht unbedingt ein devotes Häschen – aber eine Frau, die weniger anspruchsvoll ist und weniger fordert.

Allein im Jahr 2004 gab es circa 5000 Eheschließungen deutscher Männer mit Polinnen und 2300 Ehen mit Thailänderinnen. Auch Männer, die sich eher am unteren Rand der Einkommensskala befinden, haben so die Möglichkeit, eine Frau zu finden, die zu ihnen aufschaut. Bei ihr sind sie noch der »reiche Mann«, der sich überlegen fühlen kann. Ihr archaisches Beuteschema steht ihnen dabei nicht im Weg, ganz im Gegenteil: Danach sollte die Frau in erster Linie jung und fruchtbar sein. Dass sie zusätzlich noch eine arme Polin oder hilfsbedürftige Thailänderin ist, spielt dabei zwar nur eine untergeordnete Rolle, ist aber eher förderlich als hinderlich.

Das Dilemma der erfolgreichen Frauen

Das pure Gegenteil davon erlebt gerade eine ganz andere Bevölkerungsgruppe, der ihr archaisches Beuteschema bei der Partnerwahl immer mehr im Wege steht. Es ist die vor drei Jahrzehnten noch kleine, inzwischen aber große und bedeutende gesellschaftliche Gruppe der Akademikerinnen bzw. Frauen, die dank einer anspruchvollen Ausbildung einen guten und lukrativen Beruf haben. Warum sie sich so schwertun, einen passenden Partner zu finden, habe ich in den vorangehenden Kapiteln ausführlich beschrieben.

Diese Frauen sind im Grunde die Krone der Frauenbewegung, der Beweis, dass der emanzipatorische Grundgedanke funktioniert hat, dass sich der Kampf für die Gleichstellung der Geschlechter gelohnt hat und immer noch lohnt. Außerdem sind sie ein wichtiger wirtschaftlicher Faktor geworden, als Arbeitnehmerinnen wie auch als Arbeitgeberinnen, selbst wenn die Lohnabhängigen häufig nur Zugehfrauen, Babysitter, Kinderfrauen und Tagesmütter sind. Ihre Arbeitskraft steigert das Bruttosozialprodukt, ihre Kaufkraft unterhält ganze Industriezweige, von der Kosmetik- und Wellness- bis zur Modebranche.

Sie werden jedoch nicht etwa von den Feministinnen gefeiert und vom Rest der Republik mit Wohlwollen und Anerkennung betrachtet. Sie stehen vielmehr unter schwerem Beschuss, und zwar von beiden Seiten: Die Feministinnen beklagen, dass diese Frauen zwar fast alles richtig und dennoch einen entscheidenden Fehler gemacht hätten. Anstatt sich auf die männerdominierten Berufe zu stürzen, anstatt Informatik, Ingenieurwesen oder Maschinenbau zu studieren, seien sie eher ihren Neigungen gefolgt und hätten zum Beispiel Geisteswissenschaften studiert. Mit diesen »weichen«

Studiengängen erringe die Frau aber keine Führungspositionen und schon gar nicht die Macht im Staate. Dabei wäre das der eigentliche Sinn der Übung gewesen.

Das mag für eine Karriere in bestimmten Industriezweigen durchaus stimmen, für eine Karriere in der Politik, die am meisten mit der Macht im Staate assoziiert wird, ist es jedoch komplett falsch. Einfache Statistiken und Beispiele erfolgreicher PolitikerInnen belegen das: Gerhard Schröder absolvierte eine Lehre als Einzelhandelskaufmann, bevor er über den zweiten Bildungsweg sein Abitur nachholte und Jura studierte. Hillary Clinton hat ebenfalls Jura studiert. Die größte Berufsgruppe im deutschen Bundestag sind mit 23,3 Prozent die JuristInnen, auf Platz zwei folgen die GymnasiallehrerInnen mit 5,5 Prozent, auf Platz drei mit 4,6 Prozent die PolitologInnen.

Wer also in der Politik etwas werden will, der sollte Jura studieren, und das tun inzwischen deutschlandweit mehr Frauen als Männer. Auch Lehramt und Politologie sind nicht gerade männerdominierte Studiengänge. Ursula von der Leyen ist Ärztin, auch im Medizinstudium überwiegen inzwischen die Frauen. Joschka Fischer hat noch nicht einmal Abitur, geschweige denn ein Studium. Nur Sègolène Royal, die knapp unterlegene französische Präsidentschaftskandidatin, hat mit Wirtschaftswissenschaften tatsächlich ein Studienfach gewählt, bei dem in Deutschland nur zu 40 Prozent Frauen eingeschrieben sind. Angela Merkel ist mit ihrem Physikstudium vollends in die Männerdomäne der Naturwissenschaften eingedrungen. Ich bezweifle aber, das Sègolène Royal und Angela Merkel es gerade wegen ihrer eher männlichen Studienfächer in der Politik so weit gebracht haben.

Wenn es also nur an der Wahl des richtigen Studiums läge, wer die politische Macht in Deutschland innehat, müssten inzwischen auf allen politischen Ebenen die Frauen den Männern um Längen voraus sein, auch ohne Frauenquote. Aber dem ist nicht so. Manche Männer würden auch eher Geisteswissenschaften studieren, wenn sie ihren Neigungen nachgingen. Sie studieren trotzdem Maschinenbau, Ingenieurwesen, Elektrotechnik und Informatik, aber nicht, um später einmal an die Macht zu kommen. Sie haben einen ganz anderen Grund: Sie studieren diese Fächer, weil sie hoffen, damit einen Beruf zu erlernen, mit dem sie eine Familie ernähren können. Und das liegt an dem archaischen Beuteschema der Frau, dem sie entsprechen wollen. Frauen haben diesen Druck wie erwähnt dagegen nicht und können sich daher bei der Studienwahl eher ihren Neigungen hingeben.

Die Statistiken über die Aufteilung von Erwerbsarbeit und Hausarbeit bei Paaren mit Kindern malen ein erschreckend eintöniges Bild: Bei über 90 Prozent arbeitet der Mann ganztags, bei zwei Dritteln verdient die Frau noch halbtags dazu, ein Drittel der Mütter bleibt ganz zu Hause, und nur bei etwa fünf Prozent arbeitet die Frau ganztags, der Mann dagegen nur halbtags oder gar nicht. Bei 90 Prozent der Paare mit Kindern hat der Mann also eine hohe Motivation, Karriere zu machen, weil er der Hauptverdiener einer Familie ist. Diese Motivation haben dagegen nur fünf Prozent der Frauen! Diese einseitige Aufteilung der zu erledigenden Arbeiten zwischen Mann und Frau entspricht aber unmöglich dem Ausbildungsstand der Ehepartner, bei dem sich die Frauen immer mehr den Männern annähern.

Der Weg nach oben führt also nicht in erster Linie über die Wahl der richtigen Fakultät, sondern über die Macht und die Auswirkungen der archaischen Beuteschemata. Solange Frauen und Männer ihr archaisches Beuteschema beibehalten, werden die Frauen mit den Männern, was Macht und Einfluss in der Gesellschaft betrifft, niemals gleichziehen, auch wenn sie zur Hälfte typische Männerberufe besetzen. Daher greift die Kritik der Frauenbewegung an den Akademikerinnen ins Leere.

Der Vorwurf der Kinderlosigkeit

Der heftigere Beschuss kommt jedoch von anderer Seite. Die Statistiken werden zwar ständig bereinigt, ergänzt und verbessert, aber eines bleibt klar: Akademikerinnen bekommen hierzulande insgesamt wenige Kinder, zu wenige, wie viele meinen, und sind für die niedrige Geburtenrate maßgeblich verantwortlich. In diesem Punkt werden sie von dem Bild der »selbstbestimmten Frau« eingeholt, das in der Öffentlichkeit von beruflich erfolgreichen Frauen herrscht. Auch das Wort »Gebärstreik« suggeriert, dass da jemand etwas nicht tut, was er eigentlich tun könnte, wenn er nur wollte. So ist es aber nicht.

Die meisten Akademikerinnen bekommen heute keine Kinder, weil sie nicht den richtigen Partner finden, und nicht, weil sie explizit keine Kinder wollen. Wenn sie dann doch den Mann fürs Leben gefunden haben, entspricht er üblicherweise dem archaischen Beuteschema, ist ihnen also beruflich eher überlegen, ganztags beschäftigt und nicht bereit, für Kinder seine Karriere zu riskieren. Die Frauen wollen aber ihre berufliche Karriere auch nicht vollends aufgeben. So ist gerade noch Luft und Zeit für ein spätes Kind, mehr nicht. Wenn man den beruflich erfolgreichen Frauen vorwirft, sie bekämen zu wenige Kinder, könnte man genauso gut den Männern vorwerfen, sie würden nur auf junge Frauen mit langen Beinen stehen. Beides sind Auswirkungen der archaischen Beuteschemata. Die Großhirnrinde, welcher der intellektuell gesteuerte Wille entspringt, kann bei diesen Entscheidungen zwar ein Wörtchen mitreden, sie wird aber meist von deutlich älteren Gehirnstrukturen überstimmt.

Die neue Generation

»Not am Mann« heißt eine Studie, die das Berlin-Institut für Bevölkerung und Entwicklung Anfang 2007 veröffentlicht hat und die den Abzug junger, qualifizierter Frauen zwischen 18 und 29 Jahren aus den entlegenen, wirtschafts- und strukturschwachen Regionen der neuen Bundesländer beschreibt. Entsprechend herrscht dort ein Männerüberschuss von 25 Prozent und mehr. Diese Frauendefizite sind europaweit ohne Beispiel. Selbst die Polarkreisregionen im Norden Schwedens und Finnlands, die seit langem unter der Landflucht speziell junger Frauen leiden, reichen an die ostdeutschen Werte nicht heran.

Der Hauptgrund für die überproportionale Abwanderung junger Frauen ist ihr Bildungsvorsprung vor den Männern in ihrer Region. Sie ziehen in den Westen auf der Suche nach besseren Jobs – und besseren Männern. Die gut verdienenden Männer der alten Bundesländer können sich freuen: Für sie erhöht sich die Zahl der möglichen Partnerinnen. Auch in der neuen Frauengeneration greift also das archaische Beuteschema.

Der *Spiegel* widmete den neuen deutschen Frauen, die die Männer in puncto Karriere überholen, im Juni 2007 gleich das Titelthema: »Die Alpha-Mädchen« sollen den anglo-amerikanischen »third wave feminism«, also die dritte Welle des Feminismus (nach der ersten um 1900, die das Frauenwahlrecht erkämpfte, und der zweiten der Alice-Schwarzer-Generation in den 70er Jahren), auch in Deutschland in Schwung bringen.

Mit keinem Wort wird jedoch erwähnt, was diesen Frauen zwischen 20 und 30 Jahren einmal bevorstehen wird, wenn sie ihr archaisches Beuteschema nicht ändern: große Probleme bei der Suche nach einem passenden Partner, mit dem sie eine Familie gründen wollen. Ich hoffe, dass dieses Buch auch all die jungen, intelligenten und karriereorientierten Frauen ermutigt, ihr Beuteschema zu hinterfragen und eventuell zu modifizieren, um nicht in die gleiche Situation zu geraten, in der viele ihrer älteren Schwestern bereits sind.

Helfen kann ihnen dabei eine Generation junger Männer, die diese Frauen nicht an Ehrgeiz und beruflichem Erfolg übertrumpfen will, sie aber in einem neuen Denken überholt: Es sind junge Männer, die nicht mehr einsehen, allein das ganze Geld für eine Familie verdienen zu müssen. Es sind junge Männer, die auch Zeit für ihre Kinder haben wollen. So wünschen sie sich eine Frau, die ihnen genau das ermöglicht, weil sie sich alles mit ihnen teilt.

Dank

In erster Linie danke ich meiner Frau Claudia Wörner für ihre guten Anregungen und kritischen Anmerkungen, für ihre Mühe bei der Durchsicht der Texte und für ihre Geduld und Nachsicht mit mir. Weiterhin danke ich für gute Gespräche, gute Ideen und vieles mehr, das zur Entstehung dieses Buches beigetragen hat (in alphabetischer Reihenfolge): Ralf und Bärbel Kiene, Carina Krause, Dr. Christian Mayer, Rumjana Praxenthaler, Engelbert Praxenthaler, Thomas Quetschlich, Angelika Schneider, Ingrid Sturm, Tillmann Wörner, Angelina Woinoff, Konstantin Woinoff und vielen anderen.

Weiterhin bedanke ich mich für die gute Zusammenarbeit bei dem Verlag Mosaik bei Goldmann, insbesondere bei Monika König und meiner Lektorin Angela Troni. Mein besonderer Dank gilt meiner Agentin Regina Wegmann von der Michael Meller Literary Agency.

Literatur

Anonyma, *Zu gut für ihn. Viele Männer suchen das Weite, wenn die Ehefrau zu erfolgreich wird. Eine Verlassene berichtet,* in: Die Zeit Nr. 48/2005, S. 65.

Arthur, L. J., *Das Geheimnis der Anziehung,* VAK Verlags GmbH, Kitchzagen bei Freiburg 1996.

Badinter, Elisabeth, *Die Wiederentdeckung der Gleichheit. Schwache Frauen, gefährliche Männer und andere feministische Irrtümer,* Ullstein, Berlin 2004.

Baron-Cohen, Simon, *Vom ersten Tag an anders. Das weibliche und das männliche Gehirn,* Patmos, Düsseldorf 2004.

Bethge, Philip, *Der liebende Affe. Die Biologie der Partnersuche,* in: Der Spiegel Nr. 9/2005, S. 168–176.

Bisky, Jens, *Mutti steht ihren Mann,* in: Süddeutsche Zeitung vom 22. 3. 2005.

Blossfeld, Hans-Peter, und Timm, Andreas, *Der Einfluss des Bildungssystems auf den Heiratsmarkt. Eine Längsschnittanalyse der Wahl des ersten Ehepartners im Lebenslauf,* in: Kölner Zeitschrift für Soziologie und Sozialpsychologie, Jg. 49, Heft 3 1997, S. 440–476.

Bölsche, Jochen, u. a., *Der geplünderte Mann. Scheidung tut weh,* in: Der Spiegel Nr. 49/2004, S. 88–101.

Brauerhoch, Annette, *Fräuleins und GIs,* Stroemfeld, Frankfurt am Main 2006.

Brendler, Michael, *Sie, 21, attraktiv, sucht Partner,* in: Süddeutsche Zeitung vom 2. 9. 2003.

Brizendine, Louann, *Das weibliche Gehirn. Warum Frauen anders sind als Männer,* Hoffmann und Campe, Hamburg 2007.

Broder, M. Henryk, *Endstation: Apartheid,* in: Der Spiegel Nr. 9/1998, S. 132–134.

Bundesministerium für Familie, Senioren, Frauen und Jugend, *Siebter Familienbericht. Familie zwischen Flexibilität und Verlässlichkeit,* Berlin 2005.

Buss, David M., *Sex differences in human mate preferences – Evolutionary hypothesis tested in 37 cultures,* in: Behavioral and Brain Sciences von 1989, 13:3, S. 519–519.

Buss, David M., *Do women have eviled mate preference for men with resources? A reply to Smuth,* in: Ethology and Sociobiology, 1991, 12, S. 401–408.

Clasen-Holzberg, Claudia, *BRIGITTE Liebe gesucht. Wege aus dem Single-Leben zu einer glücklichen Beziehung,* Goldmann, München 2003.

Condé Nast Verlag, *GQ Männerstudie 2002,* im Internet unter: http://www.trendbuero.de/trend/upload/maenner.pdf

Creveld van, Martin, *Das bevorzugte Geschlecht,* Gerling Akademie Verlag, München 2003.

Dössel, Christine, *Teile und Herrsche. Die Frauenquote in der Politik,* in: Süddeutsche Zeitung vom 27. 1. 2005.

Dorn, Thea, *Die neue F-Klasse. Wie die Zukunft von Frauen gemacht wird,* Piper, München 2006.

Dinklage, Meike, *Der Zeugungsstreik. Warum die Kinderfrage Männersache ist,* Diana, München 2005.

Engelmann, Peter, *Postmoderne und Dekonstruktion,* Reclam, Stuttgart 2004.

Forschungsinstitut für Musiktheater der Universität Bayreuth (Hrsg.), *Mozarts Opern – von ›Apollo und Hyacinth‹ bis zur ›Zauberflöte‹,* Piper, München 2005.

Gaschke, Susanne, *Ihr Verlierer! Die Männer sind in Not: In der Schule, auf dem Arbeitsmarkt und im Familienleben. Eine Schadensbilanz,* in: Die Zeit Nr. 25/2006, im Internet unter: http://www.zeit.de/2006/25/Maenner_Verlierer?

Gerbert, Frank, *Unter dem eigenen Niveau. Warum finden kluge Frauen oft keinen Mann?,* in: Focus Nr. 43/2004.

von Gatterburg, Angela und Juliana, *Liebe, Drama, Wahnsinn. Wie Frauen endlich glücklich werden,* Goldmann, München 2005.

Gillis, J. S., Avis, W. E., *The male-taller norm in mate selection,* Personality, Social Psychol. Bulletin, 1980, 6, S. 346–351.

Gottberg, Joachim von, *Sexualität, Jugendschutz und der Wandel der Moral,* in: Televizion vom 18.1.2005, im Internet unter: http://www.br-online.de/jugend/izi/deutsch/publikation/televizion/18_2005_1/gottberg.pdf

Grammer, Karl, *Signale der Liebe. Die biologischen Gesetze der Partnerschaft,* Hoffmann und Campe, Hamburg 1993.

Gray, John, *Männer sind anders. Frauen auch,* Goldmann, München 1993.

Großegger, Beate, *Girlpower. Die neue Lehre von Attitud, Fun und Freiheit,* in: Girlpower, Tracts 3/1998, S. 4–12.

Groult, Benoîte, *Salz auf unserer Haut,* Droemer, München 1988.

Grundgesetz für die Bundesrepublik Deutschland, im Internet unter: http://www.datenschutz-berlin.de/recht/de/gg/

Grünewald, Stephan, *Deutschland auf der Couch. Eine Gesellschaft zwischen Stillstand und Leidenschaft,* Campus, Frankfurt am Main 2006.

Haas, Barbara, *Bezahlte Haushaltshilfen als Chance zur Neuverteilung im Haushalt,* im Internet unter: http://www.univie.ac.at/OEGS-Kongress-2000/On-line-Publikation/haas.pdf, 2002.

Hartenstein, Wolfgang, Jutta Bergmann-Gries, Wolfgang Burkhardt, Reinhard Rudat, *Geschlechtsrollen im Wandel. Partnerschaft und Aufgabenteilung in der Familie,* Kohlhammer, Stuttgart/Berlin/Köln 1988.

Hermann, Eva, *Das Eva-Prinzip. Für eine neue Weiblichkeit,* Pendo, München und Zürich 2006.

Herpell, Gabriela, *Eine Frage von Kosten und Nutzen,* in: Süddeutsche Zeitung vom 3. 12. 2004.

Herzog, Dagmar, *Die Politisierung der Lust. Sexualität in der deutschen Geschichte des 20. Jahrhunderts,* Siedler, München 2005.

Homer, *Odyssee,* Reclam, Stuttgart 1979.

Jürgs, Michael, Angela Elis, *Typisch Ossi typisch Wessi. Eine längst fällige Abrechnung unter Brüdern und Schwestern,* Goldmann, München 2006.

Kissler, Alexander, *Nackte Männer am Salatbuffet,* in: Süddeutsche Zeitung vom 2. 2. 2005.

Kraft, Steffen, *Ich habe nicht abgetrieben,* in: Süddeutsche Zeitung vom 31. 3. 2005.

Kreisky, Eva, *Paradise Lost: Das patriarchalische Familienmodell in der Krise,* im Internet unter: http://evakreisky.at/onlinetexte/familie_kreisky.php.

Kröhnert, Steffen, Reiner Klingholz, *Not am Mann. Berlin-Institut für Bevölkerung und Entwicklung,* im Internet unter: http://www.berlin-institut.org/pdfs/not_am_mann.pdf.

Lockard, J. S., R. M. Adams, *Human serial polygyny: Demographic, reproductive, martial and divorce data,* in: Ethology and Sociobiologie 2, 1981, S. 177–186.

Mangold, Ljoma, *Teile und Herrsche. Die Frauenquote in der Politik,* in: Süddeutsche Zeitung vom 27. 1. 2005.

Matzig, Gerhard, *Der kaltherzige Ernährer, die liebende Verlassene,* in: Süddeutsche Zeitung vom 22. 3. 2005.

Mayer, Christian, Daniela Liebich, *Wenn Mann ein Kind bekommt. Was werdende Väter in der Schwangerschaft erleben,* Herder, Freiburg 1994.

Musall, Bettina, *Ich mach' was aus dir, Kleines,* in: Der Spiegel Nr. 11/1998, S. 116.

Münch, Ursula, *Wir brauchen einen tiefgreifenden Mentalitätswechsel. Ein Modellprojekt in Hessen soll Wege freimachen, damit Studieren und Forschen mit Kind langfristig zum Normalfall werden,* in: Bildung PLUS vom 12. 1. 2006.

Nave-Herz, Rosemarie, *Die Geschichte der Frauenbewegung in Deutschland,* Schlütersche Verlagsanstalt, Hannover 1989.

Nick, Desirée, *Eva go home,* Fischer, Frankfurt am Main 2007.

Norddeutscher Rundfunk, *G8-Ehepartner auf Erkundungstour,* im Internet unter: http://www1.ndr.de/nachrichten/g8/damenprogramm2.html

Nuber, Ursula (Hrsg.), *Frauen. Wir wollten alles ... was haben wir nun? Eine Zwischenbilanz der Frauenbewegung,* Kreuz, Zürich 1993.

Nürnberger, Christian, *Der Schattenmann,* in: Süddeutsche Zeitung vom 28. 2. 2003.

Oberndorfer, Rotraut, Harald Rost, *Auf der Suche nach den neuen Vätern. Familien mit nichttraditioneller Verteilung von Erwerbs- und Familienarbeit,* ifb-Forschungsbericht Nr. 5, 2002, Bamberg.

o. V., *Ansichten über Adam und Eva,* im Internet unter: http://www.beepworld.de/members9/barbarella_c/ae2.htm, 1999.

o. V., *Die Rolle des Korsetts im 21. Jahrhundert,* im Internet unter: http://www.tomto.com/infopool/diplom/21jahrhundert.html, 2006.

o. V., *Klischees sind wieder modern,* im Internet unter: http://www.ceiberweiber.at/ownpages/feminism/klischee.htm, 2006.

o. V., *Elterngeld weckt Interesse der Väter,* in: Süddeutsche Zeitung vom 13. 5. 2006.

Paulus, Christoph, *Emotionale Entwicklung,* im Internet unter: http://www.uni-saarland.de/fak5/ezw/personal/paulus/welcome.htm, 2007.

Pease, Allan & Barbara, *Warum Männer lügen und Frauen immer Schuhe kaufen,* Ullstein, Berlin 2002.

Pinker, Steven, *Das unbeschriebene Blatt. Die moderne Leugnung der menschlichen Natur,* Berlin Verlag, Berlin 2003.

Phelps, C. D., *Caring and family income,* in: Journal of Economic Behavior and Organization, 1988, 10, S. 83–98.

Philipps, Ina-Maria, *Lust auf Leben – Weibliche Sexualität zwischen Wissen und Tabu, Referat des Impulstages des Frauenreferates vom 6. 5. 2000,* im Internet unter: http://www.tirol.gv.at/themen/gesellschaftundsoziales/frauen/downloads/philipps.doc.

Richter, Horst-Eberhard, *Die Krise der Männlichkeit in der unerwachsenen Gesellschaft,* Psychosozial-Verlag, Giessen 2006.

Rögener, Wiebke, *Karriere mit Kind,* in: Süddeutsche Zeitung vom 4. 6. 2006.

Rubner, Jeanne, *Und dann machen wir's uns gemütlich,* in: Süddeutsche Zeitung vom 11. 2. 2005.

Rubner, Jeanne, *Mach dich locker, Mama,* in: Süddeutsche Zeitung vom 8. 5. 2005.

Sawyer, Colene, *Warum gerade du? Die verborgene Logik der Partnerwahl,* Ullstein, Berlin 1999.

Schirrmacher, Frank, *Minimum. Vom Vergehen und Neuentstehen unserer Gemeinschaft,* Blessing, München 2006.

Schneider, Kerstin, *Familie im Wandel unter besonderer Berücksichtigung der Ein-Eltern-Familie,* Diplomarbeit an der Katholischen Fachhochschule Mainz, 2002.

Schneider, Ulrich Johannes, *Michel Foucault,* Primus Verlag und Wissenschaftliche Buchgesellschaft, Darmstadt 2004.

Schwanitz, Dietrich, *Bildung. Alles, was man wissen muss,* Eichborn, Frankfurt am Main 1999.

Schwanitz, Dietrich, *Männer. Eine Spezies wird besichtigt,* Eichborn, Frankfurt am Main 2001.

Schwarz, Patrik, *Wir Gewinner! Die Männer sind freier denn je. Sie mussten viel aufgeben – und sind dadurch stärker geworden. Eine Ehrenrettung,* in: Die Zeit Nr. 25/2006, im Internet unter: http://www.zeit.de/2006/25/Maenner_Gewinner

Schwarzer, Alice, *Der kleine Unterschied und seine großen Folgen. Frauen über sich – Beginn einer Befreiung,* Fischer, Frankfurt am Main 1975.

Schwarzer, Alice, *Die gläserne Wand. Siege und Niederlagen der Frauen im Kampf gegen die Männerherrschaft,* in: Der Spiegel Nr. 41/2000, S. 80–84.

Schwarzer, Alice, *Der große Unterschied. Gegen die Spaltung von Menschen in Männer und Frauen,* Kiepenheuer & Witsch, Köln 2000.

Schwarzer, Alice, *Alice im Wunderland. Eine Zwischenbilanz,* Kiepenheuer & Witsch, Köln 2002.

Schwarzer, Alice, *Die Antwort,* Kiepenheuer & Witsch, Köln 2007.

Schwenken, Helen, *Die feministische Sexualitätsdebatte,* in: Junge Linke (Hrsg.), Give the feminist a cigarette. Ein Feminismushandbuch, Wuppertal 2001, S. 154–161.

Schwidetzky, I., *Großstadt und Kleinstadt nach sozialanthropologischen Untersuchungen in Schlesien,* Homo 1, 1950, S. 154–162.

Sellmair, Nikola, *Wer heiratet wen? Das kalkulierte Glück,* in: Stern Nr. 31/2005, S. 42–52.

Stadler, Rainer, *Sind Väter die besseren Mütter?,* In: Süddeutsche Zeitung vom 24. 04. 2006.

Statistisches Bundesamt, *Bevölkerungsentwicklung Deutschlands bis zum Jahr 2050,* Wiesbaden 2000.

Statistisches Bundesamt, *Frauen in Deutschland 2006,* Wiesbaden 2006.

Statistisches Bundesamt (Hrsg.), *Ehescheidungen 2004,* Wiesbaden 2006.

Statistisches Bundesamt, *Leben in Deutschland. Haushalte, Familien und Gesundheit – Ergebnisse des Mikrozensus 2005,* Wiesbaden 2006.

Statistisches Bundesamt, *Datenreport 2006, Zahlen und Fakten über die Bundesrepublik Deutschland,* Wiesbaden 2006.

Supp, Barbara, *Mars schlägt Venus,* in: Der Spiegel Nr. 9/1998, S. 128–131.

Supp, Barbara, u. a., *Mein Kopf gehört mir,* in: Der Spiegel Nr. 24/2007, S. 56–71.

Vogel, Evelyn, *Falten und Dreifaltigkeit,* In: Süddeutsche Zeitung vom 6. 5. 2005.

Wassilios Fthenakis, *Engagierte Vaterschaft. Die sanfte Revolution in der Familie,* Leske und Budrich, Opladen 1999.

Wells, Spencer, *Die Wege der Menschheit. Eine Reise auf den Spuren der genetischen Evolution,* Fischer, Frankfurt am Main 2003.

Wilson, P. R., *Perceptual distorsion of hight as a function of ascribed academic status,* in: Journal of Social Psychology Nr. 74/1968, S. 97–102.

Zekri, Sonja, *Die netten Jahre sind vorbei,* in: Süddeutsche Zeitung vom 21. 1. 2005.

Zons, Achim, *Nachforschungen über Männer und Frauen. Die Sache mit der Leidenschaft,* in: Süddeutsche Zeitung vom 24. 11. 2005.

Register